都市型现代农业的理论与实践

主　编◎曾书琴
副主编◎梁　山　陈绍华　贺　岚

中山大学出版社
·广州·

版权所有　翻印必究

图书在版编目（CIP）数据

都市型现代农业的理论与实践/曾书琴主编；梁山，陈绍华，贺岚副主编.—广州：中山大学出版社，2012.7

ISBN 978-7-306-04236-1

Ⅰ.①都… Ⅱ.①曾…②梁…③陈…④贺… Ⅲ.①都市农业—研究 Ⅳ.①F304.5

中国版本图书馆 CIP 数据核字（2012）第 162182 号

出 版 人：	王天琪
策划编辑：	曾纪川
责任编辑：	翁慧怡
封面设计：	林绵华
责任校对：	曾广博
责任技编：	何雅涛
出版发行：	中山大学出版社
电　　话：	编辑部 020-84111996，84111997，84113349，84110779
	发行部 020-84111998，84111981，84111160
地　　址：	广州市新港西路 135 号
邮　　编：	510275　传　真：020-84036565
网　　址：	http://www.zsup.com.cn　E-mail：zdcbs@mail.sysu.edu.cn
印　刷　者：	广东虎彩云印刷有限公司
规　　格：	787mm×1092　1/16　15.25 印张　352 千字
版次印次：	2012 年 7 月第 1 版　2025 年 1 月第 2 次印刷
定　　价：	32.00 元

如发现本书因印装质量影响阅读，请与出版社发行部联系调换

本研究获得广东省科技计划项目"新农村背景下珠三角都市农业发展模式与对策研究（2010B070300094）"资金的资助。

【内容简介】

本书全面、系统地阐述了都市型现代农业的可持续发展理论与实践。全书共八章，内容包括都市型现代农业的形成与发展、农业国际化与都市型现代农业的发展、都市型现代农业发展的理论研究、都市型现代农业的支撑与评价体系、都市型现代农业的国际经验、都市型现代农业在中国的实践、都市型现代农业的发展规划、广州都市型现代农业的发展。本书从都市型现代农业基本概念和发展理论出发，结合国际都市型现代农业的发展实例，探讨我国都市型现代农业的发展对策。本书既可供从事都市型现代农业、生态农业等方面的农村、农业技术人员和创业人员阅读，也可作为农业院校师生的参考读物和补充教材，亦适合作为县、乡领导干部和大学生村官培训的教材。

目 录

第一章 都市型现代农业的形成与发展 ………………………………………… 1
    第一节 都市型现代农业的形成 ………………………………………… 1
        一、都市型现代农业的含义 …………………………………………… 1
        二、都市型现代农业产生的背景 ……………………………………… 3
        三、都市型现代农业兴起的原因 ……………………………………… 3
    第二节 都市型现代农业的基本特点 …………………………………… 5
        一、都市型现代农业的基本特征 ……………………………………… 5
        二、都市型现代农业的基本功能 ……………………………………… 7
    第三节 都市型现代农业与城市发展的关系 …………………………… 9
        一、都市型现代农业发展的必然性 …………………………………… 9
        二、都市型现代农业与生态城市建设的协同效应 …………………… 10
        三、城市发展都市型现代农业的必要性 ……………………………… 12
    第四节 都市型现代农业发展的意义及可持续发展内涵 ……………… 14
        一、都市型现代农业发展的重要意义 ………………………………… 14
        二、都市型现代农业可持续发展内涵 ………………………………… 15

第二章 农业国际化与都市型现代农业的发展 ………………………………… 18
    第一节 农业国际化 ……………………………………………………… 18
        一、农业国际化的新模式 ……………………………………………… 18
        二、发达国家农业国际化的一般模式 ………………………………… 22
        三、21世纪世界农业国际化的基本模式 ……………………………… 24
    第二节 都市型现代农业发展模式 ……………………………………… 25
        一、都市型现代农业的基本标准 ……………………………………… 25
        二、都市型现代农业的发展模式 ……………………………………… 26
        三、都市型现代农业的经营现状 ……………………………………… 28
        四、都市型现代农业发展的制约因素 ………………………………… 29
    第三节 都市型现代农业发展的功能定位 ……………………………… 30
        一、不同学科对都市型现代农业发展的论述 ………………………… 30
        二、都市型现代农业发展的功能定位体系 …………………………… 34
        三、对我国发展都市型现代农业的建议 ……………………………… 36
    第四节 都市型现代农业信息化发展模式 ……………………………… 37

三、农业经营形式的产业化 …………………………………………… 107
四、农业生产技术的智能化 …………………………………………… 108
五、农业生产管理的信息化 …………………………………………… 109
第二节 我国都市型现代农业的发展 ……………………………………… 109
一、我国都市型现代农业的发展模式 ………………………………… 109
二、我国都市型现代农业发展的机理 ………………………………… 111
三、我国大城市发展都市型现代农业的意义 ………………………… 112
四、中外都市型现代农业的发展比较 ………………………………… 113
第三节 都市型现代农业实例分析 ………………………………………… 116
一、五个都市型现代农业实例 ………………………………………… 116
二、五个都市型现代农业实例的比较与分析 ………………………… 119
第四节 我国都市型现代农业发展中存在的问题及其对策 ……………… 121
一、我国都市型现代农业发展中存在的问题 ………………………… 121
二、发展我国都市型现代农业的对策 ………………………………… 122
第五节 未来我国都市型现代农业的发展 ………………………………… 124
一、未来的都市型现代农业将凸现其环境生态功能 ………………… 124
二、生态休闲产业将成为都市型现代农业中的主导产业 …………… 125
三、都市型现代农业将最终形成"从田间到餐桌"的产业模式 …… 126
四、技术领先将是未来都市型现代农业发展的明显特征 …………… 127
五、未来的都市型现代农业将成为城乡一体化的组成要素 ………… 128
第六节 21世纪中国农业发展的新趋势 …………………………………… 130
一、探索基因农业 ……………………………………………………… 130
二、推广生态农业 ……………………………………………………… 130
三、发展"白色农业" ………………………………………………… 131
四、重视海洋农业 ……………………………………………………… 131
五、倡导都市型现代农业 ……………………………………………… 131
六、开发观光旅游农业 ………………………………………………… 132
七、建立网上农业 ……………………………………………………… 132
八、开拓太空农业 ……………………………………………………… 133
九、实施精准农业 ……………………………………………………… 133
十、盛行优质农业 ……………………………………………………… 133

第七章 都市型现代农业的发展规划 ………………………………………… 135
第一节 都市型现代农业发展规划的指导思想与发展目标 ……………… 135
一、都市型现代农业发展规划的指导思想 …………………………… 135
二、都市型现代农业发展规划的发展目标 …………………………… 135
第二节 都市型现代农业发展规划的基本内容 …………………………… 136
一、都市型现代农业发展规划的原则和依据 ………………………… 136

二、都市型现代农业发展规划的总体思路……………………………… 137
三、都市型现代农业发展规划的项目分类……………………………… 139
四、都市型现代农业发展规划的基本步骤……………………………… 139
五、都市型现代农业发展规划的重点步骤……………………………… 140
第三节 都市型现代农业项目的投入产出分析…………………………… 143
一、经济方面的投入产出分析…………………………………………… 143
二、社会方面的投入产出分析…………………………………………… 144
三、生态方面的投入产出分析…………………………………………… 144
第四节 我国都市型现代农业规划案例…………………………………… 144
一、北京市关于加快发展都市型现代农业的指导意见………………… 144
二、南京市都市型现代农业"十一五"发展规划 ……………………… 150
三、武汉市都市型现代农业发展规划（2006—2020）………………… 155
四、石家庄市都市型现代农业发展指导意见…………………………… 161
五、重庆市都市型现代农业发展战略研究……………………………… 164
六、深圳市都市型现代农业发展"十一五"规划 ……………………… 168
七、无锡市都市型现代农业发展规划纲要……………………………… 175
八、淄博市都市型现代农业发展规划（2010—2015）………………… 182

第八章 广州市都市型现代农业的发展…………………………………… 190
第一节 广州市都市型现代农业概况……………………………………… 190
第二节 发展广州优势农业企业的对策…………………………………… 191
一、研究方法和内容……………………………………………………… 191
二、优势农业企业的理论………………………………………………… 191
三、广州农业企业的现状分析结果……………………………………… 193
四、广州发展优势农业企业的对策……………………………………… 198
第三节 广州市都市型现代农业技术创新体系的建设…………………… 201
第四节 农业信息化与广州市都市型现代农业建设……………………… 204
一、农业信息化概念的重要内涵………………………………………… 204
二、都市型现代农业建设对信息化的需求……………………………… 205
三、实现广州农业信息化要解决的主要问题…………………………… 205
第五节 加快发展都市型现代农业的主要做法…………………………… 206
一、优化农业布局结构，加快现代化农业基地建设…………………… 206
二、推进农田、鱼塘标准化改造，提高农业综合生产能力…………… 207
三、扶持龙头企业和农民专业合作经济组织发展，推进农业产业化经营 … 207
四、建设现代农产品市场体系，加强农业经贸合作…………………… 208
五、推进农产品质量监测体系建设，保障农产品质量安全…………… 208
六、着力推进科技兴农，提高农业科技水平…………………………… 209
第六节 广州市都市型现代农业科技示范带的建设……………………… 210

一、广州市都市型现代农业科技示范带建设思路……………………… 210
二、广州市建设都市型现代农业科技示范带的基础和优势……………… 214
三、广州市都市型现代农业科技示范带重点建设项目…………………… 215
第七节 广州市发展都市型现代农业体制、机制建设…………………… 218
一、都市型现代农业体制、机制建设概况………………………………… 218
二、都市型现代农业体制、机制创新的举措……………………………… 219
三、对其他城市都市型现代农业发展的启示……………………………… 220

参考文献……………………………………………………………………… 222

第一章 都市型现代农业的形成与发展

第一节 都市型现代农业的形成

一、都市型现代农业的含义

都市型现代农业又称"现代都市农业",英文为"agriculture in city countryside"。关于都市型现代农业的定义,国内外诸学派各有己见,众说纷纭,至今难有定论。因为都市型现代农业不仅是一个新兴的研究领域,而且最主要的是都市型现代农业牵涉面广,涉及的问题错综复杂。为弄清楚都市型现代农业的含义,有必要回顾都市型现代农业的研究史,以便明确都市型现代农业理论研究的系谱,以下是最具代表性的几家学说和一些主要观点。

(一)日本地理经济学家青鹿四郎学说

都市型现代农业作为学术名词,最早见于日本学者青鹿四郎所著《农业经济地理》(1935)一书。他认为:都市型现代农业是分布在都市内的工商业区、住宅区等区域内,或者是分布在都市外围的特殊形态的农业。即在这些区域内的农业组织依附于都市经济,直接受都市经济势力的影响;主要经营奶、鸡、鱼、鲜菜和果树等,集约化、专业化生产程度很高,同时又包括稻、麦、水产、畜牧等的复合经营。都市型现代农业的范围一般是都市面积的2~3倍。

(二)农政经济学家桥本卓尔学说

20世纪60年代以后,经济、社会、城市等发生了激烈变化,桥本卓尔对都市型现代农业这一词作了以下归纳:①都市型现代农业是都市内部及其周边地区的农村受城市扩张的影响,或是在农村城市化进程中受席卷而形成的一种农业形态。②它是被都市包容的、位于都市中的农业。③最容易受城市扩张的影响,但又最容易因城市基础设施完备而带来益处,因此是双重意义上的"最前线"的农业。④它是城市建设发展占地和居民住宅建设占地等状况同时并存、混杂、相嵌的农业。⑤都市型现代农业如果放任自出现不良的城市生存环境，人们开始把目光转向农村，一些人移居郊区，另一些人则去城郊旅游观光，这就带动了城郊房地产业和旅游观光产业的兴起。城市环境污染的治理难度要远远大于郊区，如城市密布的道路网络使汽车的尾气治理难度加大，人口过于密集从而加大了生活垃圾治理的难度，等等；而郊区原本的污染程度就轻，治理起来也更容易。这样，郊区的环境明显优于城市，郊区对人们的吸引力越来越大，都市型现代农业也随之发展起来。

（二）环绕城市的要素市场和产品市场的形成

在大城市郊区环绕城市所产生的要素市场和产品市场，为都市型现代农业的发展提供了得天独厚的优势。这使得都市型现代农业的发展具备了低成本的可能性，因为低成本运行的要素市场和产品市场是任何一个产业发展的基本条件。对农业发展来说，郊区优先具备了这样的条件。因此，都市型现代农业在郊区率先替代了传统农业。随着国民经济发展水平的提升，广大乡村的基础设施条件将会逐步完善，农村与城市之间的经济距离将会缩短，都市型现代农业便会在更大的范围内替代传统农业。

（三）都市化社会的形成

据人口学家分析，目前全世界有接近一半的人口居住在城市，发达国家的城市人口占总人口的70%以上，发展中国家平均为35%。我国目前的比重为32%，低于发展中国家的水平，这说明我国的城市化仍是一个长期的过程。在我国大城市地区的城市化水平要高于一般地区，人口的都市化形成了都市化社会，这会降低农业作为基础产业的竞争力，并促使第二产业和第三产业迅速发展。都市化社会的形成对农业的发展也有一定的好处，可以吸引农村人口流向城市，使愿意继续务农者有了扩大经营规模的可能性。同时，随着人口在城市的集聚，农产品的消费市场扩大了，这有利于农产品价格的提高和农产品加工、运销业的发展。这一切最终都会促进都市型现代农业的发展，因为都市型现代农业可以通过自身的发展来满足城市人口对优质、高档农副产品日益增长的需求，同时还可以满足他们回归自然、体验劳作、观光旅游、休闲娱乐的精神需求。

（四）经济发展和国民收入水平提高的推动

衣食住行是人类社会的基本需求，这些需求的内容、水平、档次都是随着经济发展和国民收入水平的提高而变化的。经济发展水平越高，人们对物质需求的水平和档次要求就越高，人们用于满足精神需求的支出份额就越大，这是人们消费发展的一般规律。都市型现代农业正是适应这种消费需求的发展而产生的，它首先适应了都市的需要，积极为都市服务，同时它的发展又依赖于都市经济的发展和国民收入水平的提高。都市第二产业、第三产业的发展在一定程度上支持了农业的基础地位，使城乡产业关联互动，结果推动和发展了都市型现代农业。

第二节 都市型现代农业的基本特点

一、都市型现代农业的基本特征

都市型现代农业是一种与城市经济、文化、科学、技术密切相关的农业，是都市经济发展到较高水平时，农村与城市、农业与非农业等进一步融合过程中的一种发达的现代农业。它反映了工业化和城市化高度发展后，人类对新时代农业的一种探索，表明现代化农业已经成为现代都市文明的内在需求。都市型现代农业是依托大城市发展起来的，拥有先进的科学技术和现代化设施，并具有先进的管理科学技术，它的区位优势、市场优势、人才优势等决定了它与其他地区的农业相比，更具有得天独厚的优越条件。应该说，都市型现代农业是当代最具活力的一种现代生产力，鲜明地显示着自己的特征。从形态、功能和发展水平等方面来看，都市型现代农业有以下几个显著的特征。

（一）都市型现代农业是无城乡边界的农业（融合性）

一般来说，为充分利用交通、信息、能源等资源，工商企业都集聚在大城市，而农业则分散在广阔的农村。自古以来，城乡分界泾渭分明。随着世界城市化进程的加快，这一传统观念发生了变化。一方面，在城市的扩展过程中，农业以其优美的环境被保留下来，并在都市内建立各种自然休养村、观光花园和娱乐园，形成插花状、镶嵌型农业。另一方面，随着城市化进程的不断加快，形成了城市渗透农村、农村渗透城市，城市和农村浑然一体的局面，产生了许多农村中的"城镇"和"工厂"，以及都市里的"村庄"和"田野"。最为明显的是公共基础设施以及其他公共物品供给正朝着一体化方向发展，传统的城乡布局被打破，城乡界限日益模糊。都市型现代农业的融合性，一方面体现在第一产业向第二、第三产业的延伸渗透，农游两业交融；另一方面体现在各种现代农业科技和先进设施以及先进农艺相互交接融合，且逐渐走向和谐统一。

（二）都市型现代农业是功能多元化的农业（多样性）

功能多元化是指农业除向人类提供更多、更好的特定产品，以满足社会不断增长的基本需求之外，还承担其他日益增多与不断扩大的社会、经济、生态功能，包括环境保护、国土整治、水资源管理、保持生态平衡、维系自然资源的永续利用、扩大就业、推动和促进整个国民经济的可持续发展等。传统的农区农业主要是利用动植物的性能生产满足人类需要的产品，主要指粮、棉、油等大宗农产品的生产；而都市型现代农业的生产、流通和经营，农业形态和空间布局，都必须服从大城市的需要，为市民的生产、生活提供服务，在服务中获得经济效益。由于城市及市民的需要是多方面的，这就决定了都市型现代农业的形态、生产经营形式与功能的多样化性。它不仅要充分利用大都市提供的科技成果及现代化设施进行生产，为国内外市场提供名、特、优、新的农副产品，而且要具有为城市市民提供优美的生态环境、绿化美化市容市貌、提供旅游观光场所、进行文化传承教育等功能。台湾地区引导都市型现代农业向"生产、生活、生态相结合"的"三生"可持续农业方向发展；荷兰的设施农业、日本的体验农业、德国的市民花园、新加坡的农业花园等多种形态，都充分展示了城市对都市型现代农业的需求多样性以及都市型现代农业功能的多样性。

（三）都市型现代农业是高度集约化的农业（集约性）

与其他地区农业相比，这一区域内的农业资源条件表现为资本、设施、科技和劳动力的高度密集性，同时由于都市型现代农业与城市之间的密切关系，其农业环境、投放要素、产业技术特性、结构及功能有一定的要求或限制，从而使这一地区的农业同其他地区的传统农业明显不同。随着都市型现代农业区域中经济地租的上升，在经济利益的诱导下，都市型现代农业转向资本、科技密集和土地集约型的发展道路，农业生产经营方式高度企业化、规模化、科技化、设施化、市场化，并实现产加销、贸工农一体化，提供大城市所需的鲜活农副产品。目前，国外经济发达国家的农业有机构成甚至高过工业。日本东京、大阪的农业基本实现了生产栽培园艺化、基地设施现代化和生产操作机械化。因此，与一般农区农业相比，都市型现代农业更有条件从设施、生产、加工、流通到管理等渠道，形成高科技、高品质、高附加值的农业体系。

（四）都市型现代农业是市场一体化的农业（开放性）

都市型现代农业傍依大城市，可充分利用国际化大都市发达的市场、信息和交通网络，跨越区域界限发展农产品生产和交易。尽管具有较高的地域性，但农产品的生产、加工、销售则以适应大都市市场和国际市场需求为出发点，农产品在市场上实现大流通是都市型现代农业发展的动力和生命。如荷兰海牙的鲜花交易，可同时接待世界各国2000多个花商。一般一批花卉拍卖成交包装后，次日凌晨即可在欧洲、美国或日本市场上出现。阿姆斯特丹奶牛基地生产的肉类和乳制品则销往全世界70多个国家。从某种意义上来说，都市型现代农业是一种工业化、市场化农业。通过市场网络把千家万户的农民与市内、国内甚至世界市场紧密地联结在一起，快速有效地根据市场需要组织农业生产要素配置。通过市场化带动农业产业化，进而推进农业的专业化、基地化。因而，都市型现代农业突破了小生产的束缚，充分利用都市发达的市场、信息和交通网络，实施全方位的开放。开放范围涉及种植业、养殖业及农副产品深加工；开放方式由过去单纯引进的买卖关系，发展到双方共同投资建立合资企业和示范农场；开放项目涉及畜牧、水产、蔬菜、瓜果、花卉等；开放内容既有引进资金、设备、品种的硬件合作，也有引进技术、管理的软件交流等。

（五）都市型现代农业是具有准公共产品特性的农业（外部性）

都市型现代农业是经济、生态、社会、文化等多功能的综合体现，其产品不仅包括商品，还包括一些公共物品，多样的商品和非商品共存。因此，都市型现代农业的功能分为商品性和非商品性功能。其中，农产品生产属于商品性功能，而国土资源保护、水资源养护、自然环境保护、自然景观保护、自然景观形成、传统文化继承等属于非商品性功能。都市型现代农业的这种外部性，不能从市场交换中获得相应的补偿。因此，都市型现代农业具有一个社会事业部门的属性，日益不同于传统产品生产意义上的生产性农业。多功能农业的受益者首先是整个社会，其次才是农业的经营者，这就意味着农业问题不再是一个简单的微观经济问题，而是一个宏观经济问题，都市型现代农业正日益成为一个社会事业部门，而作为一个产业经济部门的属性正在不断弱化。从这个意义上讲，都市型现代农业的非商品性功能具有较强的外部性，都市型现代农业本身具有准公共产品特征。因此，都市型现代农业的发展理应得到整个社会的广泛支持。

（六）都市型现代农业是需要重点加以保护的农业（脆弱性）

都市型现代农业是依附于都市经济势力的农业，存在于都市内部或紧邻都市，这其中，土地作为一种资源显得尤为稀缺；而在城市化进程中，都市型现代农业较之其他占主导地位的工业、商业和居住用地，其经济上的竞争力通常显得不足，这就使得都市型现代农业在空间分布上呈现一种不稳定的趋势，常常被其他经济活动所挤占。同时，城市环境污染和生活垃圾的排放直接破坏农作物的生长，使城市边缘农业生产率下降。因此，都市型现代农业最容易受到都市开发、农业用水污染、光照不足等自然环境恶化的影响。从市场经济的竞争环境和经济政策看，如果对都市型现代农业弃之不管，则它随时有可能从都市中消失。所以，为了保证都市型现代农业的可持续发展，就需要对其采取有效的保护措施，才能避免都市型现代农业成为过渡性的、夕阳农业的厄运。

二、都市型现代农业的基本功能

应该说，农业的各种功能本来就客观存在，但是人们对这些功能的认识有一个过程，在对待和处理农业诸多功能之间关系的侧重点上也有所不同。在没有解决温饱问题之前，人们比较注重农业的生产功能，无法提及与重视农业在保持和改善生态环境、净化空气、涵养水源、调节气候等方面的作用，更难以重视农业在社区生活环境、人文生活方面调节身心与教化人民，协调人和自然关系的功能。而当基本生存需要得到满足之后，才在实践中对一些功能有所认识，同时也有可能和必要利用一部分农业土地和设施，来有系统地拓展和开发这些原来就存在的农业功能。从总体来看，都市型现代农业有三项基本功能。

（一）经济功能

经济功能主要指提供优质、无公害的鲜活农产品以满足都市消费需求，具有较强的同,通过对污染的治理,环境质量明显优于城市。发达国家的政府在治理环境中普遍注重城郊环境的改善,为城郊产业结构调整创造了条件,在都市型现代农业发展中起到了积极的推动作用。可见,都市型现代农业是从都市与自然协调和人与农业协调的两个方面提出的,是对农业提出的更新、更高的要求。它反映了工业化、城市化和农业现代化以后人类对新时代农业的一种探索,表明了城乡关系由原来的互相排斥、对立转变为互补融合。都市型现代农业对于建立优美的城市已经成为一种内在的需要,可使传统的"城市中有花园"变为"城市建在花园中"。

(二)经济发展是都市型现代农业发展的基本动力

衣食住行是人类社会的基本需求,但这些需求的物质内容、偏好次序和偏好强度随着经济发展和国民收入的提高而变化。经济发展水平越高,人们越要求质量高、有利于健康的消费品,越倾向于在旅游观光、休闲度假方面增加支出。目前,人们的消费需求不断提高,高档的果蔬产品、肉奶产品、珍稀产品逐渐畅销,都市型现代农业正是适应这种需求变化而兴起的。农业的生产、生态和生活等功能本来就是客观存在的,但是对它们的认识有个过程,处理它们之间关系的侧重点也有所不同。在解决温饱之前,人们往往只是注意农业的生产功能,忽视农业在保持和改善生态平衡、净化空气、涵养水源、调节气候等方面的作用,也忽视了农业在改善社区生活环境、调节身心健康、协调人与自然的关系等方面的功能。当基本生存需要满足以后,才可能利用一部分农业土地和设施,有意识地开发农业的其他功能。

(三)都市型现代农业是农业结构调整的客观要求

发展都市型现代农业并推进其产业化,面向市场推出特色产品或精品,是调整农业结构的重要内容。都市型现代农业及其产业化的推进,要以城市工业、信息服务业等为依托,以城市技术和人才为支撑,表现为工农互动、城乡互动的发展过程。都市型现代农业会促进城市化和城乡一体化,极大地缩小农村与城市的差距,使农业具有与工业相同的交通、信息、电力等基础设施,具备最先实现农业现代化的条件。因为城市强大的工业技术物资装备和科学技术十分容易向农业渗透,城郊所聚集的一定质量和数量的人力资本是都市型现代农业兴起的重要条件,而农民教育水平的普遍提高是都市型现代农业发展的根本条件。都市型现代农业所具有的高科技、高投入和科学化管理的性质对人力资本有着更高的要求。在经济发展不平衡的状况下,农业生产领域高水平的人力资源首先在城郊兴起。当一个国家的经济发展水平趋于均衡,农村的人力资本水平提高以后,都市型现代农业必然由城郊向农村扩张。都市型现代农业能便利地利用城市工商业资本和科技成果,通过集约化和工厂化的生产方式,有效地提高农业生产的空间利用能力,缩小与工业生产的差距,同时也带动农村经济的全面发展。

二、都市型现代农业与生态城市建设的协同效应

从都市型现代农业和生态城市的含义及主要观点来看,两者具有人与自然的和谐和

第一章 都市型现代农业的形成与发展

环境保护等共同主张，并具有许多共同的追求和目标，如实现城市的可持续发展，满足城市的多功能需求，创造优美的人居环境及维护城市生态平衡等。可见，都市型现代农业的发展和生态城市的建设是相互促进、互为依存，具有共同效果、互补效果和同步效果的协同关系。因此，都市型现代农业与生态城市建设具有显著的协同效应。

（一）城市生态环境的改善，实现都市型现代农业和生态城市建设的共同效果

建设生态城市就要对自然由无序蔓延变为合理分布，建立经济、社会和资源环境同步协调的资源配置机制和合理布局。都市型现代农业不仅要为市民提供鲜活的农副产品，而且还要为人们带来新鲜空气、洁净水质和优美的自然风光，使其成为都市的一块绿洲和"绿肺"，变城市的"热岛效应"为"绿岛效应"。通过发展生态农业、设施农业和示范农业，创立市民农园、农业主题公园，以及开设各类农业观光景点，不仅塑造了现代生态城市的田园景观，而且还可以为市民提供观光、旅游、休闲、健身和体验的好去处，提高市民的生活质量。因此，在中心城市和卫星城之间、卫星城相互之间，建立生态功能保护带，保留和发展都市型现代农业，引导城市与农田、绿地和水系融合，形成一个完整的城乡生态系统网络，发展田园中的城市、城市中的田园。这样，都市型现代农业就为城市蔓延设立了屏障，保障了整个区域和城市内外部的开敞空间。通过在城市边缘中心区以及控制区建设一些现代农业科技园区，加强绿化隔离带建设，使之成为城市的绿色屏障和市民休闲的重要场所，在空间上保障城市的生态化建设。

（二）城乡一体化的发展，实现都市型现代农业和生态城市的互补效果

都市型现代农业的生产功能有效地保障了市民对鲜活农产品的需求，有助于市民生活质量的提高，满足生态城市持续、健康、高质量的生活追求，其休闲农业的发展也为提升生态城市的多样化和缓解城市压力创造了条件。生态城市的发展为都市型现代农业的发展提供了科技支持，实现了科技与自然的融合，有助于提高农业生产效率和农业附加值；其技术、资本和市场的支持，有利于增强优势农产品的市场竞争力，实现传统农业向生态农业的转型升级。同时，城市的发展也为开展示范农业、发展农业龙头企业和解决农村富余劳动力就业提供大量机会，能有效地解决农民增收的问题。因此，都市型现代农业有利于缩小城乡差距，以工业化带动农业现代化，加快生态环境建设，实现城乡景观融合；促使农民提高素质、增强市场化经营理念，促进城乡文化交流和加快城乡一体化进程。此外，都市型现代农业还能拓宽城市的就业途径，促进城乡社会稳定，共建和谐社会。

（三）外部经济性的扩大，实现都市型现代农业和生态城市建设的同步效果

都市型现代农业活动及产出具有准社会公共属性。食品安全功能包括食品质量安全和食品供给安全，是都市型现代农业的价值内核。此外，都市型现代农业与环境质量、

政治环境、劳动就业、教育培训等领域有密切联系。而这些范畴都带有准公共产品或准公共活动的属性，从而扩大了都市型现代农业活动外部性的无意识性和无补偿性效应。此外，都市型现代农业处于特殊的城市地理经济环境，扩大了各种利益主体的联系，缓和了各利益主体的冲突和矛盾。

生态城市建设在实现自然系统生态化，将自然融入城市、城市归于自然的同时，还能实现社会系统和经济系统的生态化。其一，实现社会系统生态化。主要表现为以人为本，建立社会的生态文明。人类有自觉的生态伦理意识和环境价值观，生活质量、人口素质、健康水平与社会进步、经济发展相适应，要建设成一个尊重人权，保障人权，以及人与人和谐相处的文明社会环境。其二，实现经济系统生态化。经济系统生态化实质上是要发展循环经济。生态城市复杂的系统面对自然资源的紧缺和耗竭，要提高资源的利用效率、优化资源配置结构、寻求资源的替代、推广绿色能源和稀缺资源，应主要投向能产生更高效益的渠道，如对废水、废气和废渣进行处理，开发新产品。

三、城市发展都市型现代农业的必要性

由于生态城市建设和都市型现代农业发展有共同的载体、共同的主张、共同的目标和追求，使得两者相互促进、互为依存，具有共同效果、互补效果和同步效果的协同关系。在现代新城市建设的背景下，城乡统筹、长远规划和同步发展都市型现代农业具有重大的现实意义。

（一）发展都市型现代农业是缩小城乡差距的有效途径

都市型现代农业依托城市强大的科技、经济和社会力量，实现了高产值和高效益。传统农业的社会效益大而经济效益低，易受自然和市场风险的影响，是典型的弱势产业。而都市型现代农业的发展能有效地改变这一现状。首先，它以国内外市场为导向，以提高经济效益和保护环境为中心，生产、流通、科技等环节紧密结合，生产专业化和集约化，提高了市场竞争力。其次，都市型现代农业的发展、示范，使长期习惯于传统耕作方式的农民学会现代科技，提高经营能力，培养了一批新型农民，使得农业处于一个较有利的经营位置，改变了其弱势地位。而且都市型现代农业的休闲、旅游度假功能具有显著的本土特色，是一种无法进口的产业，较少受到国际贸易的冲击，能持续稳定地提高农民收入。再次，农村人口在各地都占到城市总人口的很大一部分，其生产的产业增加值占城市 GDP 的比例却很低，导致城乡差距十分明显。因此，统筹城乡发展，事关城市全面建设小康社会的大局，应在坚持以"三化"（工业化、城市化、市场化）带"三农"（农业、农村、农民）、"三化"服务"三农"的思路，把推进新农村建设、加快城乡一体化发展与城市都市型现代农业的发展结合起来，有效地依托城市的科技优势、资本优势，提高农业产业的竞争力，实现城市农业产业的优化升级，从而持续稳定地提高农民收入，有效缩小城乡差距，实现城乡统筹、和谐发展的新城市建设目标。

（二）发展都市型现代农业有利于改善城市生态环境

随着城市化进程加快，城市规模快速扩大，受传统发展模式的影响，城市的工业化进程对环境与资源造成的恶性损耗和严重污染，使得城市的发展缺乏足够的资源与环境支持，城市发展的生态环境更加脆弱，严重污染已成为建设生态城市的主要障碍。为此，城市实现可持续发展是头等大事，应把优化农业生产力布局，调整产业结构，推进生态环境综合治理作为农业产业结构调整的重点。同时，发展都市型现代农业不但能为城市提供美化绿化用的花卉苗种、观赏性的奇蔬异果，而且它的生产基地还可以成为市民的观光休闲地和绿色屏障。都市型现代农业具有很高的科技含量，充分体现了城市的现代气息，可以提升城市的品位，塑造城市的特色。新加坡自20世纪60年代中期以来，大力倡导花园城市运动，有计划地推进城乡绿化和特色园林建设，并资助创建具有观光旅游特色的都市型农业体系，一举成为享誉世界的"花园城市"。此外，都市型现代农业的发展还可以使城市的"热岛效应"变成"绿岛效应"。

（三）发展都市型现代农业有利于增强城市功能

都市型现代农业不仅要充分利用大城市提供的科技成果及现代化设施进行生产，为国内外市场提供名、优、新、特农副产品，而且具有为市民提供优美生态环境、绿化美化市容市貌，提供旅游休闲场所和进行文化教育等诸多功能。其经营形式的多样化和功能的不断延伸，大大强化了城市的功能。都市型现代农业还可以促进郊区城市化和城市郊区化的互动发展，改变传统的农业人口向城市单向流动的格局，促进城市人口向郊区流动，为缓解城市化发展中的问题提供了条件。同时，带动一大批农副产业龙头企业的发展，这将成为创造就业机会、吸纳农村富余劳动力和提高农民收入的重要途径。都市型现代农业的兴起可带动旅游、服务等相关产业的发展。随着都市型现代农业的发展、农业物流体系的日益完善，生产、加工、运输、仓储和销售等环节逐步配套，由此所带来的生产能力的扩大和生产领域的不断扩展，将吸纳更多的农村劳动力甚至城市失业人员，可以有效地提高农业收入。

（四）都市型现代农业的发展，将成为农业高新技术的辐射源

城市是各地的政治、经济和文化中心，城市的发展不仅要实现新城市建设的目标，还承担着带动当地区域经济和谐发展的示范和龙头的重任。由于我国多数地区农村经济欠发达，落后的基础设施，复杂多样的农业产业结构，生产力水平参差不齐、分散的小本经营模式等局面在短期内难以得到根本改变，使得农业吸纳新技术的边际成本偏高，从事传统农业的农民采用新技术发展优质高效农业的动力不足。而都市型现代农业由于其自身优势，依托都市的高科技资源和资本市场，形成了一种新型的科技成果推广应用体系，都市型现代农业经营的成功示范，降低了农民采用高新技术的风险，使新技术能较快地在农业中传播、辐射。

以先进的农业科技和现代化设施以及先进的科技管理为手段，以规模化的集约农业、设施化的高科技农业、产加销一体化的市场农业和高度开放的外向型农业及它们的有机统一为主要形态来凸现其现代性的。

（二）都市型现代农业可持续发展的地域性产业概念

首先，都市型现代农业是一个经济区域的概念，既包括大都市里（城区里）的农业，即利用大都市建设空隙地、城市庭院、房顶阳台、城区内建设的农业工厂的现代农业，还包括近郊（城乡结合部）的现代农业和远郊以及环大都市经济圈在内的适应大都市市场需求和国际市场需求的现代农业。

其次，都市型现代农业是一个综合性的地域经济概念，既包括大都市依赖土地资源的农业、精品农业、高科技示范农业、展示农业发展过程的传统农业、良种农业、鲜活嫩农业和满足自身需求的高档农业等，又包括非耕地农业、大都市建设间隙处和屋檐处发展的点缀农业、袖珍农业、观光农业、设施农业、生态农业、深加工农业和适应国际市场需求的创汇农业等。

最后，都市型现代农业是一个动态的地域经济概念，它包括以经济为中心的技术、环境和社会等多种因素，其中经济因素包括农业经济和非农业经济，在城市市区间隙地带或周边地区，利用城市中的生产要素，由市民经营，通过为城市和全社会提供社会、经济、生态、文化需要的农业产品和生产环境；其经营者生活方式城市化，体制上隶属于城市管辖；产业结构涉及农、林、牧、副、渔的加工、销售等方面，凸现其地域性。

（三）都市型现代农业可持续发展的积极性发展概念

从传统观念来看，城市与农村是对立的，城市的发展要以牺牲农业为条件，其结果给人类带来的是钢筋、水泥的生活环境，直接危害到人类的生存与发展，于是人们对工业化、城市化历程进行反思，逐渐意识到要建设有"农"的城市。随着生活水平的提高，人们需要新鲜安全的食品和赏心悦目的环境，提出回归自然、休闲度假、体验农业文明和教育子孙后代的要求。这种内在的需求促使城乡关系发生变化，树立了"都市"与"农业"需要融为一体的观念，提倡自然循环和自然生态，建立保护生态环境为核心内容的"有机农业"、"生物动力农业"和"自然农业"等等。因此，都市型现代农业的可持续发展是以保护自然资源和生态环境，提高资源利用效率为基础，以良好的环境为保障、充裕的资源为支撑，以生产的持续性、经济的持续性和生态的持续性来凸现其积极性。

（四）都市型现代农业可持续发展的综合性多功能概念

都市型现代农业是一种特殊形态的现代农业，是一种向第二、第三产业延伸、渗透、交叉、融合的复合产业，更是一种可持续发展的农业。不仅仅是经济功能的开发，而且是要求实现生产、经济、生态和社会功能的共同开发和有机统一，实现全功能性的大农业。它要不断地优化生物活动生产的资源原料结构、自身的特性及生产技术，充分发挥都市工业基础和资本资金雄厚的优势，发挥都市交通、通讯、知识人才密集的优

第一章 都市型现代农业的形成与发展

势。因此,其可持续发展是以农业产业为基础,以大都市拥有的高新技术武装的园艺化、工厂化、设施化等生产为主要手段,以高效农业、拓展农业(融精品生产、观光旅游、教育娱乐、文化交流、展示示范于一体)、生态农业(绿化、美化、净化城市和改变农村环境)、创汇农业为主要标志,以国际、国内市场需求为先导,以城市建设与农业发展相融合的一种现代农业系统来凸现其综合性的。

第二章 农业国际化与都市型现代农业的发展

第一节 农业国际化

一、农业国际化的新模式

随着现代农业的发展，当今世界出现了几种不同的农业模式，如精准农业、都市型现代农业、蓝色农业、白色农业、设施农业、有机农业及质量农业等。

（一）精准农业

1. 提出背景

精准农业（precision agriculture）也称精确农业、精细农业，是美国等经济发达国家在20世纪80年代末期继低投入可持续农业（LISA）后，为适应信息化社会发展要求提出的。目前，一些发达国家已将精准农业技术系统应用于农业生产与管理，如作物的估产、长势监测、产量预测、病虫害预报、确定灌溉方法和最佳施肥量、评价一项新的农业技术对作物生产的影响，以及分析由于气候的不确定性而带来的生产风险等。目前，我国一些地方也已开始了这方面的应用研究与试验。

2. 精准农业的含义

精准农业是一种把科学的精确性引进农业生产的方法，即通过全球卫星定位系统、遥感技术、地理信息技术、自动化控制技术等，利用大型的机械设备进行田间管理，能够做到精确配方施肥、定点施药，在减少投入的情况下增加或维持产量、提高农产品质量、降低成本、减少环境污染、节约资源及保护生态环境，适用于种植业、畜牧业、园艺和林业等，精准农业将现代科学技术（包括电子、计算机和信息技术等）运用在农业中，是一种关于农业管理系统的战略思想，并与可持续农业密切相关。

3. 与一般农业技术的不同

一般的农业技术是通过品种、施肥、灌溉等措施来提高农作物产量，而精准农业技术是通过全球卫星定位系统和计算机技术，精确地计算出一块地所需的投入，从而减少不必要的投入，避免资源浪费及提高效益，以确保农业的可持续发展。

4. 发展前景

精准农业是信息技术发展的必然结果，是农业现代化的必然趋势。到目前为止，农业仍是投入/产出转换效率很低的产业，其重要原因之一就是由于对作物的投入不是根据作物的实际需要。另外，农业造成的环境污染及农产品残留毒害的问题也日益引起人们的重视，其解决的途径也必然是采取精准农业战略。从长远看，环境效益、经济效益与社会效益的统一，也只有在采取精准农业战略的前提下才有可能真正实现。

（二）都市型现代农业

1. 提出背景

都市型现代农业（urban agriculture）的概念首先是在20世纪50年代末60年代初由美国的一些经济学家提出，最初表述为"现代都市农业区域"和"现代都市农业生产方式"等；到1977年美国农业经济学家艾伦才明确提出了"都市型现代农业"一词。进入20世纪80年代后，随着城市化进程加速，日本、新加坡、韩国等国的经济学家相继开展了有关的研究，并不断完善都市型现代农业的内涵，从此都市型现代农业的概念在世界范围内被广泛接受。

2. 都市型现代农业的含义

都市型现代农业指处在大城市及其周边的地区充分利用大城市提供的资本、科技成果及现代化设备进行生产，并紧密服务于城市的现代化农业。它是一种与城市经济、文化、科技密切相关的农业现象；是城市经济发展到较高水平时，农业与城市、农业与非农业等进一步融合过程中的一种发达的现代农业。它作为一种崭新的现代农业形态，具有城乡融合性、功能多样性、现代集约性、高度开放性等特征。

3. 主要功能

一是具有推进资源优化配置和农业产业化进程，促进农业产品结构调整，不断提高农民收入的经济功能；二是具有为市民提供接触自然，体验农业，以及观光、休闲与休憩的场所和机会的社会功能；三是具有营造优美宜人的绿色景观，保持清新、宁静的生活环境的生态功能；四是具有依托大城市的科技、信息、经济和社会力量的辐射，带动持续高效农业乃至农业现代化发展的示范功能。都市型现代农业具有净、美、绿的特色，建立了人与自然之间和谐的生态环境。绿色食品生产和生态环境建设是作为经济中心的城市高速发展不可缺少的两个重要支撑点。

（三）蓝色农业

1. 提出背景

随着人口的增长，土地资源日益减少，21世纪的食物问题正越来越引起人们的广泛关注。海洋作为人类生命的摇篮，占地球表面积的71%，生物资源非常丰富，据测算海洋中的生物资源可养活地球300亿人口。显然，海洋将是人类21世纪的第二粮仓。如何开发海洋食物资源？科学家提出了发展"蓝色农业"（blue agriculture）的设想，建议一方面依靠微生物发酵工程，利用海洋植物生产单细胞蛋白质；另一方面利用浅海和滩涂进行海水养殖与放牧，实现农牧场化，从而形成与陆地农业并存的蓝色海洋水生农业。

2. 蓝色农业的含义

蓝色农业指利用海域种植或者捕捞海洋生物资源，进行农业生产，发展海洋农业、海洋种植、海洋养殖和海洋捕捞，开发海洋食用蛋白。它是大农业的重要组成部分，在国民经济中占有重要的地位。

3. 发展趋势

生态养殖和工程养殖关键的策略在于立足基础研究，强化高新技术转化，实施良种工程，不断推出养殖新良种，从平衡沿岸各产业的需求出发，调整现有养殖区的养殖结构、规模与布局；集成现代生物和工程技术，实施陆地生态工程养殖；以生态学理论和现代工程技术为基础，大力发展浅海离岸设施渔业。与内陆水域相比，海洋资源与环境的保护和持续利用更重要，前景也更广阔。

（四）白色农业

1. 白色农业的含义

白色农业（white agriculture）被称为除植物种植和动物养殖之外的第三农业，是对微生物资源（主要是利用菌类微生物）进行工业化开发而形成的高科技农业，又称微生物农业。其内涵为发酵工程和酶工程，由于人们在工厂车间内都要穿戴白色工作服从事劳动生产，故谓之为"白色农业"，这种工业型新农业生产潜力巨大。

2. 白色农业的优势

与传统农业比较，白色农业有很多优势。一是原料丰富，可以利用农作物秸秆、农副产品加工的下脚料（如酒糟、醋糟、糖渣等）、工业废料（如造纸工业废料、工业酒精废液、工业味精废液）等进行生产，成本低廉，经济效益高；二是生长迅速，微生物合成蛋白质的能力要比动物和植物高数十倍、上百倍，筛选一些适当的微生物进行工厂化生产，能够获得大量的生物量，提供丰富的食物来源。

3. 发展前景

目前，白色农业已形成微生物食品、微生物饲料、微生物肥料、微生物药物、微生物能源及微生物生态环境保护剂6个产业。随着现代科技的发展，将来还会出现更多的白色农业新产业。实现农业微生物资源的合理开发利用，创建节土、节水、不污染环境及资源可循环利用的新型工业化农业，必将给21世纪的农业带来崭新的局面。

绿色农业、蓝色农业和白色农业，即"三色农业"的建成，将变革传统农业露天生长的"单相形态"生产模式，演进为"多相形态"的生产模式，即绿色"露天农业"与白色"工厂农业"并存，绿色、白色"陆地农业"与蓝色海洋"水生农业"共兴。农业"多相形态"生产模式的实现，将是人类社会历史上具有划时代意义的伟大变革。

（五）设施农业

1. 提出背景

20世纪世界农业获得了奇迹般的发展，发达国家实现了农业现代化，发展中国家也正处在由传统农业向现代农业转变过程中的不同阶段，其重要标志之一就是农业与工程的密切联系程度，农业需要工程，从事农业工作的人们开始具备"工程"意识，于是设施农业（construction agriculture）很快被人们接受并日益受到重视。

2. 设施农业的含义

设施农业就是通过利用人工建造的设施来调节生物体的生活环境，使之最适合进行农业生产。其主要模式有：①简易覆盖型，主要使用塑料薄膜，进行地膜或拱膜加草苫覆盖，可以调节小环境的温度和湿度，促进生长；②普通设施型，使用塑料大棚、地窖、废矿坑、房屋等进行蔬菜生产、动物养殖、食用菌培育等农业生产活动；③现代设施型，设专门的生产车间，采取工厂化的生产流程，从种苗繁育到产品加工等，进行一体化、产业化操作。

设施农业的内容十分丰富，主要有：①设施种植业，如温室栽培、塑料大棚栽培、无土栽培等；②设施畜牧业，如畜禽舍、养殖场及草场建设等；③农畜产品贮藏保鲜设施，如地窖、冷库等；④环境调节控制设施，如地膜覆盖、温室和畜舍补光、加温、通风、微滴灌、CO_2施肥设备以及产品贮运中气调、冷藏设备等。

3. 发展前景

设施农业是我国农业资源高效利用的重要途径，具有广阔的发展前景。设施农业在可控条件下，产品品质好，单位面积产量、产值高于大田露地生产数倍，是高产、高效、优质的农业生产。在我国资源有限的情况下，建立在现代科技进步基础上的设施农业，必将促进农业走向集约持续发展之路，并最终促使农业实现由传统农业向现代化农业的飞跃。

（六）有机农业

1. 提出背景

有机农业（organic agriculture）的概念于20世纪20年代首先在法国和瑞士提出，最初起源于使用天然有机肥和生物防治技术来维持土地的肥沃和减少化学污染。1936年日本人冈田奇茂提出以自然农法生产食品来维护人体健康。1947年，美国人罗尔德创立了土壤与健康基金会，主张用有机质培育土壤，生产对人体健康有益的食品。近年来农业环境保护已经成为世界潮流，特别是过度使用化肥和农药对生态环境所造成的危害，已经受到越来越多的国家和政府的关注。为此，一些发达国家倡导推广有机农业，目的是要兼顾农业生产和生态环境的相容，以实现农业的持续发展。

2. 有机农业的含义

有机农业是一种完全不用化肥、农药、生长调节剂、畜禽饲料添加剂等化学合成物质，也不使用基因工程生物及其产物的生产体系，其核心是建立和恢复农业生态系统的

都市型现代农业的理论与实践

生物多样性和良性循环,以维持农业的可持续发展。

3. 有机农业的特点

一是天然性,有机农业是一种完全不用人工合成的肥料、农药、生长调节剂的农业生产体系。发展有机农业,可以有效地解决当前农业生产日益加剧的化肥、农药施用给环境带来的污染问题,是实现农业可持续发展的重要途径之一;二是安全性,有机农业生产体系的产品,按照规定的程序和标准加工成的有机食品,解决了当前农产品中的农药等有毒、有害物质的残留问题,适应了人们对农产品卫生、安全、营养的消费需求,有利于增强农产品的市场竞争力。

(七)质量农业

1. 提出背景

质量农业(quality agriculture)是在传统的数量农业受到严峻挑战的现实背景下提出来的。当今农业正经历着从自给性农业向商品性农业、从传统农业向现代农业、从粗放型农业向集约型农业转化的伟大变革,这为质量农业的发展提供了有利的宏观背景。农产品全面短缺时代的结束、农业综合生产能力的提高、人均农产品数量的显著增加,是质量农业发展的基础条件,而城镇化的快速发展为质量农业的发展提供了有利契机。

2. 质量农业的含义

质量农业又叫精致农业,是一种技术密集、资金密集型农业,相对于追求产量目标的数量农业而言,质量农业是以农产品品质高级化和农业生产结构高度化为核心、以追求更高的经济回报为目标、以技术和管理创新为推动力的开放性农业。

3. 质量农业的特点

质量农业以数量农业为基础,但它注重农产品质量的提高,主要体现在:①农产品品质的高级化,在适口性、色泽、营养成分、保健等方面适应市场的需求,顺应人们的消费习惯;②改进生产设施,改进加工技术和储运技术,农业生产不再仅仅是提供简单的农产品,而是包括深加工、提高附加值;③严格把握在卫生、检疫及商品检验等方面的质量标准,实行"从田间到餐桌"的全程质量管理,确保没有污染,对人体无害;④以科技和管理创新为动力,通过提高农产品的质量,创建名牌,提高市场竞争力和获取高附加值。

二、发达国家农业国际化的一般模式

在当今世界各国,由于国情的差异,出现了各具特色的农业模式。例如,突出现代化与规模化的美国农业模式,强调政策扶持与生态环保、绿色食品的欧盟农业模式,强化市场保护与农户合作的日本农业模式,等等。

(一)日本农业经济模式

日本农业经济的发展模式是让工业进入农村,带动农村第二、第三产业起飞,从而实现城乡一体化，推动农村非农化与小城镇的发展。"二战"以后，随着第二、第三产业的发展，日本农业在总产值中所占比重迅速减少。为了解决农业劳动力大量外流，缓和大城市的就业压力，日本采取工业向农村小城镇分散。农村经济以工业化为起点，带动服务业发展，同时劳动力逐步向第二、第三产业转移，从而促使人口与第二、第三产业相对集中的农村形成小城镇，使国民经济工业化与城镇化同时实现。工业化的完成又为农业保护提供了条件，加大了对农业生产的投资，促进了设施农业、机械农业、规模农业、观光农业等现代农业的发展。

尽管日本农业实现了现代化，但也存在一些问题：一是受耕地资源的限制。目前日本的粮食自给率仅27%，是世界上最大的农产品进口国。二是为了确保农民收入，农业补贴不断增加。目前，日本财政对农业的支持力度是发达国家中最高的。三是形成了在政府控制下的农产品价格体系，其市场价格水平大大高于国际农产品市场价格。

为了推动农业经济模式的改革，1999年日本制定了"食品、农业、农村基本法"，提出要提高粮食自给率，发挥农村多方面功能，强调农业的可持续发展。目前，日本农业改革主要有：一是按世贸组织的要求，逐步取消进口农产品的非关税壁垒，实行全面关税化；二是调整对国内农业的支持方式，减少"黄箱"政策支持力度，扩大"绿箱"政策支持；三是减少政府对粮食市场的干预，增大市场机制的调节范围。

（二）欧盟农业经济模式

欧盟农业经济模式的主要特点是：一是通过农业扶持政策，确保农业生产稳定与农民收入增长；二是通过政府引导，使农业发展与生态环境保护有机地结合起来；三是通过农业法律措施，引导农产品的生产和消费，确保食品安全，推广绿色食品。面对欧盟国家农产品严重过剩和对农业的财政开支负担过重的局面，在2000年开始实施的"2000农业议程"中，提出建立新欧洲农业模式的设想，主要内容是将"共同农业政策"转变为"共同农业、乡村发展、生态保护、环境绿化"。具体措施如下：第一，面向世界农产品市场，形成具有国际竞争力的农业部门，逐步减少保护性市场价格补贴和农产品出口价格补贴；第二，由过去的农产品价格支持转变为对选择性产业的财政支持，重点支持农田休耕、农业生态、环境绿化等；第三，农业产业政策导向上，由鼓励"农业发展"转变为鼓励"乡村发展"，试图通过农村多种产业的全面发展，繁荣农村经济，扩大农村就业，缓解欧盟国家的就业压力。

（三）美国农业经济模式

美国的农业是当今世界上最发达的现代化农业。美国农业经济模式运行方式是以现代科技发展为动力，在自由市场经济竞争的基础上，形成农业经济完善的系统的产业体系。"二战"以后，美国农业经济随着国民经济结构的不断调整而发展，形成了众多农业派生的产业体系。例如，以粮食、水果、蔬菜、畜产品的生产加工、销售为主的农业食品产业体系，以林业、水土保持、资源环境的可持续发展为主的农业生态产业体系，以先进的种苗、生物工程、科学技术、试验示范园区支持的农业科技产业体系，以化肥、农药、农用机械为主的农业装备产业体系，以农业数据、图像处理、计算机网络、农业决策支持的农业信息产业体系,等等。这些农业产业体系的不断出现和发展,通过市场机制,推动美国农业结构甚至国民经济结构的不断优化升级。

美国农业经济模式的运行特点是以社会消费需求变化为前提,以农场主等企业家为骨干,以完善的市场体系为依托,以发达的科技教育为支撑,以政府职能的准确定位为保证,并遵守循序渐进的经济发展规律,使农业经济发展始终处于世界领先水平。

尽管发达国家的农业经济模式各具特点,但与当今世界流行的现代农业运行模式一样,都是建立在农业经济结构现代化、农业基础设施现代化、农业科技现代化、农业经营管理现代化、农业资源环境现代化和农民生活消费现代化的基础之上。从发达国家实现农业现代化和国际化的实践经验分析,尽管它们的国情、国力不同,但主要措施基本相似。归纳起来主要有以下几点:第一,培养农业技术和经营人才,开发农业技术和农业新兴产业;第二,增加农业贷款和扩大农业投资,以提高农业基础设施装备水平;第三,在市场经济基础上,通过竞争机制,合理配置国内农业资源,充分利用国际农业资源;第四,把农业作为一个特殊行业,充分运用经济手段和行政措施加强对农业的扶持和保护;第五,发展现代农业生产资料的制造工业,大规模推广使用安全高效的化肥、饲料、农药;第六,扩大农业生产经营规模,实施农业生产的专业化、区域化;第七,提升农业结构,发展农业加工业,实现农业产业化经营,提高农业的附加值;第八,建立健全农产品经营领域的交通运输业、商业和其他服务性的行业,提高农业的社会化服务水平。

三、21世纪世界农业国际化的基本模式

21世纪世界农业经济国际化模式的主要特点就是农业经济的高技术化。在经济全球化的大环境下,形成农业高技术、生物基因、农业种子和农产品市场的全球化。21世纪农业经济的现代化和国际化的基本内容是在用现代工业提供的机械设备、技术装备的基础上,还要用高技术产业提供的精密设备武装农业、引导农业;在用现代科技改造农业的同时,还要用现代生物技术改造农业;在用现代市场经济观念和组织方式经营农业的同时,还要用高技术产业化的市场模式重组农业。

(一) 用高技术产业提供的精密设备武装农业

近年来,国际农业设备、技术出现了不少值得关注的新动向,引起现代农业的新变化。例如,以由遥感技术、地理信息系统和全球定位系统组成的"3S"技术为基础,通过因地块、因苗情而实现科学准确的作物管理,从而达到节约成本、增加产量、减轻化肥污染的"精确农业",正在欧盟、美国、加拿大、澳大利亚等发达国家迅速推广应用。并且,精确农业被认为是21世纪现代农业发展的主要国际化趋势。

(二) 用现代生物技术改造农业

目前,农业生物技术的惊人发展与应用,使世界农业正在发生重大变化。发达国家的大公司正在大量投资于农业、医药等产业领域的生物技术和基因技术的研究与开发,

并在农业发展上也取得了重大突破。2004 年,转基因农作物播种面积已达 12.6 亿亩①;2010 年,转基因种子销售额达 300 亿美元。生物技术和基因技术的应用与推广,将使现代农业高技术化,这已经成为农业国际化发展的一种趋势。

(三)用高技术产业化的市场模式经营农业

高技术的发展及其在现代农业领域中的应用,将使未来农业的市场经营方式和经济组织结构发生重大变化。例如,随着农业高技术成果的产业化,出现一大批生物技术产业公司、种子公司和农业工厂,势必影响到农业的经营方式和组织结构的变化。近几年,美国在农业高技术产业化方面进行了积极的探索,出现了产、研、学三位一体的高技术农业的经营组织和运行模式,建立了围绕农业高技术产业化的中介、风险投资和民营实体的机构和机制。

第二节 都市型现代农业发展模式

一、都市型现代农业的基本标准

根据发达国家农业现代化发展的成功经验并结合国情,我国提出了发展都市型现代农业的设想。都市型现代农业的基本特点是适应国际大都市的发展目标,建设城市化农业;应用现代技术和设备改造农业,通过工业化改造农村经济结构;学习发达国家的农业模式,直接利用国际资源,实现农业的跨越式发展;最终目标是增加农民收入,缩小农村居民与城市居民生活水平差距。

都市型现代农业的基本标准如下:①良好的高效能的农村生态系统基本形成,农业的发展初步实现了经济功能、社会功能与生态功能的统一,与国际大都市发展的总体目标相协调。②现代农村基础设施得到全面加强,农业机械、水利设施、现代农业园区、工业园区、小城镇基础设施、农村商业和服务业体系均达到较高水平。③农村经营管理、信息系统的现代化格局基本形成,基本实现农业规模化、产业化经营。工业向城市的郊区、农村集中,人口向城镇集中,农村、农业实现了可持续发展。④建立在现代科技基础上的一整套农业科技应用体系基本形成,并得到迅速推广和普及,涌现出一大批农村现代化企业,科技成为农村经济增长最重要的推动因素。⑤农村经济发达,人均增加值达到或接近发达国家的水平,基本实现农村经营的高效益和高生产率,实现了农村经济结构的高度国际化。⑥农村社会进步,科学、教育、体育、文化等事业取得了长足的发展,基本实现农村工业化和城镇化,农村第二、第三产业发达,成为吸引农村就业、农民增收的主渠道,从事农业的劳动力比重显著下降。⑦良好的社区环境基本形

---

① 1 亩 =1/15 公顷。

成，农村人人享有优美、整洁的生产、生活环境。⑧农民收入与消费水平较高，农村人口中受中、高等教育的比重达到较高水平。人人享有养老、医疗等社会保障，基本实现共同富裕的理想目标。

二、都市型现代农业的发展模式

（一）郊外生态防护林业

郊外生态防护林业是人类为了调节城市气温、涵养水源、防止水土流失、治理洪涝灾害、改善城市生态环境，在城郊开发的一种都市型现代农业。这类经营领域在食物短缺的年代不受重视。在过去，许多城郊本应成为生态防护地带，但被一座座工厂、养殖场和一块块蔬菜基地所占领，结果造成城市周边地区水土流失严重，地表和地下水枯竭，空气质量下降。有了这些教训以后，人类才重视郊外生态防护林业。如近年，法国用财政资金在一些城郊山区和岛屿建立了7个无住户的国家级自然生态保护区。我国一些特大城市也开始重视这种都市型现代农业，如北京在2005年制定的《北京城市总体规划（2004—2020）》中提出，将重点支持京津风沙源治理，建立第二道绿化隔离带，营造水源保护林；又如上海，在"十一五"规划中也提出，要把上海城郊结合部建设成为城市的绿色屏障、安全空间、城市生态补充基地。

（二）郊外食物农业

郊外食物农业是建在生态防护林带和城市之间的，给市民提供安全的粮食、蔬菜、水果、肉食、蛋禽、奶制品等食物的一种都市型现代农业。其经营领域包括蔬菜种植、粮食生产、畜禽养殖、水果种植、食品加工等。由于市民需要足量的、安全的食物和良好的生态环境，因而郊外食物农业将向生态化、优质化、集约化、工厂化、产业化方向发展。另外，发展郊外食物农业，要以都市市场为轴心，要注重资金、智力、信息等生产要素的投入，要注意引进工业生产管理技术、生物技术以及信息技术，尤其要以生产优质、安全的高档农产品为经营目标。只有这样郊外食物农业才能获得较大的发展空间。

（三）城市园林园艺农业

城市园林园艺农业是都市型现代农业服务城市的主要表现，也是人类通过农业手段为城市提供绿色空间、园林景观、绿色公共活动场所、优质空气的重要领域。这种农业活动有悠久历史，自古以来，人类就重视城市园林园艺建设。现代市民把城市园林园艺美化视为都市型现代农业的重要领域，并利用园林园艺工程美化城市空间。如法国，用绿篱带将住宅区与工厂、高速公路和污染区隔开，以营造宁静、清洁的人居环境；一些新城刻意保留部分农业用地，在城内种植蔬菜和花卉，制造农业景观。巴黎在城市规划中划定了自然保护区和农业保护区，提出要将农田、河谷、森林、公园等绿色空间联结起来，形成贯穿整个大区的绿色脉络。

城市园林园艺农业包括郊外景观林木、草业、花卉的生产，以及市内绿化美化工程两大领域。前者是城市园林园艺农业的初级产品生产或原材料供应过程，生产地主要集中在城郊农村。后者是城市园林单位或郊区园林园艺公司将郊区的林木、草皮等其他植被移栽到城市住宅区、街道和道路两旁、街心花园、市内公园以及其他绿化地带的过程。两者是市场的供求关系，相辅相成。郊外景观林木、草业、花卉的生产是市内绿化美化工程的基础，为城市绿化和美化生产源源不断地供应原材料；市内绿化美化工程是郊外景观林木、草业、花卉的生产的价值体现，为郊区景观林木、草业、花卉的生产提供强大的需求。城市园林园艺农业发展过程就是这两种生产的协同过程。

（四）城郊旅游农业

城郊旅游农业源于西方市民乡村旅游，在国外有70多年历史，在中国有30年历史。但世界各国对其称呼不同，德国叫"度假农庄"，日本叫"度假农业园"，澳大利亚叫"休闲牧场"，奥地利叫"农家旅游"，韩国叫"观光休闲农园"。

城郊旅游农业有农业公园、观光农园、体验农园、教育农业等四种经营形式。农业公园就是经营者在农业生产中融入城市公园经营元素，将农业生产场所转变为城乡居民观赏、游览的城郊公园；观光农园就是城郊农户将农业生产、农作物生长以及农产品观赏或采摘活动开发为供市民旅游的场所；体验农园就是城郊农户用租种方式，将耕地转化为供市民体验农业生产过程和农业劳动乐趣的场所；教育农业是郊区农业经营者或市政府为了给城市孩子提供一个了解农业知识和农业生产过程的机会，从而开发出来的都市型现代农业经营模式。教育农业是在城市传播农业文化的主要形式，但经营方法各不相同。例如，日本是把城市子女送到郊区农户家寄宿并参加农业劳动；法国将其作为农业职业培训方式，规定凡从事农业者都要在教育农场接受培训，为此建有1000多家教育农场，并受制于国家农业部门职业培训中心。

（五）楼宇农业

楼宇农业是城市内的居民在城市楼宇间的可用空间里，从事种植和养殖的多功能农业经营方式。它的产生源自市民对田园生活方式的向往和对住宅区生态环境的高要求。世界上解决了食物保障问题的市民，把从事楼宇农业作为调节和美化生活的手段；而处于食物供应短缺状态的市民，则把它作为家庭食物供给的一条途径。但是在农业生产受到工业化污染的情况下，一些市民也重视楼宇农业生产，将它作为解决食物安全的一种手段。在这种情况下，楼宇农业是城市食物农业的一部分。

根据生产地点不同，楼宇农业有多种经营方式：第一，自家庭院、阳台、楼顶，甚至外墙等狭小空间的绿化与美化种植，包括在室内、阳台、庭院种植观赏性植物和水果植物、盆栽蔬菜，饲养小动物，室外墙壁种植草和藤蔓植物；第二，楼盘空间的绿化和美化种植，包括种草、植树；第三，旅馆饭店接待大厅的美化种植，包括移动的盆栽植物和固定的植物装饰；第四，社区公共活动空间的绿色种植，包括街道绿化美化种植和钢架吊盆蔬菜种植。

（六）都市文化农业

都市文化农业是农业经营者借用文化产业经营技术，通过开展文化活动促进当地农业发展和利用农村文化资源，给市民提供优质农产品、文化旅游服务、农业手工艺品、农村文化产品，从而获得较高经济收入的农业经营形式。

都市文化农业主要有四种经营方式：第一，民俗旅游。这是经营者以民俗事项为经营内容，以文化旅游社区为经营空间，为市民提供旅游服务的文化农业经营形式。都市发展民俗旅游具有优势，因为都市人多，旅游服务需求量大，交通区位好，所以都市民俗旅游发展较快。第二，农耕文化展览。这是经管者按照农业发展历史线索，通过实物和文字资料将农业文化在展览馆展示出来的文化农业经营形式。它具有较强的农耕文化传承价值，我国已出现这种经营方式。第三，农产品展览。这是经营者借助会展文化，在城市空间和特定时段举行的农产品交易活动。世界各地许多大城市年年举办农产品展览会。第四，节庆农业。这是经营者利用节庆活动促进农产品销售和发展农业经济的经营形式。其目的不在于做博物馆式的陈列展示，而在于将一种有别于乡村的、农业社会的日常生活模式与情境氛围分享给市民和外地来客。

三、都市型现代农业的经营现状

国外比较重视都市型现代农业，发展比较快，形成了一定的规模，在解决粮食安全方面发挥出特殊功效。据估计，目前全世界有8亿人口从事都市型现代农业，其中的2亿人口从事销售，他们中有1.5亿人是全职的。由于世界各国的食物供应水平不一样，各国经营都市型现代农业的重点领域不同。

在农业欠发达国家，不仅从事都市型现代农业的家庭很多，而且主要从事食物生产。如生活在厄立特里亚、埃塞俄比亚、肯尼亚、坦桑尼亚、乌干达和赞比亚等国的6.5亿城市居民中，就有2.5亿人通过都市型现代农业获得部分食物。都市型现代农业不仅是粮食短缺国家的市民解决食物自给的重要途径，也是他们提高农业食物品质的办法。例如在哈瓦那，城市菜园明显提高了农户家庭及其所在社区的食物数量和质量；在低收入家庭消费的食品中，城市家庭食物自产比例不断提高。有专家统计，在东雅加达市，市民家庭食物自产达到18%；在坎帕拉市，市民家庭食物自产达到60%；在内罗毕市，市民家庭食物自产已达到50%。

在发达国家，都市型现代农业的重点是生态恢复和生态保护。例如，英国想通过发展都市生态防护和园林园艺农业改善城市生态环境，目前英国在20多个城市的原用于工业生产的土地上实施所谓的"城市农庄计划"；德国采用生态保护农业措施恢复城郊矿山废地生态，如埃森市将城市内原来用于煤矿开采的土地转变成为都市型现代农业规划用地，在废地上发展都市型现代农业，改善城市生态环境；城市国家新加坡就是通过发展都市型现代农业，不仅改善了生态环境，把新加坡变成了世界著名的花园国家，而且改变了国家农业食物生产短缺的现象，实现了肉类完全自给和蔬菜25%自给。

在我国都市型现代农业发展比较全面。郊外生态防护林业、郊外食物农业、城市园林园艺农业、城郊旅游农业、市内楼宇农业、都市文化农业等经营领域，都不同程度地得到了发展。省会城市都建有郊外蔬菜生产基地，为市民提供丰富的新鲜蔬菜，甚至为城市超市提供一定数量的有机农产品。一些特大城市还建设了郊外生态防护林体系。基本上所有大城市都兴办了旅游农业，几乎每个大城市都有农家乐。一些特大城市还发展了文化农业，如北京有316个郊区行政村开展了民俗旅游，民俗旅游接待户达13819户。北京房山区的韩村河村于2003年就修建了500多平方米的农耕文化展览馆；大兴区的庞各庄镇于1988年首次举办了西瓜节，迄今已举办了21届，并于2004年建起了占地面积2.3万余平方米的国内首家西瓜博物馆；大孙各庄镇举办葡萄采摘节；北务镇举办蔬菜采摘节；李桥镇举办西甜瓜采摘节；北石槽镇举办鲜杏采摘节；龙湾屯镇举办果品采摘节。他们以节庆方式招揽人气，以城区市民的广泛参与来实现农产品的促销。现在北京农产品文化节已成为全国各地仿效的范式。

四、都市型现代农业发展的制约因素

（一）农业自然资源短缺

大都市作为现代文明的产物创造了前所未有的经济繁荣，推动了一个地区的现代化建设。但随着都市的发展及人口的不断增加，农业自然资源相对匮乏，尤其是耕地和水资源严重短缺。由于城郊的耕地面积狭小，使得都市型现代农业的发展规模在近郊区受到一定的限制；同时，水资源短缺也是限制其发展的重要因素。我国是一个缺水的国家，人均水资源拥有量仅为世界人均水平的1/4，越是都市地区缺水的问题就越严重。无论以哪种模式为主来发展都市型现代农业，都将面临农业自然资源短缺的问题。

（二）发展都市型现代农业的人力资源缺乏

多年来，我国的城乡分割和二元户籍制度造成了虽然同属一个城市，但农村人口与城市人口的受教育条件不同、就业机会不同、生存方式也不同，这就产生了农业经营者的经营水平低和农村劳动力的教育背景差的现状。这是发展都市型现代农业的一个不利条件，因为无论是产品农业模式、生态农业模式、设施农业模式，还是精准农业模式或观光休闲农业模式，都对劳动者的素质提出了更高的要求。因此，解决都市农村人力资源整体水平比较落后的问题，将极大地促进我国都市型现代农业的发展。

（三）农村基础设施和交通条件落后的制约

长期以来，我国政府对基础设施、交通的投资偏重于城市。过去的失误现在已成为发展都市型现代农业的制约因素，许多乡村根本不具备发展产品农业和精准农业的基本条件，有的乡村由于基础设施条件差，甚至无法发展投资较少的观光休闲农业。这种状况仅靠乡村自己的力量是难以解决的，它需要政府给予关注和扶持。乡村的水、电、道路等基础设施条件的改善，将会成为我国都市型现代农业发展的推动力。

都市型现代农业的理论与实践

（四）没有完善的乡村土地或土地使用权市场

都市型现代农业与原有的传统农业的最大区别，在于它是现代农业生产体系而非传统的小农生产体系，其农产品生产规模大、商品率高、加工比重大，生产更加集约化，产品的科技含量也高。这其中最根本的要求是生产应具备一定的规模，因为在小规模上难以实现都市型现代农业发展的预期效益。要解决规模化的问题就必须考虑乡村土地市场化的问题。如果有健全的乡村土地使用权市场交易机制，那么都市型现代农业发展就能够按照市场规律来配置资源，并以规模化的经营来获取效益，但现实的情况是没有完善的乡村土地使用权市场，因而制约了都市型现代农业的大规模发展。

第三节 都市型现代农业发展的功能定位

一、不同学科对都市型现代农业发展的论述

（一）经济地理学和经济学

都市型现代农业和城市一样拥有悠久的历史。经济地理学最先论述了农村与城市、农业布局与城市区位的关系，提出了农业生产布局的地带性和层次性，奠定了都市型现代农业依附于都市经济，直接受都市经济势力影响的观点。1935年，日本经济地理学家青鹿四郎，在《农业经济地理》一书中认为，都市型现代农业是分布在都市工商业区、住宅区等区域内，依附都市经济发展的复合式农业生产与经营，直接受都市经济势力的影响，其范围一般是都市面积的2~3倍。加拿大学者布莱恩特（Bryant）等指出，由于城市人口的大量集聚以及由此而产生的对城市周边乡村地区的多种需求，使得城市周边农业在20世纪下半叶吸引了众多地理学家、城市规划者和政策制定者的注意。

与地理学家关注都市型现代农业区位布局不同，经济学家从农产品收益的提高和农业产业结构变迁的角度阐述了都市型现代农业的可能性和必要性，并强调都市型现代农业产品的稀缺性。著名经济学家舒尔茨认为，发展中国家的经济增长有赖于农业迅速稳定的增长，而传统农业不具备这种能力，要发展农业必须对农业进行改造。城市化是现代社会的总体特征，它主导着未来农村的发展方向，也左右着农业产业结构的调整趋势，因此，都市型现代农业的发展有利于农业产业结构的升级。进入20世纪80年代，一些经济学家开始利用经济理论中的稀缺性研究都市型现代农业的价值，1984年，塞内加（Seneca）和陶西格（Taussing）认为，在都市化地区，良好的生活环境是具有稀缺性的经济物品（economic goods），其获取须付出代价。都市型农业具有外部性，可以产生外部性经济利益的公共财产（public goods），市政当局应参与都市型现代农业建

设,并予以适当的补助。都市型现代农业所产生的外部效益,正在通过近年来乡村城市环境改善、房地产投资旺盛等种种迹象表现出来。

(二) 城市研究和生态学

在城市研究和生态学中,一些学者强调发挥农业的生态作用和景观元素。如勒·柯布西耶曾试图通过大片公园和屋顶花园来弥补建设占地所带来的生态平衡的破坏。这一思想以及随后作为其图解的萨沃伊别墅中的屋顶"绿化"与现代澳大利亚屋顶农田的都市型现代农业景观不谋而合。人类环境设计大师劳伦斯·哈普林则试图把山林里自然溪流移植进城市环境,为人们创造一个相互关联、可供多样活动的空间。

城市形态学家认为城市空间应当留有营造绿地的"余地",提供游憩和休闲。依据郊区距离城市的远近,1966年克拉松(Clawson)和肯特奇(Knetshch)提出了三种地域利用类型:①空间指向型,是指在城市内部修建公园和运动场;②中间地域型,是距离城市较近的乡村游憩地,主要修建康乐公园、田园公园、农村博物馆和主题公园;③资源指向型,是距离城市较远的地区,具有较为优美的自然景观,主要修建大型森林公园及野生地域等。此后不久,日本学者矶村英一提出了都市第三空间理论,认为现代都市除提供居住(第一空间)及各项产业活动(第二空间)的土地外,还必须再提供户外休闲场所(第三空间),供市民自由使用,让市民享有阳光和绿地。1974年,松尾孝领在其提出的城市环境事业理论中也认为,在快速城市化地区,农业发展目的应该由传统的粮食生产转向环境安全和提供休闲服务。

都市型现代农业也是城市规划中不可或缺的部分。霍华德、恩维和惠依顿都不同程度地强调了城市和农业用地应保持一定的比例,绿地在城市建设和城市联系中具有重要的作用。1999年,加拿大规划专家索尼亚·奎昂(Soonya Quon)在评论18个城市的26位城市规划师的书面著作和口头报告中,论述了如何将都市型现代农业纳入到市政计划和规划政策之中,并对其实现的方法及策略做了简要的叙述。一些国家和地区已陆续将都市型现代农业纳入城市规划之中,如英国经验表明,城市规划体系面临的挑战在于,必须在可持续发展的战略中考虑包括食物生产在内的每一个环节。

环境保护和生态建设在现代城市发展中越来越受到关注。1959年,美国农业经济与城市环境学者欧文在《预测芝加哥区的经济活动》一文中使用"现代都市农业区域"一词,指出必须在都市周边地区和都市楔形农田上进行绿地建设和发展园艺业、林果业,以保护城市环境。也有学者认为都市型现代农业有助于减少城市"生态足迹"(ecological footprint),改善城市生物多样性。此外,发展都市型现代农业还有助于循环使用城市垃圾废物、绿化闲置土地、减少因食物长途运输而带来的污染和交通堵塞等。

(三) 社会学和农业(食品)研究

一些学者通过调查认为,都市型现代农业可以优化农业土地利用,提高农民对土地的可进入性。不仅如此,都市型现代农业由于保留了传统农业的耕作特征,在城市吸纳流动人口过程中,为外来农民工提供了潜在的工作机会,为低劳动技能群体进入城市提供缓冲。如利马（Lima）等人在研究中指出，都市型现代农业为墨西哥半城市化地区的农民移民提供了大量的就业机会。还有一些社会学家指出，由于都市型现代农业在发展过程中，与城市更紧密地联系在一起，出于对市场的需要以及男性进城务工的现实，女性成为都市型现代农业发展最重要的力量。随着都市型现代农业经济效益的提高，女性通过为家庭创造可观的经济收入，实现了社会地位的提高。还有研究表明，都市型现代农业一定程度上缓解了由于失业引起的社会波动，为城市"弱者"提供保障。

都市型现代农业在食物保障和食品安全等方面也发挥着重要作用。在大多数发展中国家，城市贫穷随着城市化的增长而增长，特别是城市化引起的人口快速增长。政府支出和就业机会的减少将会影响食物生产的方方面面，而都市型现代农业政策的实施，能够确保城市居民的日常食物供给，提高生活水平。目前，非洲和拉美一些国家的都市型现代农业发展在这方面作出了突出贡献。

（四）评价和分析

从以上可以看出，都市型现代农业理论的发展是随时代变化而演进的，其主要发展脉络为：19世纪，农业和城市发展的关系，尤其是内在的区位影响逐渐被人们所认识；20世纪40年代，从地理区位和经济功能方面提出了都市型现代农业的概念，奠定了其发展的基本框架；在随后30年里，特别是在20世纪70年代，由于发达国家城市环境的恶化，都市型现代农业的景观和生态功能得到重视；20世纪末，在联合国开发计划署（UNDP）、联合国粮食与农业组织（FAO）和世界卫生组织（WHO）等国际组织的推动下，都市型现代农业被广泛地介绍到发展中国家，其就业和食品等社会功能得到加强。所以说，适应时代发展的多功能化是发展都市型现代农业的原动力。

1. 城乡地域关联功能得到加强

传统农业布局模式不再适应未来城市经济的发展，这是因为，以农业生产为布局的主体要素，忽视了城市经济是当前社会发展的主要动力；以单个城市中心为服务对象，忽略了城市间的相互作用，即都市圈或城市经济区的存在。都市型现代农业布局不再以单一城市为依托，这与20世纪80年代初在我国一些城市地区以解决城市居民吃粮、买菜等为主要目的的城郊农业有很大差异。城郊农业主要分布在城郊，以服务单一城市为主要目标，而这一目标又主要体现在食物上。另外，城郊农业的地域范围是以行政方式划分的，不具有都市型现代农业地域范围随着城市化、城市的扩张而变化的动态性。城市规模扩大引发的城市需求的多样性无法在城郊农业中得到满足。所以，都市型现代农业在布局上要考虑到整个城市经济区或都市圈的作用，地域范围以城市的半城市化地区为主。这样，一方面都市型现代农业对传统农业区的传导作用才会大大加强；另一方面，借助整个都市圈经济的优势，可以给都市型现代农业发展带来更大的活力。

从各学科的论述来看（见表2-1），都市型现代农业的功能演进将呈现以下趋势：

第二章 农业国际化与都市型现代农业的发展

表2-1 不同学科对都市型现代农业发展的贡献

理论学派		研究问题与研究视角	理论基础	代表性观点及主要结论	都市型现代农业特点及功能
经济学派	经济地理学派	农业的区位与功能分区	距离、成本、城市服务指向	首次提出"都市型现代农业";指出了都市型现代农业生产布局的地带性特点	农产品城市服务指向性
	发展经济学	农业产业结构升级	产业结构的演进	都市型现代农业使农业产业调整方向	使农业产业纵向、横向发展
	农业经济学	农产品（服务）收益	都市间歇空间的利用	都市型现代农业的生产方式	高收益、高回报
	稀有经济理论	稀缺性和溢出效益	稀缺性、外部性	都市型现代农业是公共物品	外部效益
城市研究	城市建筑景观	城市景观建设	广义生态建筑理论	城市与乡村景观的统一	景观建设的重要元素
	城市空间与形态理论	休憩与休闲空间的营造	城市空间指向、第三空间、城市环境	农业应转化为环境安全及提供休闲为目的的产业	休闲、游憩的空间
	城市规划理论	规划问题	田园城市思想、卫星城和"指状"规划等	都市型现代农业是城与城之间重要的隔离带	城市有机疏散布局的通道
生态环境研究	农业和食品学	都市型现代农业与食品保障和供给问题	大城市对食物的自我依赖性	解决了弱势群体的食物保障问题，提高了城市食品供给的营养和质量	食物保障，高品质、健康食物的供给
	生态保护	生物的多样性	生态足迹	有利于保持城市的生物多样性	保持生态
	城市环境	排污处理与生物的循环利用	城市环境与生物系统	排污处理将是发展都市型现代农业的一个重要问题	调节城市的污染排放
社会学派	城市社会学家	城市减贫，制度环境对都市型现代农业发展的影响	社区自治与均衡发展	都市型现代农业是城市失业者、农民致富的途径；土地对未来都市型现代农业的发展具有制约作用	减贫、脱贫
	女性主义者	弱势群体	个体性别研究	提高妇女地位	倡导性别平等

2. 生产经营的高效性和复合性

经济学家预见性地指出了都市型现代农业将带来农产品比较效益的提高，肩负着农业产业结构升级的任务，但现在都市型现代农业的发展已超出了农业产业的范围，它是一个农、工、商一体的复合型经济体系，横跨农村与城市双重经济系统。因此，它是一个开放式的城乡产业一体化结构，其自身的发展具有纵向发展的特点，又存在着和其他产业横向关联的可能。比如，目前我国的休闲农业、观光农业就是都市型现代农业横向发展的典范。

3. 社会、环境与经济功能的密切联系

社会学家从土地制度、城市减贫和就业保障等方面对都市型现代农业的功能加以关注。但事实上，这些都有赖于都市型现代农业经济功能的充分发挥，而经济学家在关注产业结构升级时，对都市型现代农业在劳动力转移、提高农民自身利益保障方面却关注不足。另外，在一些城市化水平高、发展基础好的地区，环境功能的建设将会成为都市型现代农业发展的重要目标。更为重要的是，与传统农业不同，都市型现代农业可以借助这些作用，最大限度地保留农业用地和劳动力，为自身创造发展空间。

4. 环境和食物保障功能的协调发展

环境学家在强调如何减少城市的生态足迹和污染废弃物排放的同时，忽略了环境保护和改善将有利于增强城市食品的安全性；而食品学家没有充分认识到环境改善和产品质量提高这两方面在未来城市发展中将会相得益彰。显然，健康食品的生产和环境质量保护是未来都市型现代农业发展中相辅相成的两个方面。

二、都市型现代农业发展的功能定位体系

不同学科研究表明，都市型现代农业功能定位是一个相互关联的系统，这一系统渗透经济、社会、环境和空间各个方面（见图2-1），因此具有城乡社会发展所需要的综合性功能。经济、环境和社会价值的体现具有同步性和协调性，这是都市型现代农业与其他众多产业所不一样的地方。总的来说，都市型现代农业的发展目标与城乡统筹发展和和谐社会的构建相一致。根据发展方向和实现途径的不同，都市型现代农业的功能定位体系可分解为：

（一）经济层面

通过农业产业结构调整和农产品比较收益的提高促进城乡经济融合，即发挥都市型现代农业产品和服务的稀缺性，不断提高农产品和服务的经济效益，并根据城市市场优化农业产业结构，使农业真正融入城市经济体系中。

（二）社会层面

通过都市型现代农业功能的实现，有效地保留农业用地，保障城市食物安全，提高食品质量；积极为女性、外来人口和其他城市贫民提供更多的就业机会，促进社会公

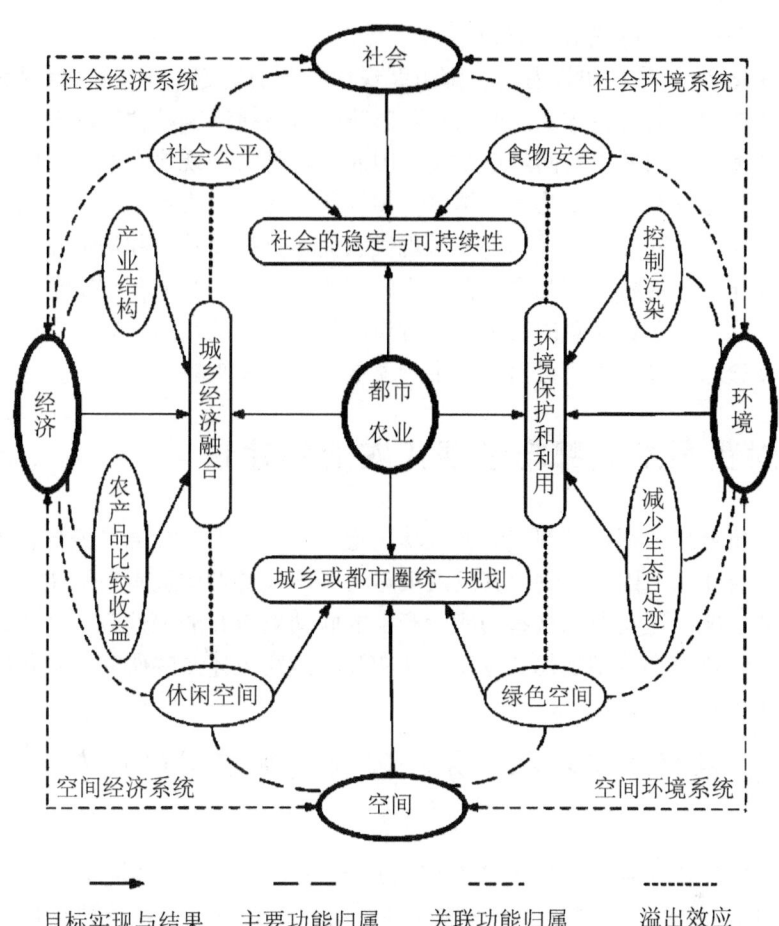

图2-1 都市型现代农业功能的定位体系

平；城市食物保障水平的提高和社会就业机会的增加，将会有力地促进社会的稳定和可持续发展。

（三）环境层面

与以往的农业不同，都市型现代农业将特别强调清洁优美的环境，这不仅体现农业对市民具有亲和性，有纳入城市体系的需要，也是农业成为城市景观的前提。利用现代技术，都市型现代农业将能够对农业污染加以有效控制，改善农村环境，同时减少城市的生态足迹，实现对城市整体环境的保护和有效利用。

（四）空间层面

由于都市型现代农业地域的特殊性和在不同地域进行生产的多样性，它可以在城市近郊为城市提供休闲空间，满足市民亲近自然的需要；在城市远郊区，通过选取适宜的作物和林业种植，都市型现代农业可以成为城市绿化带的重要组成部分；而在城市内部，则可以通过插花式种植和立体栽培，使都市型现代农业在发挥经济功能的同时，成为城市景观和功能中不可或缺的部分。

同时，在图2-1中还可以看出，都市型现代农业功能定位不仅包含在社会、经济、环境和空间体系中，而且各体系之间的相互影响也将直接影响其功能的发挥。例如，都市型现代农业休闲空间属于空间经济系统，因而在将都市型现代农业与休闲产业结合发展时，不仅要考虑其在空间上为市民提供休闲场所，还要切实考虑在此基础上如何提高农业的经济效益。再如社会公平，都市型现代农业通过提高就业和增加收入为务农人员提供保障，而非单一地将农民维系在低收入的就业水平上。又如食物安全，目前我国绝大多数大城市已经从对食品量的需求转入对质的需求，因此，通过城市周边发展都市型现代农业来促进绿色食品和有机食品的生产就显得越来越重要。

三、对我国发展都市型现代农业的建议

从上述分析看出，都市型现代农业的功能定位是一个涉及社会、经济、环境和空间诸多方面的综合体系，因此在制定其发展策略时，不仅要考虑适宜当地建设的都市型现代农业的主要功能，还要考虑这些功能所产出的联动效应和溢出效应。为此，结合近半个世纪以来各学科对都市型现代农业发展功能和功能定位体系的研究，对我国都市型现代农业发展提出几点建议。

（一）根据城市特征，分阶段制定都市型现代农业发展总体目标

发达国家已经步入到了"城乡（都市圈）统一规划"和"环境保护与环境利用阶段"，休闲空间、绿色空间的创造已经成为都市型现代农业发展的首要目标，而大多数发展中国家则基本上还停留在依靠都市型现代农业解决食物供给和社会公平的问题，来维持"社会的稳定性与可持续性"。当前，我国大城市的都市型现代农业大体上与发达国家相似，休闲和环境保护已成为新的重要议题。与此同时，由于社会的快速发展，各地政府在推行都市型现代农业时，又希望通过都市型现代农业活动，促进农业产业结构调整，增加农业就业机会。从发展趋势来讲，都市型现代农业的整体定位，应该是维持"社会的稳定性与可持续性"——"城乡经济融合"——"城乡（都市圈）统一规划"——"环境保护和环境利用阶段"的次序。因此，在我国的大多数地区，实现"城乡经济融合"是目前都市型现代农业发展的首要目标，而对于若干发达的特大城市，则应发挥都市型现代农业多功能的优势，实现"城乡（都市圈）统一规划"，进而步入整体"环境保护和环境利用"的新阶段。

（二）根据城市发展水平，采取不同的形式，实现都市型现代农业的多功能

城市发展水平是决定都市型现代农业发展道路的准绳，它决定了都市型现代农业的发展类型。对于城市化水平高、经济发展快的地区，可以发展如观光农业、生态农业以加强生态功能，也可以发展休闲农业、体验农业以满足市民的需要。对于一般地区，则

第二章 农业国际化与都市型现代农业的发展

需要以生物农业、创汇农业、设施农业、精品农业为主,提升其经济功能。而在一些传统的产粮区,则可以通过现代农业技术和新物种的应用,大幅提高农业生产的产量和品质。

(三) 定位要注重发挥现有功能的潜在作用

都市型现代农业是一个集农、工、商为一体的复合型发展体系,它的发展具有阶段性和演进性。各地在制定都市型现代农业发展相关政策时,可以根据都市型现代农业发展的需要,充分考虑都市型现代农业的溢出效应,比如观光农业在发展时不仅带来农业产业的增值,也创造大量的绿色空间,改善生态环境。

(四) 都市型现代农业发展需纳入城乡统筹规划

要将都市型现代农业作为促进城乡统筹发展的切入点和有效途径,充分发挥都市型现代农业发展的多功能性,通过预留足够的发展用地,实现城乡空间结构的优化。

第四节 都市型现代农业信息化发展模式

都市型现代农业是现代农业的重要组成部分,是衡量一个国家或地区农业水平高低的重要标志。国内外研究实践表明,农业信息化是发展现代农业的必然要求,农业信息化加快了都市型现代农业的发展步伐。都市型现代农业信息化是农业信息化的重要组成部分,是全面实现农业现代化的重要标志,在国民经济建设中占有重要而突出的地位。纵观国内外都市型现代农业信息化的发展,在50余年的建设历程中,不同经济发展水平的国家或地区因地制宜走出了各具特色的发展之路,探索出各种发展模式,例如精准农业型、经济功能型、生态观光型和综合示范型。与美国、德国、新西兰等发达国家相比,我国都市型现代农业和农业信息化起步较晚,因此,在发展过程中,需要借鉴国外发达国家的成功经验,为我国都市型现代农业信息发展服务。

一、国外都市型现代农业信息化发展概况

从国外都市型现代农业信息化发展来看,美国是农业信息技术的领头羊,日本、德国、法国等国紧随其后。这些国家在都市型现代农业信息化进程中取得了一系列的成果,其中美国、德国、日本、澳大利亚、新西兰等国的都市型现代农业信息化各具特色。

(一) 国外都市型现代农业信息化发展现状

1. 欧美地区

美国和德国是欧美地区都市型现代农业信息化发展的代表,信息技术与农业的结合

主要体现在食品安全信息化、农业生产管理信息化和农业监控信息化3个方面。

在美国，现代信息技术在农业上的应用，主要体现在利用计算机和电子、通讯技术来实现农业自动采收、操作、处理以及农业经营管理、决策、农产品的市场化经营等。生物技术和信息技术使美国农业在世界上产出最大，且信息技术对农业的影响远比机械化和化学技术深远。在美国，信息技术应用已经渗透到农业生产管理的各个方面。

在德国，信息技术在农业中的广泛使用始于1990年，并随着互联网的兴起而加速。作物管理、书籍管理、奶牛管理和养猪管理等农业软件的使用是德国农业信息化的重要表现。互联网的广泛使用为农业生产和管理提供了捷径，绝大多数的农场用户通过互联网获得农业相关信息，通过互联网获得的信息比传统媒介更为迅捷。

2. 日本

日本在世界上最先提出都市型现代农业，并在亚洲地区率先开展都市型现代农业信息化建设。信息技术在日本农村和农业应用主要体现在知识（信息）的转移和农业的决策支持，例如，发展低投入的竞争性农业。在财务风险管理、财会管理、新型的市场营销、小型农业经营体间的虚拟合作、高产技术转让等方面，信息技术起到了至关重要的作用。信息技术在日本的广泛应用，促进了精准农业、最优有害生物管理、生长预测和最优施肥控制、经验知识的转移等的迅速发展。无线传感器网络的开发利用，有效地解决了农业监控数据的自动获取，可用于农田监测、温室监测和显微图像监测，从而实现了农业监控的信息化。此外，农业风险管理在农业实践中也得到足够重视和迅速发展。

3. 澳大利亚和新西兰

澳大利亚和新西兰是大洋洲地区都市型现代农业信息化建设的代表。

澳大利亚农业信息化开展得较早，20世纪90年代就开始了计算机农场管理软件的应用，首先应用于主要农产品和相关农场的管理。澳大利亚支持农业自由贸易，对农业的扶持很少，因此农业在澳大利亚是一种纯粹的商业行为，农业信息化主要是由商业化公司主导的，但这并没有限制都市型现代农业信息化的发展。澳大利亚农业信息化发展主要体现在食品安全信息化和农业生产管理信息化。在农业生产管理信息技术应用方面，农业经营决策在澳大利亚农场经营中起着至关重要的作用，决策过程的信息化和自动化是使澳大利亚在高技术含量日益增加的全球农产品市场中保持竞争力的唯一途径。农业生产管理和决策软件的开发与使用是农业信息化的根本表现，例如畜产管理中Cattle Plus管理软件的使用、土地管理中Google Earth软件的使用等。

信息技术应用在新西兰开始得很早，企业直接参与农业信息技术产品的研发和销售，开发了很多基于PC的农业应用软件。新西兰农业信息化主要体现在农业生产管理信息化和农场管理自动化。在农业生产管理中，基于PC开发的信息管理软件得到了广泛应用，例如，Landmark Farm管理软件，使用该软件可以完成农场管理的各个方面，从而有效地实现农场业务管理。该软件包含了现金账簿、地图管理、牧场日记、财务预算管理、发货单管理、工资管理和库存管理。在农场管理自动化方面，实现了畜牧业食草量测量自动化和牛奶品质与总量测量自动化。

（二）国外都市型现代农业信息化发展策略

从发达国家的都市型现代农业信息化实践来看，现阶段都市型现代农业信息化关注的内容侧重于农产品生产管理、农业监控、农产品销售以及食品安全追溯等，这些都是信息技术在农业领域的高阶段、深层次应用。日本是发达国家中农业规模较小的代表之一，现阶段其都市型现代农业信息化关注的内容侧重于食品安全追溯和精准农业技术，服务对象主要是都市居民以及都市周边农户。

二、都市型现代农业信息化发展模式

（一）精准农业型发展模式

精准农业是由信息技术支持的，根据空间变异定位、定时、定量地实施一整套现代化农事操作管理。它重点强调在发挥都市型现代农业教育和辐射功能的过程中充分运用现代信息技术，促进农业现代化水平在本地区的提升。其鲜明特点是充分利用本地区技术资源及人才优势，在农产品生产过程中应用现代信息技术，充分发挥都市型现代农业的教育和辐射功能，全面服务于本地区以及周边地区的农户。在经济发展水平较高的地区或城市，有条件吸引尖端人才和高端技术向本区域集中，在发展都市型现代农业的过程中，可以充分利用和发挥这些信息技术，进而提高本地区现代农业水平。

精准农业型是都市型现代农业信息化的重要发展模式之一，在美国、日本、英国等发达国家已成为一种高新技术与农业生产相结合的产业。它可以根据作物生长的土壤性状，调节对作物的投入。即一方面查清田块内部的土壤性状与生产力空间变异；另一方面确定农作物的生产目标，进行"系统诊断、优化配方、技术组装、科学管理"的定位，以最少的或最节省的投入达到同等收入或更高的收入，并改善环境。

（二）经济功能型发展模式

经济功能型是都市型现代农业信息化的基本发展模式之一。其特点是充分利用本地区土地资源及市场优势，在农产品生产及国际贸易过程中综合应用农产品生产管理的信息化、农业监控信息化等，充分发挥都市型现代农业的生产和创汇功能，全面服务于本地区以及周边地区的农户。

美国、德国、法国、荷兰、澳大利亚和新西兰等发达国家的部分中小型城市属于该种发展模式，利用信息技术支持农业生产效率的提高，取得比较优势，进而促进农产品出口。例如，美国的农业灌溉信息系统、病虫害远程诊断系统和农业监控信息化，新西兰的农业决策支持系统，等等，都大大提高了农业生产效率。该模式由于注重生产功能和创汇功能，因此更适合一些中小型城市，这是因为一方面中小型城市的土地资源相对比较丰富，适宜进行规模化农业生产，同时也适宜农业生产技术的大规模推广；另一方面，中小型城市的城市化水平较低，发展出口创汇型农业更符合城市的发展要求。

（三）生态观光型发展模式

生态观光型发展模式重点强调在发挥都市型现代农业生态和休闲功能的过程中应用现代信息技术，促进农业现代化在本地区的实现。其特点是充分利用本地区生态和旅游资源，将现代信息技术应用于农产品生产过程及观光旅游过程，充分发挥都市型现代农业的生态和休闲功能，全面服务于本地区以及周边地区的市民及当地农户。

利用现代农业技术在城市的不同地带发展都市型现代农业，不仅能实现农业的生产功能，更重要的是生态农业的发展有助于城市的可持续发展，降低城市由于发展工业带来的污染。同时，在城市及周边地区发展生态农业，还可以解决城市周边农民的生产和生活。都市型现代农业带的形成将成为城市发展进程中一道靓丽的风景。一些中型城市在追求经济发展的进程中，发挥都市型现代农业的生态和旅游功能，达到经济发展和城市文明的和谐进步，经济转型城市可以考虑采取这种模式。

（四）综合示范型发展模式

综合示范型是特大城市及城市群都市型现代农业信息化的重要发展模式。它强调在发挥都市型现代农业 6 大功能（生产功能、生态功能、旅游功能、创汇功能、教育功能和辐射功能）的过程中综合利用现代信息技术，促进农业现代化水平在本地区的进一步提高。其特点是充分利用本地区的各类资源优势，在农产品产前、产中、产后及销售的各个环节大力应用现代信息技术，充分发挥都市型现代农业的教育和辐射功能，全面服务于本地区以及周边地区的市民和农户。该模式对城市发展水平的要求较高，一些特大型或大型城市在城市发展进程中，可能有资本、技术等方面的实力进行各种投入和开发，以此达到城市的综合发展。

三、我国都市型现代农业信息化发展模式选择

根据我国城市的发展规模和发展阶段，将我国城市分为 3 种类型：一是特大型城市及城市群（如北京、上海、广州、重庆等）；二是大型城市（包括省会城市以及一些东部沿海城市等）；三是中小型城市。不同类型的城市由于其地理区域、经济发展水平、城市定位等方面的差异，都市型现代农业信息化的发展模式选择也有所不同。

（一）特大城市和城市群

其都市型现代农业信息化的发展策略主要表现为依托本地区的人才、技术和经济优势，着力于农业技术以及农产品市场网络的研发和建设，注重本地区都市型现代农业旅游功能、创汇功能、教育功能和辐射功能的充分发挥。特大城市和城市群的都市型现代农业信息化的发展相对比较完善，对大中型城市的都市型现代农业信息化的发展有一定的带动和示范作用，因此更适合采用精准农业型模式。

北京、上海、广州等特大型城市属于都市型现代农业信息化起步较早的地区，其基础设施建设已趋于完善，并向农产品食品安全追溯、农业生产管理等信息技术应用的高

端方面发展，不仅促进了本地区农业的发展，而且带动了周边地区都市型现代农业的现代化。例如，北京深入应用计算机技术，开发软件资源，并大力开展农业信息知识教育和宣传，增强政府管理部门及生产经营者的信息意识和信息综合利用能力，为本地区都市型现代农业信息化推进和周边地区都市型现代农业信息化发展起到了带动和示范作用。

（二）大型城市

其都市型现代农业信息化的发展策略集中表现为借鉴特大城市及城市群的建设经验，着力于农产品生产管理和市场网络的信息化建设，注重本地区都市型现代农业生态功能、旅游功能、创汇功能和辐射功能的发挥，并进一步带动周边中小城市都市型现代农业信息化的发展。因此，适宜采用生态观光型模式。

大连把发展都市型现代农业作为促进城市发展水平、实现传统城郊经济向现代农业转化、推动城乡经济融合、统筹城乡经济全面发展的有效途径。大连市农业由传统单一种植业逐步发展为集设施农业、旅游观光农业、休闲农业、绿色无公害农业和花卉产业以及出口创汇型农业的新农村发展格局。

（三）中小型城市

对中小城市来说，经济水平的提高是城市发展的首要环节，农业生产功能对城市的发展最为关键。其都市型现代农业信息化的发展策略表现在借鉴周边大城市的建设经验，着力于农产品生产管理、农产品市场网络以及农业休闲旅游等信息化建设，注重发挥本地区都市型现代农业的生产功能和创汇功能。因此，选择经济功能型模式更适合。

福建省武夷山市充分利用其风景秀丽、历史悠久、人文荟萃等资源，以信息技术为手段，以"数字武夷"为平台，全面展现武夷山新农村建设成果。通过资源整合、高位嫁接、模式创新，以电子商务和科技服务等系统为交流平台，带动武夷山的建设，建立城市支持农村、服务农村，旅游反哺农业的农村信息化建设的长效机制。寿光市作为中国最大的蔬菜生产基地之一，以大棚种植蔬菜为特色，在充分发挥规模和市场优势，提高生产效率和扩大出口的同时，积极推进信息技术的应用，例如，在互联网上寻找种植管理信息、发布供求信息、进行蔬菜网上交易等成为该地菜农生活的一部分。

都市型现代农业的理论与实践

第五节 都市型现代农业社会化服务体系创新模式

加强农业社会化服务是今后推进中国特色现代农业发展的重要举措。党的十七届三中全会提出,建设覆盖全程、综合配套、便捷高效的社会化服务体系,是发展现代农业的必然要求,要加快构建以公共服务机构为依托、合作经济组织为基础、龙头企业为骨干、其他社会力量为补充,公益性服务和经营性服务相结合、专项服务和综合服务相协调的新型农业社会化服务体系。随着都市型现代农业的快速发展,经过近年的实践探索,北京郊区目前涌现出各种模式新颖、效益突出、带动力强、群众满意的农业社会化服务体系创新模式,这些模式在服务方式、服务内容、运行机制上具有鲜明的都市型现代农业特色,其基本特点和适应性见表2-2。

表2-2 北京都市型现代农业社会化服务体系创新模式

模式名称	主要特点	服务主体	服务内容	典型案例
乡镇农业综合服务中心模式	政府主体、公益性强、服务多样、专业性强	乡镇等政府机构	以农业信息、农业科技和农产品流通为主	大兴安定镇
政府购买服务模式	政府承担、购买服务、定项委托、合同管理、评估兑现	社会组织或个人	以农业科技和农业信息为主	通州村级技术员
金融合作扶持模式	财政支农、银农合作、政策扶持、资金带动	金融组织和政府机构	以农村金融服务为主	昌平银农合作、凤凰乡村游
院区联动模式	科技支撑、项目切入、优势互补、互惠互利	科研院所和大专院校	以农业科技为主	大兴院区科技合作、延庆"1+1+X"工程
农村乡土能人带动模式	科技示范、能人带动、贴近农户、素质提升	农村乡土人才	以农业科技为主	房山种粮大户
专业合作组织带动模式	组织带动、利益协作、一体化服务、管理规范	农业专业合作组织或合作社	以农产品流通为主,兼顾农业科技和信息	昌平兴寿麦庄草莓种植专业合作社
龙头企业带动模式	市场运作、企业带动、社会参与、农民受益	农业龙头企业	以农业科技、农业信息、农产品流通为主,兼顾金融服务	三元集团、百年栗园
专业市场带动模式	市场带动、契约经营、产销对接、服务农民	农产品专业市场	以农产品流通为主	顺鑫石门农副产品批发市场、农超对接

第二章 农业国际化与都市型现代农业的发展

农业社会化服务体系是由农业科技服务、农业信息服务、农产品流通服务、农村金融服务等多个子系统组成的相互作用、相互融合的体系，包括服务的主体、服务的受体、服务的中介和服务的方式等基本要素。只有当这些基本要素有机结合、相互促进时，农业社会化服务体系才能凸显整体效应，有效发挥其作用与功能。北京都市型现代农业社会化服务体系创新模式是随着郊区经济发展和社会进步逐渐形成和发展起来的，它具有历史性、动态性、选择性、差异性的特点。各种模式的产生背景、组织方式、服务主体、服务内容等各不相同，其运行所需外部环境千差万别，服务手段迥异，功能定位各有侧重，因此，在构建都市型现代农业服务体系的过程中，应在尊重经济和社会发展客观规律的基础上，突破原有的体制制约，遵循不同地区、不同时段的社会经济发展水平，进行科学、合理的布局与规划。

一、乡镇农业综合服务中心模式

乡镇农业综合服务中心模式是指由政府出资兴办、以乡镇为节点、以广大农户为服务对象，开展生产技术指导、农产品加工与销售、资金融通、农资租赁、灾情预报、农业保险、农业经纪、农产品检验检测等多层次、综合性的服务方式。主要特点是政府主体、公益性强、服务多样、专业性强。乡镇农业综合服务中心是一种新兴的农业社会化服务模式，它对于都市型现代农业发展有着相当的必要性。随着都市型现代农业快速发展，城郊农户对农业社会化服务的需求将逐渐呈现综合化趋势。乡镇作为农村基层组织，在农业社会化服务过程中起着重要的联结作用。它能在降低农业生产的自然风险、市场风险的同时，使农民从复杂的农业产、供、销管理系统中解脱出来，安心于专业化生产管理，分享第二、第三产业的附加成果，极大地体现了现代农业的社会化分工。

北京市大兴区安定镇农业科技综合服务中心是该模式的典型代表。其突出特点是以信息服务带动科技服务和销售服务。该中心通过建立电子触摸屏、数字农园、科普游戏、大屏幕双向视频诊断系统、网络视频、电话语音系统、移动农网短信等多种信息服务方式，为农民提供种植、养殖综合信息服务。在此基础上，通过开办电脑培训班、科技下乡等方式，为农民提供科技服务和农民所需要的农资与农产品销售服务。

二、政府购买服务模式

政府购买服务模式是指将原来由政府直接举办的，为社会发展和人民日常生活提供服务的事项（如农业科技服务）交给有资质的社会组织（或个人）来完成，并根据社会组织（或个人）提供服务的数量和质量，按照一定的标准进行评估后支付服务费用，是一种新型政府提供公共服务方式。这里主要指政府购买农业公共服务模式。其主要特点是政府承担、购买服务、定项委托、合同管理、评估兑现。政府购买服务是公共管理改革的重点，是一种具有生命力的创新方式，在世界各国均有众多成熟的经验。

随着现代公共政府建设的不断推进，公共服务已成为政府生命力的重要体现，公共服务供给也成为评判政府执政能力的重要内容。农业生产具有一定的外部性特征，某些

都市型现代农业的理论与实践

农业服务具有公共物品或准公共物品的特性。都市型现代农业发展最主要的优势之一就是具有较强的科技、信息、资金支撑，因此，政府购买农业公共服务是都市型现代农业社会化服务的一种重要模式。它可以有多种不同的服务方式，如农民田间学校、科技服务港、远程信息服务、农村科技协调员等。

三、金融合作扶持模式

金融合作扶持模式是指农业与金融业之间进行行业联合的一种独特的农业服务模式，是融集社会资金的一种有效途径。它一般由政府和金融机构采取合作的方式，通过搭建由农业贷款、农村信用建设、政策性农业保险及农业担保等构成的农村金融服务平台，为广大农户提供小额贷款、农业保险、信用等级评定等各种金融服务，从而为农业和农村快速发展提供强有力的资金支撑。其主要特点是财政支农、银农合作、政策扶持、资金带动。

农村金融是现代农村经济的核心，发展都市型现代农业更离不开农村金融的有效支持。近年来，北京市不断创新农村金融体制，已初步建立起商业性金融、合作性金融、政策性金融相结合，资本充足、功能健全、服务完善、运行安全的多元化农村金融服务体系，引导大量金融资金和社会资金投向农业及农村第二、第三产业，对于推进京郊农业结构调整，解决主导产业发展资金瓶颈问题，具有十分重要的现实意义。北京农村金融合作扶持形式多样，主要有银农合作、政策性农业保险等。

四、院区联动模式

院区联动模式是指以科研院所、大专院校为服务主体，以农户为客体，以技术服务为主要内容的一种农业社会化服务模式。它以科技支撑农业、农业展示科技的方式实现科研院校的技术优势与郊区县的农业生产优势间的互补，实现了产、学、研、推相结合，达到院区互促互利双赢的目的。其主要特点是科技支撑、项目切入、优势互补、互惠互利。

近年来，北京农学院、北京市农林科学院、北京农业职业技术学院等科研院所与北京市的大兴、昌平、顺义、平谷、门头沟等区县广泛开展院区合作，推出了农村实用人才培养"1+1+X"培训工程、院区科技合作、大学教师到乡镇挂职等多种服务项目，取得了良好的效果。

五、农村乡土能人带动模式

农村乡土能人带动模式是以科技示范户等为核心，以培训农村实用技术等为手段，连接周边农户形成技术、信息传播网络，使农业科技信息传递、成果转化项目落实到村、到户，从而带动周边农户增收致富的"能人型经济"。其主要特点是科技示范、能人带动、贴近农户、素质提升。它对于有效解决科技入户"最后一公里"问题具有非常重要的意义。

北京市大兴区、房山区、密云县等郊区县近年通过建立农村实用人才培训基地、经纪人学校等形式培育了一批"有文化、懂技术、会经营"的学习型农民，培养了一批优秀科技示范户。这些乡土能人积极与农业科技部门及农业专家取得联系，参加农业科技活动，了解农业新信息，学习农业新技术，示范农业新品种，并带领周边农民学科技、用科技，体现了农村科技示范户的强大影响力。

六、专业合作组织带动模式

专业合作组织带动模式是指以专业性合作经济组织（含农民专业技术协会）、合作社等为主体，通过合作制或股份合作制等利益联结机制，带动农户从事专业生产，将生产、加工、销售等农业生产的全过程有机结合，实施一体化经营的服务模式。其主要特点是组织带动、利益协作、一体化服务、管理规范。近年来，随着都市型现代农业的快速发展，城郊分散农户的合作意愿大大增强，各类农民专业合作社迅速发展起来，呈现出覆盖范围广、合作方式多样、服务内容扩展、组织运行规范的新特点，尤其是服务内容由以销售服务为主向科技培训、农业保险、项目实施、信息服务等方面延伸，极大地带动了农民增收致富。

农民专业合作组织对内提供各种便民利民的服务，降低农民生产成本，促进了农业现代化；对外积极参与市场竞争，有效克服"小规模、分散化"家庭经营的弊端，解决"小生产、大市场"的矛盾，增强了农民市场竞争能力，提高了农户抗风险能力，实现了农民利益最大化。与其他服务组织不同的是，规范化合作社按照会员农户销售数量进行二次返利，增加了农民的效益，加强了与农户关系的紧密度。随着规模的不断扩大和建设的逐渐规范，专业合作组织将成为社会化服务的主体之一。

七、龙头企业带动模式

龙头企业带动模式是指以农业企业为龙头，通过合同契约、股份合作制等多种利益联结机制，带动农户从事专业生产，集"研发、培训、管理、加工、销售"于一体，为农户提供技术、信息、资金等服务的模式，包括国有企业、股份制企业、民营企业等不同类型。其主要特点是市场运作、企业带动、社会参与、农民受益。农业产业化龙头企业是新型农业社会化服务体系中的"骨干"，在农业社会化服务体系中具有不可或缺的重要地位。特别是农业科技型龙头企业因其本身掌握一定的技术和研发能力、市场开拓能力和生产加工能力，能够有效地将原来部分由农业技术机构承担的产前、产中技物结合的推广活动以及产后的加工、运销等经营性服务职能分离出来，减少交易成本，更多地让利于农民，有利于农业生产标准化、专业化水平的提高。

八、专业市场带动模式

专业市场带动模式是指以农产品专业批发市场为纽带,带动地方主导产业,并通过合同契约与农民、农民大户及协会会员构筑较稳定的经济关系,连接广大农户,实施产销一条龙经营的服务模式。其主要特点是市场带动、契约经营、产销对接、服务农民。该模式本身不具备很强的技术实力,但其核心是专业大市场,因此具有相当强的市场凝聚力,可以发挥市场在价格形成、信息交换、物流集中等方面的功能,从而取得规模经济效应。农超对接也是涉农企业为农业生产提供社会化服务的典型模式。例如,66家京郊农业产销合作组织和农产品加工企业与北京农产品中央批发市场管理委员会联手成立了北京农产品流通协会,为农产品生产企业与销售商搭建都市型现代农业服务平台,并为进一步创新农产品流通模式,促进农超对接打下良好基础。

第三章 都市型现代农业发展的理论研究

第一节 可持续发展理论

一、可持续农业发展思路的背景

纵观可持续农业发展思路的起因和背景，是20世纪以来世界农业在高度发展过程中，尤其是在西方发达国家基本实现农业现代化的情况下，由于各种制约因素的出现，促使人们改变以往对农业发展的片面认识，面对人口、资源、环境等重大危机而产生的新的发展思路。

农业是国民经济的基础。任何国家和地区的经济和社会发展都有赖于农业发展而产生"关联效应"。长期以来，人们总认为农业是大自然赋予人类永远取之不尽、用之不竭的天然财富。人类生存的需要、经济利益的驱动，使得人们只管对它索取而不去哺育。从开始为了生存而滥垦乱伐，到为了获取更多的利益而采取最简捷、最快速的现代手段来榨取农业资源，使农业资源遭到严重破坏和退化。对此，马克思曾就资本主义的掠夺式农业，提出过"合理农业"的科学命题，恩格斯也针对农业资源滥垦乱伐提出过警告：不按自然规律办事，必然受到大自然的惩罚。但在农业发展缓慢、技术水平落后、资源危机还没有到危及人类生存时，上述科学命题和警告没有引起社会的注意。

20世纪初，发达国家开始由传统农业向现代农业转变；到20世纪中叶，基本上实现了农业现代化。20世纪80年代以来，许多发展中国家借鉴发达国家农业发展经验，加快了传统农业向现代农业的改造过程，驱使世界农业的总态势由"短缺农业"转向"相对过剩"。但对农业现代化的发展思路，以往总是以"石油农业"为核心，主要强调产出和经济效益，忽视资源和环境保护，由于指导思想上的片面性，导致环境的破坏和资源的严重损耗，越来越阻碍着农业的持续发展，形成了各种制约因素：①可再生资源的严重退化和非再生资源的过度损耗，致使自然资源日益短缺。②工业生产大量排放"三废"，农业生产不合理利用化学制品，造成农业环境和食品污染。③世界人口急剧增长，对农业产出产生越来越多的需求；产量的不足，质量的下降，对社会发展形成了重大危机。

可持续农业这一概念最先出现在美国,这与美国农业现代化最早实现,但又出现了种种问题有密切关系。建立在农业机械化和农业化学化这两大支柱上的美国农业现代化,经过半个世纪左右的实践,逐步暴露出它存在的问题和危机。如土壤的破坏、地力的衰竭、品种的减少,以及能源利用率降低、不合理使用化肥和农药等,给资源与环境带来的破坏引起了社会的高度重视,因而出现了农业发展思路的创新,农业可持续发展思路首先在这里产生。随后,国际组织为确保世界农业稳步健康持续发展,连续召开会议,研讨认定农业可持续发展的含义,并大力宣传实施可持续农业发展战略的重大意义。20世纪80年代中期以来,可持续农业作为一种新的农业思潮在全球迅速传播,受到世界各国的响应,并作为新的农业发展战略,结合本国实际情况,认真研究实施。

二、农业可持续发展的理论

要实施农业可持续发展战略,必须先从理论上认识其含义,明确其实质,充分理解这一发展思路的先进性和科学性,以便根据本国特点,做出战略抉择。

(一)农业可持续发展的含义

农业可持续发展是以"可持续发展理论"为中心思想和行动准则创建的农业发展思路,它概括了现代农业一系列先进思想,代表世界农业发展方向,成为许多国家普遍接受的理想发展模式。其含义可做如下表述:可持续发展农业是一种不造成环境退化,技术上适当,经济上可行,社会上能接受的农业。它在满足当代人需要,又不损害后代人对农产品需求的条件下,实行技术变革和机制性改革,合理利用自然资源,减少资源的破坏与损耗,为未来的发展得以持续留下足够的空间,以确保后人的发展机会。

(二)农业可持续发展的目标及特征

农业可持续发展的目标:一是保持农业生产的稳定增长,既提高产量,又保证质量,确保食物安全;二是发展农村经济,增加农民收入,改变农村贫困落后状况;三是保护和改善农业生态环境,合理永续地利用农业资源,特别是生物资源和可再生资源,以满足国民经济发展和人民生活的需要。从发展目标分析看出,农业的可持续特征是多维的,具有生态可持续性、生产可持续性、经济可持续性、社会可持续性。

(1) 生态可持续性:要求在进行农业生产时,注意资源的合理利用,将农业资源的开发利用、保护治理、资源增值有机结合起来,发挥资源优化组合功能,形成各具特色、持续平衡的生态系统,并对资源的变化进行监测,实行科学规划和管理。

(2) 生产可持续性:是指高水平产出的长期维持,着眼于未来生产率和产量并适应社会食物安全的要求。同时,注意农、林、牧、渔各业的产出水平都保持稳定发展。

(3) 经济可持续性:是指在经济上可以自我维持和自我发展,要求在不降低环境质量和不破坏环境资源的基础上,使经济发展的净利益达到最大限度,长期满足人们对农产品的需求,保持农业生产持久的经济活力。

（4）社会可持续性：要求农业为社会提供充足安全可靠的农副产品，并实现人与人之间、社会团体之间、国家之间、当代人和后代人之间的社会平等关系，保证一方的发展不以牺牲另一方的利益为代价。以此为前提，促进经济发展，保证农业资源永续利用，生活质量持续提高，社会文明不断进步。

以上四个特征表现不是孤立存在，而是相互联系，互为因果。发展经济和提高生活水平是人类进步的目标，它需要以丰富的自然资源和良好的生态环境为基础，没有经济的发展和生活作保证，也谈不上资源和环境保护，社会再生产理论说明，一个持续发展的社会不可能建立在生产停滞的基础上。因此，生态、经济、生产和社会效益是农业可持续发展综合考虑的四大要素。

（三）农业可持续发展的实质

通过表述农业可持续发展的含义、目标及多维的特征，可以看出这一发展思路的实质是生产方式的变革。农业可持续发展涉及面非常广，既有生产力方面的问题，又有反映生产关系和上层建筑方面的问题。从实际意义上分析，可持续农业研究的是用一种新的指导思想来组织农业和农业经济活动，既保证当代人发展的需要，又为后代人的发展创造良好的基础，是从原来的以向自然索取为基础的、靠增加资源和能源消耗为主的农业，向维护人与自然的协调、靠科学技术提高资源利用效率为主的生产方式的转变，归根结底是生产方式的变革，也是实现农业和农村现代化的主要内容。农业可持续发展要付诸实现，既要从农业的经营体制方面加以改革和完善，又要从生产的发展和科学技术在农业中的应用来考虑。

总之，农业可持续发展是人类社会和国民经济可持续发展的基础，其理论是建立在社会、经济、资源、环境、人口相互协调和共同发展的基础上，其宗旨是既能相对满足当代人需求，又不对后代人发展构成危害。该理论的中心思想强调社会公平，环境、资源与发展的统一，控制人口数量与提高人口素质的统一，生态与经济的协调。农业可持续发展从理论到实践，是这一中心思想的具体体现。研究可持续发展农业，必须从整体性、系统性、动态性、长期性予以把握，否则就不是真正意义上的可持续发展。

三、我国实施农业可持续发展战略的对策

农业可持续发展战略已在世界范围广泛展开，但因各国的农业发展进程不一，对实施可持续发展战略有不同的选择重点。发达国家从完善现代化农业体系着眼，以农业资源保护为重点，强调环境，注意营养、公平、低投入。发展中国家则强调发展、增产、治穷。我国作为发展中国家，地域辽阔，人口众多，农业资源相对紧缺，自然环境多样，经济发展不平衡。目前，农业和农村发展正在向现代化迈进。从国情和农情分析，我国实施可持续农业发展战略，必须从生态可持续性、生产可持续性、经济可持续性、社会可持续性这一总体思路出发，选择适宜的发展途径和对策。

（一）更新观念，增强全民参与意识

目前，国内不少人对农业可持续发展这一先进的思路尚不理解，甚至存在一些误识，只注意农业和经济效益的不断增长，忽略农业资源和环境保护，以及食品安全保障，更没有考虑人口剧增对农产品的需求越来越大这一现实。因此，各级政府要认真组织，大力宣传，不仅使人们懂得什么是农业可持续发展战略，更要让人们充分理解实施该战略的必要性和紧迫感，增强全民参与意识。同时，还应该使人们理解实施农业可持续发展不是否定农业现代化，而是为现代化农业增添新的内容，在此基础上认识农业现代化的内涵，除了农业物资装备现代化、科学技术现代化、经营管理现代化，还应具备资源利用保护现代化等，只有推进上述"四化"，才能够尽早使传统农业向现代农业转变，实现农业现代化。

（二）切实保护耕地，加强土地管理

农业要持续发展，必须注意农业资源的消耗，因此要切实保护耕地，加强土地管理。按照耕地总量动态平衡的要求，一是农业结构调整要适度，严格控制利用耕地搞林果业和挖塘养鱼，要鼓励增施有机肥，推广秸秆还田技术；二是严格控制城镇建设用地规模；三是基础设施及工业占地，要实行占补挂钩政策。建立和完善土地执法监察制度，强化土地管理的执法监察工作。

（三）发展生态农业，保护生态环境

协调、平衡、合理、高效的农业生态系统，是实现农业可持续发展的物质基础，实施农业可持续发展战略必须将发展生态农业，保护生态环境列为重要措施。一是结合本地实际，搞好生态农业的区域布局和规划，确保生态农业持续、稳定、健康发展。二是搞好生态农业示范试点工作，发挥典型的示范作用。三是因地制宜，结合当地自然条件和社会经济条件，走各具特色的生态农业之路，大力推广行之有效的生态农业工程，如农田主体间套工程、无公害农产品工程、农业生态环境综合治理工程等。四是保护农业环境，有效控制环境污染，控制新的污染源。要科学合理地使用化肥、农药、农膜等，推广优化配方施肥技术，减少农业自身污染，提高经济效益。

（四）实施区域发展战略，发展多种类型的可持续农业

我国地域辽阔，地形复杂，经济发展不平衡，农业生产表现出明显的地域特征。因此，应根据区域性特点，对发达、欠发达和贫困三种发展水平，采取不同的发展模式。东部沿海发达地区，科技水平高，经济发展快，但人均农业资源少，农业环境污染严重，应充分发挥社会资源优势，发展技术与资金集约、高产、高效的农业，加强水土资源管理和生态环境治理，促进农业生态和经济良性循环。中部欠发达地区，农业资源和产量人均占有量较高，但经济发展水平不高，应加快主要农产品商品基地现代化建设，大力发展立体农业，积极推进贸工农一体化经营，发展农业产业化；并采取有力措施，防止自然资源的过度消耗和生态环境的破坏。西部贫困地区，经济发展水平低，农业基

本建设滞后，土地荒漠化和水土流失严重，重点是生态和环境建设，发挥当地资源优势，摆脱贫困。

（五）加快科技进步，提高劳动者素质

加快科技进步，提高劳动者素质是实现农业可持续发展的重要举措。加快科技进步，要以高科技与传统农艺精华、生物技术与工程技术相结合为基础。首先，围绕制约农业可持续发展的科技难题，加强科技攻关，实行重点突破。其次，要加快科技成果向现实生产力转化，完善农技推广体系，稳定农村推广队伍。最后，加强科技培训，不断提高农民的科技文化素质，培养和造就一大批有知识、懂技术、会管理的新型农民。

（六）制定和完善加快农业可持续发展的政策

一要建立健全农业投入机制，多渠道筹措资金，形成全方位、多层次、多渠道投入机制。切实增加农业投入，促进农业可持续发展。二要建立健全农业可持续发展的支持和保护体系，要根据各地实际，调整工农业发展比例，建立主要农产品保护价制度、农产品储备调节制度以及农产品风险基金制度。加强对农业的支持和保护，提高农业的比较效益。三要进一步完善农业可持续发展的政策。四要把实现农业可持续发展纳入法制化管理轨道。坚决贯彻落实党中央、国务院关于控制人口增长，保护资源与环境的一系列政策法规。要加大执法力度，提高依法行政水平。

第二节 产业结构演进理论

产业结构是指社会再生产过程中，国民经济各产业之间的生产、技术、经济联系和数量比例关系。从人类经济发展历史看，经济发展历史也是产业结构不断调整的过程。在经济发展过程中，产业结构的演进有一定的规律性。产业结构既作为以往经济增长的结果，也是未来经济增长的基础，是推动经济发展的根本因素之一。因此，产业结构演替是一个国家和地区经济发展的主旋律，也是经济学研究的重要内容。

产业结构演替是一个传统经济学话题，至少可以追溯到17世纪威廉·配第的研究。配第根据当时英国的实际情况明确指出，工业比农业、商业比工业的利润多得多，揭示了产业间收入相对差异的规律，这种差异又决定了各国国民收入的差异和经济发展的不同阶段。这一思想后来被克拉克发展，称为"配第－克拉克定理"。无论是亚当·斯密的分工理论，还是马歇尔的专业化工业区理论，都重点讨论了产业分工与国民经济发展的关系。

随着新古典经济学日益成为经济学的主流范式，这种建立在专业化知识和报酬递增思想基础之上的、动态地研究产业结构的分析方法，逐步被静态均衡的思维模式所代替。这一时期的产业结构研究将视野由产业结构变迁的根本动力——产业分工，转移到了产业分工后的产业结构状态的分析。主要研究成果集中体现在20世纪三四十年代的

都市型现代农业的理论与实践

赤松要的"雁行形态理论"、库兹涅茨"人均收入影响论"和克拉克对三次产业劳动投入与总产出关系研究,以及后来五六十年代的里昂惕夫的投入产出分析方法、罗斯托的主导产业扩散效应理论和经济成长阶段论、钱纳里工业化阶段理论和霍夫曼工业化经验法则。

到了20世纪80年代,以罗默(Romer)、卢卡斯(Lucas)等人为代表的新增长理论经济学家开启了"内生技术变化"为核心的经济增长内生型解释大门。此后,学者重拾马歇尔关于分工和报酬递增的思想,以及新增长理论里有关"干中学"、"产业知识外溢"等报酬递增理论,讨论产业结构变化和经济增长的内生型动力。其中最著名的两个学派:一个学派注重研究在"第三意大利"新产业区发展起来的产业集群理论,特别强调产业专业化对经济增长的作用,认为相同或相关行业在某一区域集聚产生的知识和技术外溢有助于提高本地创新能力,进而促进地方经济发展;而另一个学派则是以简·雅各布斯(Jane Jacobs)为代表的城市经济学家,他们重视产业多样化的作用,认为大多数重要的知识转移发生在跨产业之间,城市的产业多样化比专业化更有利于创新,面临多样化环境的产业将实现更快增长。前者的思想由于发端于马歇尔(Marshall),又经过阿罗(Arrow)和罗默(Romer)发展,因此被称为马歇尔-阿罗-罗默(Marshall-Arrow-Romer,MAR)外部性,以下简称"MAR外部性";而后者则被称为雅各布斯(Jacobs)外部性,以下简称"Jacobs外部性"。但是很长时间以来,到底是专业化还是多样化更有利于经济发展成为主要争论的话题,最近以波茨曼(Boschma)和弗兰克(Franken)为代表的演化经济学提出了相关多样化(related variety),试图去协调专业化和多样化的关系,引起学界广泛关注。

一、古典和新古典经济学思想下的产业结构研究

很明显,产业结构的研究必须以人类历史的产业分工为前提。人类对产业结构的讨论开始于工业革命前夕。随着资本主义工商业的发展,需要从理论上解释人类社会进入工业文明的必要性,从而论证资产阶级为代表的生产力的合理性,在此背景下,古典政治经济学家开始讨论国民经济结构从农业经济转为工业经济的必然性。这一研究至少可以追溯到配第1672年出版的《政治算术》。配第在17世纪通过对世界各国经济的考察,发现工业收入比农业收入多,商业收入又比工业收入多,即工业比农业、商业比工业的附加值高,首次揭示了国民经济收入与产业分工和产业结构的联系。重农学派的创始人魁奈,分别发表了重要论著《经济表》(1758)和《经济表分析》(1766),提出了关于社会阶级结构的划分,即生产阶级、土地所有者阶级和不生产阶级。他在经济理论上的突出贡献是,在"纯产品"学说的基础上对社会资本再生产和流通条件的分析。亚当·斯密在《国富论》中虽未明确提出产业结构的概念,但论述了产业部门、产业发展及资本投入应遵循农、工、批零商业的顺序,分工理论也有助于解释经济增长的根本动力。因此,可以说配第、魁奈以及亚当·斯密的发现和研究是产业结构理论的重要思想来源之一。

第三章　都市型现代农业发展的理论研究

尽管亚当·斯密没有讨论产业结构，但结合他的分工理论和绝对优势理论，可以初步解释专业化的产业结构对生产率提升的作用，并由此形成了区域分工理论。后来的学者又对区域分工理论进行深入研究，比较重要的成果有大卫·李嘉图的比较优势理论、赫克歇尔与奥林的生产要素禀赋理论。李嘉图认为，每个国家或地区应该集中生产并出口其具有"比较优势"的产品，进口其具有"比较劣势"的产品。赫克歇尔与奥林认为生产要素的禀赋是各地区拥有不同禀赋的原因。由于当时的产业形态多为劳动密集型，比如香料、丝绸、烟草和矿产等，这些理论把区域比较优势归结于外界的禀赋。但是，这两个理论都忽视了亚当·斯密所举的制针工厂例子中所蕴涵的报酬递增思想，并不能解释知识经济时代的区域产业选择。马歇尔把报酬递增系统引入区域分工理论中，认为一个地区集中一些专门的产业，会通过内部经济和外部经济的作用导致报酬递增。

20世纪三四十年代是现代产业结构理论的形成时期。这时期对产业结构理论的形成作出突出贡献的主要有费夏、克拉克、赤松要、里昂惕夫和库兹涅茨等人。19世纪中叶之后，工业部门在第一、第二次工业革命推进下突飞猛进，服务部门也开始出现。到了20世纪30年代经济大萧条时期，工业部门衰退，服务部门在统计上体现出明显优势。新西兰经济学家费夏以统计数字为依据，延展了配第的论断，首次提出关于三次产业的划分方法，产业结构理论开始初具雏形。日本经济学家赤松要于1932年提出产业发展的"雁行形态论"，将后进国家的产业发展与国际市场紧密结合起来，认为后起的国家可以通过"进口—当地生产—开拓出口—出口增长"四个阶段来加快本国工业化进程。在吸收并继承配第、费夏等人的观点的基础上，克拉克建立起完整、系统的产业结构理论框架，他在1940年出版的《经济发展条件》一书中，总结了劳动力在三次产业中的结构变化与人均国民收入的提高存在着一定的规律性：劳动人口从农业向制造业，进而从制造业向商业及服务业移动。库兹涅茨在1941年的著作《国民收入及其构成》中，通过对大量历史经济资料的研究，阐述了国民收入与产业结构间的重要联系。

"二战"后，产业结构理论得到了较快的发展，代表人物包括里昂惕夫、库兹涅茨、刘易斯、赫希曼、罗斯托、钱纳里、霍夫曼、希金斯及一批日本学者等。里昂惕夫沿着主流经济学经济增长理论的研究思路，丰富了经济增长中的产业结构问题分析的技术方法研究，出版了《美国经济结构研究》（1953）和《投入产出经济学》（1966）二书，建立了投入产出分析体系。里昂惕夫利用这一体系，分析经济体系的结构与各部门在生产中的关系，分析国内各地区间的经济关系以及各种经济政策所产生的影响，在《现代经济增长》和《各国经济增长》二书中，他深入研究经济增长与产业结构关系的问题。刘易斯、赫希曼、罗斯托、钱纳里和希金斯等人的产业结构理论，则是对发展经济学研究作进一步延伸，其研究分析的主体思路有两种：主要体现在刘易斯与希金斯的二元结构分析思路和赫希曼、罗斯托与钱纳里的不平衡发展战略分析思路。

这些产业结构理论的出现有着广泛而深入的社会经济变革和理论背景。战后，新古典经济学日益成为经济学的主导思想。统计学，尤其是多元统计方法和电子计算机的发展，为经济学家研究复杂的经济现象提供了强大的计算工具，而"二战"后第三世界的经济发展成为当时经济学研究的重要话题。这一时期的产业结构研究一致认为，国民收入水平的差异和经济发展不同阶段的关键原因在于产业结构的不同,因此,如何由低生产率的部门向高生产率的部门转变成为主要的研究议题。他们注意到,大量的资本积累和劳动投入虽然是经济增长的必要条件,但非充分条件,因为大量资本和劳动所产生的效益,在很大程度上还取决于部门之间的技术转换水平和结构状态,不同产业部门对技术的消化、吸收能力往往有很大的不同,这在很大程度上决定了部门之间投入结构、产出结构的不同。但是,这一时期的产业结构研究往往假定不同产业具有不同的生产率,普遍忽视了一个重要的话题,即既定产业如何提高生产率和高生产率的产业是如何出现的?也就是说,把影响产业结构的内在因素(如技术)排斥在经济增长源泉之外。

二、新增长理论下的产业结构理论

新古典经济学框架下的研究由于缺乏对产业结构内生型变量的关注,其解释力并不强;产业结构主义的研究仅仅关注一个产业内部的情形,并不是我们所要讨论的结构。产业演化路径集中体现在产业技术及技术组合上,而产业结构对产业技术及技术组合的路径存在着影响。20世纪80年代后,以罗默、卢卡斯等为代表的一批经济学家,在对新古典增长理论重新思考的基础上,探讨了以"内生技术变化"为核心的长期增长的可能前景,掀起了一股"新增长理论"(new growth theory)的研究潮流。他们主要强调经济增长不是外部力量(如外生技术变化),而是经济体系的内部力量(如内生技术变化)作用的产物,重视对知识外溢、人力资本投资、研究和开发、收益递增、劳动分工和专业化、边干边学、开放经济和垄断化等新问题的研究。在新增长理论的思想启发下,经济学家,尤其是区域经济学家和城市经济学家,开始讨论经济持续增长的源泉和区域产业结构变化的动力,即知识和技术的来源问题。顺着产业结构演替的内生解释思想,出现了两种理论。一种理论被称为MAR外部性,发端于马歇尔(Marshall),又经过阿罗(Arrow)和罗默(Romer)发展。另外一种理论是Jacobs外部性。

马歇尔继承亚当·斯密的分工理论,指出地域分工是提高生产率的关键,阐述了专门工业集中于特定地方——这一特殊的地域分工类型对生产率促进的机制。马歇尔认为使得一个产业的企业倾向于向一个区域集中有三个原因:专业化的劳动市场、中间产品市场和知识溢出。这三个原因都可以降低企业的生产成本,包括搜寻和培训劳动力的成本、交通成本、交易成本和创新成本。这些原因可以归结为自然成本优势和知识溢出。随着技术的进步,自然成本优势的地位逐步下降,知识溢出的地位逐渐上升。然后,阿罗进一步指出,人们是通过学习获得知识的,而学习是"干中"的经验的不断总结,"干中学"使得经验不断积累从而使得劳动生产率不断提高。1986年罗默对阿罗(1962)"边干边学"模型做了修正,指出一般知识可以产生规模经济收益,专业化知识可以产生要素的递增收益,二者的结合不仅能形成自身递增的收益,而且能使资本和劳动要素投入也产生递增收益,从而使整个经济的规模收益递增,递增的收益又成为长期经济增长的保证。到了20世纪80年代末,MAR外部性理论被解释为基于同一产业间的专业化分工优势,他们认为外部性主要来自同一产业内的公司之间,同一个产业内的企业在某个区域内的大量集中,有利于知识在公司之间的外溢与扩散,一个产业的专门化集中程度越高，越有利于外部性的产生，越有利于产业的创新和经济增长。

雅各布斯（1969）同样也强调知识溢出。但是，基于对城市经济的观察，他认为知识溢出不仅仅发生在一个产业内部，更重要的是发生在不同产业之间，多样化的经济是知识的熔炉，可以促进技术杂交，从而有利于创新和增长。格莱赛（Glaeser，1999）认为距离接近的个体之间相互交流能促使生产率提高，多样化的经济有利于个体间的联系，为交互学习提供便利。多样化产业形态的存在和联系密切的企业是区域发展繁荣的前提。这不仅减少交易成本，提高创新的机会，而且降低区域产业僵化的可能性，为实现区域经济的持续发展提供良好的基础。大量的文献对雅各布斯提出的理论进行了评价，认为一个地区的经济结构越是多样化，经济增长越快，因为多样化的经济结构触发新的思想，为创新提供资源。

三、产业结构演替的新进展

自 20 世纪 70 年代末以来，随着对"第三意大利"等为代表的新产业区（或被称为"产业集群"）研究的深入，产业或技术专业化对区域产业和经济增长的重要作用得到了进一步的强调，学者普遍认为相同或相关行业在某一区域集聚产生的知识和技术外溢，有助于提高本地创新能力，进而促进地方经济发展。而以雅各布斯为代表的城市经济学家，则更强调多样化促进思想和技术的相互交流并因此使人们更为重视创新和增长的重要性。这引起了专业化经济和多样化经济的讨论。

学者们对这两种理论进行了大量的实证研究。在格莱赛（Glaeser，1992）等的一篇经典文献中，使用 1956—1987 年美国 170 个城市 6 个产业的数据，利用最小二乘法评估了地区经济结构对产业增长的影响，结果发现产业多样化程度有利于产业增长。费得曼和安得斯（Feldman and Audretsch，1999）将专业化和多样化的经济结构对创新的促进作用进行了比较，发现结果非常支持多样化而几乎不支持专业化。佩西和厄塞对意大利 85 个工业部门 784 个地区的数据进行了分析，结果表明，两种外部性都是有效的，而在相邻区域内同一部门的知识溢出也是显著的，也就是 MAR 外部性作用范围更广。而卢西（de Lucio，2002）等使用西班牙 1978—1992 年 26 个制造业部门的数据研究发现，产业多样化的 Jacobs 外部性并不显著。陈（Chen）的研究发现专业化对台湾地区工资增长不利，而多样化有利于工资增长，明确地支持了 Jacobs 外部性。

有些学者认为在不同的行业，专业化与多样化的作用不尽相同。青木（1985）通过测定日本不同行业集聚经济对生产率的作用，得出专业化对重工业更有利而多样化对轻工业更有利的结论。汉得森（Henderson，1986）对巴西进行考察，发现在发展中国家里对于多数行业专业化比多样化集聚经济更有利。马丁和奥特维纳（Martin and Ottaviano，1999）则认为虽然在某些制造业中，行业内的溢出作用占主导，但是对解释经济增长而言，行业间的溢出效应更重要。捷纳（Greunz）对欧洲 153 个地区 16 个工业部门数据的分析显示，尽管在高密度地区和高技术行业中，Jacobs 外部性更为重要，但是两种外部性的作用都是显著的。

实际上，这种"非黑即白"的思想指导下的"专业化—多样化"之争阻碍了我们认识产业分工与产业结构的演替,离开了多样化的经济技术高度专业化必将带来区域竞争力的衰落,这一点已被国内外老工业基地的衰落证明了。而离开了专业化的产业和技术的多样化,由于缺乏核心的竞争力,也将导致区域的竞争力下降。纳提布(Nooteboom,2000)指出,需要权衡以新奇为目的的认知距离和以有效吸收为目的的认知接近性,太接近的知识是没有用处的,但是太远的知识如果难以理解也是无法使用的。因此,既不是区域多样化(可能导致认知距离过大)也不是区域专业化(可能导致过度的认知接近)能促进创新,而是考虑相关性的多样化促进企业的交互学习与创新。也就是说,只有多样化与专业性保持合理平衡的产业结构,才能有利于经济的长期发展。弗兰克(Franken)等经济学家在演化经济学思想的启示下,提出了"相关多样化"概念,认为只有相关产业多样化才能体现多样化对经济的促进作用,无关产业的多样化由于认知距离过大而导致失去了共同的知识基础而无法相互学习,并不会对经济发展起到促进作用。

由于多样化的产业间是否相关,关系着能否产生知识溢出,弗兰克(Franken,2007)把多样化的产业结构划分为相关多样化和无关多样化,并以1996—2002年荷兰数据进行了分析,以相关多样化衡量的Jacobs外部性显著促进经济增长,而无关多样化则阻碍了经济增长。波茨曼(Boschma)和艾曼罗纳(Lammarino)对意大利1995—2003年103个省的数据进行分析,发现相关多样化有助于经济增长,并且与本地产业相关的对外贸易能促进地区的经济增长。对不同地区的分析结果显示,相关多样化对创新和经济增长有促进作用,而无关多样化是通过投资组合效应维持就业的稳定。弗兰克(Franken)与波茨曼(Boschma)在理论上和实证上论证了相关多样化在经济中的重要作用,使得持续半个多世纪的多样化与专业化之争有了新思路。

事实上,无论是多样化还是专业化都可以促进城市的经济增长,但是它们产生的外部性不同,专门化是一种发生于产业内的外部性,而多样化是一种发生在产业间的外部性。同时,多样化和专业化对城市增长的作用机理和方式不一样。专业化有利于短期内提高区域的生产能力和竞争能力,但是由于技术和经济高度集中在某些产业,所以难以抵御市场巨大的变化或其他外部冲击。因此,区域技术和经济多样化,可以被看做一个组合策略以保护地区经济免受特定部门需求下降的冲击,特别能保护劳动力市场,防止黏性的失业发生。其中,无关多样化可以保护区域经济免受不对称需求冲击的影响,因此可以抑制失业增长,相反,一个部门的相关多样化可以得益于Jacobs外部性,以知识溢出的形式提高增长和就业。相关多样化是多样化中起着外部性作用的部分,一个地区的相关部门越是多样化,技术相关的部门越多,本地工业的学习机会就越多,部门间知识溢出越可能发生,区域的经济表现就越好,因此相关多样化越高,区域产业越容易出现创新和新产业的产生,这种滋生新奇的作用在短期内就能发挥作用。而无关多样化是多样化中起着资产组合作用的部分,在一个特定产业的需求急剧下降的时候,受到冲击的产业的工人在其他无关产业中很容易找到工作,这样无关多样化起到一个减震器的作用。这种作用只有在发生特定产业的冲击时才能够体现。一个地区如果仅仅是相关多样化高但无关多样化低的话,相关多样化会被局限在特定的部门里,这样的产业结构是无法经受住由价格波动和技术升级带来的外部冲击。同时,许多重大的技术来源于无关技术的重新组合，无关多样化会使一个地区的长期创新能力得到提升。总之，相关多样化的作用是即时的，而无关多样化的作用是有时滞性的，前者的作用是直接的，后者的作用是间接的。

第三节 比较优势理论

一、传统的比较优势理论

李嘉图（1817）提出劳动生产率比较优势说，认为国际劳动生产率的不同是国际贸易的唯一决定因素。而赫克歇尔（1919）和俄林（1933）提出了资源禀赋比较优势说，认为各国间的资源差异是贸易产生的唯一原因。此后比较优势理论的发展主要是沿着这两条既有联系又有差异的思路进行的。

（一）李嘉图的比较优势说的发展

李嘉图（1817）继斯密的绝对优势理论后提出比较优势理论。他认为相对另一国而言，某国虽然在两种产品上具有绝对优势，但因为两国在这两种产品的生产水平上相对差异而存在比较优势时，仍然应该开展国际贸易。一国出口劳动生产率比较高的产品，进口劳动生产率比较低的产品，即一国生产模式由比较优势来决定。在李嘉图模型中，劳动供给决定比较优势，进而决定贸易方向与类型。

李嘉图根据劳动价值学说决定比较优势，成为了后来学者最主要的批评点。哈勃勒（1937）用机会成本取代原始李嘉图模型中的劳动生产率，解释国际贸易的发生与贸易方向的决定，认为生产成本并非取决于劳动生产率的不同，而是取决于为了生产一单位该产品所必须减少其他产品的数量，这是一种机会成本的概念。他首次论述了现代机会成本模型，并把该机制与一般均衡价格理论有机地联系起来，从而使得比较优势理论初步具有现代形式。

后来，托尔等（1947）对哈勃勒固定机会成本假设进行了修正，从不同角度对生产不同产品所需的要素进行进一步分析，得出成本递增和递减的情况。他们认为，一方面，机会成本递增主要是因为生产要素之间不能够相互替代，从而导致边际收益递减；另一方面，机会成本递减的主要原因是生产规模扩大引起规模报酬递增。

琼斯（1971）放宽了李嘉图的要素流行性假设，把农业报酬递减的假设推广到所有部门，提出了特定要素模型。该模型假定在两部门环境中只有劳动一种要素能够在国内自由流动，而且资本不能够自由转移。琼斯得出结论：在其他条件不变的情况下，国际自由贸易将会提高一国出口产品的相对价格，从而导致出口行业特定要素所有者的实际收入上升，进口行业特定要素所有者的实际收入下降。同时，流动要素名义收入上升，实际收入不确定。

都市型现代农业的理论与实践

由于传统的李嘉图模型是一种两个国家、两种产品的模型。为了使模型更符合实际的国际贸易，后来的学者将模型中国家数和产品数进一步扩展。当然，在这些模型中最具代表性的是迪尔多夫（1980）设计的多国多种产品的一般均衡比较优势模型。

迪尔多夫模型体现了比较优势理论中机会成本的分析优点。在一个小国开放经济中，衡量比较优势的机会成本公式仅仅只需要两部分信息：在封闭状态下（自然经济）一国中 n 种产品的价格 p^n 和它所对应的净进口量 T。封闭状态下价格 p^n 包含了有关该国经济的所有相关信息；净进口量 T 包含了有关该国贸易条件的所有相关信息。在模型中仅仅只需要将二者相乘——$p^n T$，就可以计算出比较优势的机会成本。

正如萨缪尔森（1947）许多年前所言："对于一个意义重大的理论，我认为，……虽然它还不是很完美，但也许这正是它有魅力之处。"因为很难得到自给自足状态下的价格信息，所以很难对比较优势模型进行直接检测，这直接造成李嘉图-哈勃勒-迪尔多夫比较优势理论无法成为一个权威。

（二）禀赋比较优势说的演进

在现实世界中，贸易不仅体现了各国劳动生产率的不同，还反映了各国间资源的差异。赫克歇尔（1919）和俄林（1933）把比较优势理论建立在新古典一般均衡分析框架之上，提出了资源禀赋模型。他们认为各国拥有不同的生产要素分布，一国可以在那些密集地使用了其丰裕要素的行业取得优势地位。即若 A 国自给自足时产品 X 和 Y 的相对价格低于 B 国 X 和 Y 的相对价格，则 A 国出口 X 进口 Y。这个模型表明，比较优势受到国内生产要素相对充裕程度和影响产品生产中不同要素相对密集使用程度之间相互作用的影响。

后来一些学者在禀赋模型基础上进一步丰富了资源禀赋理论。斯托普尔和萨缪尔森（1941）认为，在一国同时生产两种产品 X 和 Y，若 X 相对 Y 为资本密集的，则当 X 与 Y 的相对价格上升时，资本与劳动的相对价格也会上升。他们进一步预测：在国际间资本和劳动不流动的情况下，它们的价格会因自由贸易而在国与国之间完全等同。鲁宾辛斯基（1955）指出，在商品价格给定的条件下，某生产要素量的增加将使密集使用该要素的产业得到扩展，与此相对应另一个产业将萎缩。在二维 H-O 模型中，如果劳动相对资本增加时，劳动密集型产品产量上升，那么资本密集型产品产量下降。

由于观察到资源禀赋模型不能够很好地解释国际贸易行为，凡涅克（1968）开始考虑贸易要素含量。通过关注贸易中的要素服务，该模型能够确定每个要素的预测值。这个模型又被称为赫克歇尔-俄林-凡涅克（H-O-V）模型。该模型可以对国际贸易类型预测：在单一经济中，每个要素 i 的 H-O-V 预测值可以表示为：

$$FTi = Vi - sViw$$

其中：FTi 表示该国的净出口中所含要素量，Vi 代表该国所拥有要素量，$sViw$ 为相对于全世界的生产要素量 i 的丰裕程度。即某个国家净出口中的含量预测值等于它的要素禀赋减去该国本身所占的消费份额。于是 H-O-V 模型得出，在自由贸易条件下，劳动相对丰裕的国家将成为净劳动要素出口国，而资本相对丰裕的国家将成为净资本要素进口国。

第三章 都市型现代农业发展的理论研究

但是，按照禀赋比较优势进行分工，会导致国际贸易格局长期僵化不变。因此，不少学者针对这些批评开展了一系列研究。鬼木一宇（1965）提出考虑人口增长、技术、偏好以及资本积累情况下的国际贸易模型，由于长期在偏好和技术上至少有一方面存在差异，因此各国比较优势以及相应贸易模式就会发生动态变化。该模型首次考虑了资本积累对贸易模式的影响，描述了比较优势的长期变化趋势。这些研究弥补了古典理论中静态分析的局限，将禀赋比较优势模型从静态发展到动态。

虽然禀赋模型在理论上很完美，然而里昂惕夫（1953）实证研究发现，资本丰裕的美国出口的却是劳动密集型产品，而进口的却是资本密集型产品，这个发现被称为里昂惕夫悖论。里昂惕夫悖论及随后的实证研究对资源禀赋模型造成了巨大的冲击，因此，以李默代表的学者们对里昂惕夫悖论进行了深入的研究。李默（1980）证明里昂惕夫的测试方法是错误的。里昂惕夫比较了进口品和出口品的资本劳动比率，而李默认为正确的方法应该是比较净出口的资本劳动比率和国内消费品的资本劳动比率。这些学者的实证研究进一步完善了H–O–V模型，同时促进了比较优势理论的发展。

二、现代比较优势理论的主要发展

20世纪80年代以来新贸易理论和内生经济增长理论的兴起，以赫尔普曼、克鲁格曼为代表的主流学者在H–O–V模型基础上关注规模经济、干中学、研究与开发（R&D）和产品质量差异等因素对比较优势理论的影响，而其他学者则引入专业化与分工和中间产品等概念，对李嘉图比较优势模型进行了扩展。

赫尔普曼（1981）以垄断竞争模型为基础考察比较优势。在模型中，一个国家在封闭状态下具有报酬递增的差异产品数量很少，伴随着贸易的发展以及由此带来的消费需求增加，促进了厂商的规模效益提高。这里的贸易收入增长来源于规模经济所带来的比较优势的发挥。克鲁格曼（1987）则引入干中学来分析比较优势的动态演变，认为干中学所带来的外部规模经济是技术进步的唯一源泉。在规模经济发生作用的条件下，生产者和消费者对差异产品的追求是国际贸易产生的原因，对规模经济效益的追求，进而对获得超额利润的追求是国际贸易产生的直接动力。

格罗斯曼和赫尔普曼（1989，1990）引入知识资本从R&D角度提出了动态比较优势模型。他们发展了一个一般均衡动态模型，该模型基于知识资本和差异产品，将贸易模式取决于各国企业所拥有的知识资本的数量。各国在R&D上投资的规模决定了新产品的开发能力，间接地影响了国际贸易的格局。这样各国创新行为的演进会导致各国相应商品比较优势发生动态变化。在长期均衡状态下，如果知识资本相对丰裕的国家同时进口创新产品和传统产品，那么传统产品的进口份额会大于创新产品的进口份额。因此，他们的模型关于贸易模式和格局的均衡路径是符合H–O–V模型预测的。

杨小凯（1991）用超边际分析修正了禀赋比较优势分析框架只关心资源配置的问题，不关心专业化和分工的缺点；提出了一个新兴古典经济学的李嘉图模型。他认为人们之间不一定有与生俱来的差别，即可能不存在外生比较优势。但当专于不同行业时，他们就会通过专业化而获得比外行高的生产率，因此内生比较优势会随着分工的发展而不断被创造和增进。也就是说，如果一国内生比较优势大于外生比较劣势，那么一国仍将出口有外生比较劣势的产品。他们抛弃了新古典研究框架，将比较优势的分析置于一个以内生专业化与分工为核心的新兴古典经济学框架中，重新将古典经济学中关于分工与专业化的思想变成决策与均衡模型。

第四节 农业布局的区位理论

一、农业区位论

农业区位论产生于19世纪二三十年代，其标志是1826年德国农业经济学家杜能（J. H. von Thunen）的著作《孤立国》。它的产生与19世纪德国乃至整个欧洲的社会历史背景和生产力状况分不开。当时，90%的人口居住在不大的村庄里，农业生产以粮食为主，根本没有化肥和新式农具以及先进的交通工具，产量十分低下，牧业也是农村重要的生产构成。当时农村发生着巨大的变革，德国某些地区的封建领主以比较优惠的条件把土地出租给农民，导致了领主庄园制、农奴制的瓦解，以及以自然经济为主的农业体制逐步由庄园制向租佃制的转变，从而发生了以下一些变化，直接促成用来阐明和解决农业生产的区位选择问题的农业区位论的产生：

第一，土地资源成为真正的私产，不再是所有权不明确的封建财产。对地主来说，土地肥沃意味着可以增进地租；对农民来说，土地肥沃就可以提高产量和增加收入。土地的投资问题直接影响到土地所有者和使用者双方的经济利益。

第二，废除了农奴制，土地的耕种者获得了自由，从而解放了生产力，提高了劳动者的积极性。生产规模得到扩大，产品逐渐丰富乃至富余，推动了农村商品经济的发展和市场发育。

第三，市场调节发挥作用。市场机制开始起到激励农业生产规模、品种和产量的作用，农民的产品都注入市场，他们的生活状况也随着市场粮食价格的波动而波动。因而在土地利用时，农产品种类的选择成为必须考虑的因素。

第四，农民获得了向城市移民的自由，农村的人口开始急剧地涌向城市。这一方面促进了城市的发展，随着城市人口的增加，工商业和农贸业越来越重要，农村的生产活动与市场联系越来越紧密；另一方面，提高了农业生产效率，降低了农业生产成本。

第五，生产力水平的提高，导致生活水平的提高和人口数量的增加。相对于有限的土地资源，人口数量的剧增给土地的利用带来很大的压力，因而农业土地的生产规模和土地经营集约化程度在农业发展中是迫切需要解决的问题。

第六，落后的交通运输工具和农村特有的地理位置特点，决定了农产品生产地到农产品消费地的距离成为影响农产品种植种类分布的重要因素。

杜能在《孤立国》中提出了著名的孤立国理论：假定有一个孤立国，它全是沃土平原，但与别国隔绝，没有河川可通舟楫；在这一孤立国中有一个城市，远离都市的外围平原变为荒芜土地；都市所需农产品由乡村供给，都市提供农村地区全部加工品。在这种假设下杜能提出了各种产业的分布范围，或者说它们的区位。他把都市外围按距离远近划成6个环带，这些环带后来被称为杜能环。第一个为自由农作区，距离都市最近，主要生产新鲜蔬菜、牛奶等。由此向外，距离变远，运费增加，新鲜农产品可能因来不及运抵城市而腐烂并失去价值。故这一个圆形带生产新鲜农产品不如其他产业生产有利，从而使这个带转变为别的农作物生产区。杜能根据当时的价格计算，在第一个环外生产粮食没有木材生产利润大，因此形成了第二环林业带，生产木材供应都市能源消费。在第一个杜能环内不能发展林业是因为新鲜农产品生产与林业对比能获得更大的利润，两种资源竞争排挤了林业。完全类似，林业带也呈环状。依次导出第三环为谷物轮作区，第四环为谷草轮作区，第五环为牧业区，第六环为荒芜土地。地租的差别全视距离都市远近而定，越近都市，地租越高，远则反之。

杜能从区位地租出发，得出了农产品种类围绕市场呈环带状分布的理论化模式，从而为以后区位论中两个重要规律——距离衰减法则和空间相互作用原理的出现作了准备。为此，后来的区位理论界，一致将杜能尊为区位理论的鼻祖。由于杜能的理论最初是针对农业的，因而这一理论被称为"农业区位论"。在实际应用中，杜能的理论不仅适用于农业，而且适合于资源连续分布且市场呈点状分布的情况。

二、对农业区位论的评析

杜能的区位论有以下基本特点：地域是匀质的、各向同性的；地域是封闭的；资源开发者承担运费和损失，自由竞争并力图获得最大收益；资源开发者相互独立并排除局部地区为自身消费而从事的产业与偶然因素的干扰；区域内只有一个位于中心的点市场，资源分布在整个空间。在杜能的《孤立国》模式的理论假定条件下，在什么地方种植何种作物最为有利完全取决于利润。而利润（P）则是由农业生产成本（E）、农产品的市场价格（V）与把农产品运到市场上的运费（T）三个因素决定的。用公式表示就是：

$$P = V - (E + T)$$

杜能的农业区位论的中心思想是要阐明，农业土地利用类型和农业土地经营集约化程度，不仅取决于土地的天然特性，更重要的是依赖于其经济状况，其中特别取决于它到农产品消费地（市场）的距离。这样杜能就从农业土地利用角度阐述了农业生产的区位选择问题。杜能在论证中广泛地运用了当时已经流行的英国古典经济学中的价值法则、地租等方面的理论作为自己的理论基础。使用的方法则是当时在理论研究中普遍采用的抽象法，或称为"孤立化"方法。后来的区位论，特别是空间相互作用和城市地域结构理论，都是以杜能的学说作为出发点。

杜能对区位经济理论的主要贡献是采用的"孤立化"研究方法，为以后区位论学者所采用；从极差地租出发，建立了合理的农业集约化经营模型，不仅被广泛地应用于农业，也广泛地应用到工业和地区布局的研究中；以从生产地到消费地之间的运输费用

都市型现代农业的理论与实践

差异,建立了农业生产的空间差异模型,这一主导因素分析法成为区位研究的基本立足点。

随着社会的进步和经济技术的发展,杜能的理论模型与现实存在的农业区位之间出现了差异。例如,现代交通运输业的发展,使生产地与消费地之间的经济距离和时间距离较之它们的地理距离大为缩短;通过经济政策,制定特殊运价率,使得远离消费地的地点也可能生产单位重量价值较低的产品。因此,到了运输业高度发达、运费在农产品市场价格中所占比重愈来愈小的今天,过分突出运输费用是无法与现实模型相一致的。新的农业布局区位论认为,任何农业模式都是多个因子综合作用的产物,在不同的历史条件下,不同的因子所起的作用也会随之发生变化。

三、农业区位论对中国农业发展的现实意义

(一) 中国的农业发展必须遵循农业区位论的空间法则

任何经济活动都发生在一定的区域内部,区域经济的产生离不开以下几个客观基础。首先是区域间存在自然禀赋的差异。它包括自然条件的不同、资源的稀缺性、分布的不均衡性和不完全流动性。其次是区域空间距离的不可消除性。人类的经济活动离不开地域空间,有空间就有距离。既然要进行经济活动就会产生运动,产生位移,就要克服空间的距离限制,支付距离成本。即使是一切条件都均质的情况下,距离的远近也会导致距离成本的不同。最后是经济活动的趋利性。任何经济活动都有谋求利益的目的。经济活动的趋利性在空间上表现为集聚经济或规模经济(效应)。在此基础上的经济活动都表现出一种空间上的客观规律,农业区位论的基本宗旨就是寻求人类从事农业生产活动所表现的这种空间规律,也称为"空间法则"。它主要表现为最低运输费用和最低生产成本,这是杜能提出的区位目标。由于最低的购买价格,最低运费和最低生产成本的区位不一定能保证取得最大利润。为了保证最大利润,必须寻求具有最大市场的区位,相应地要求最大的吸引范围和腹地,如中心城市的区位;最优地利用社会经济基础,以求获得最佳的生产、生活条件。由于这一基本"空间法则"与市场经济通过市场机制实现资源优化配置的内在要求具有一致性,因此,中国的农业经济发展必须遵循农业区位论的基本宗旨。

(二) 农业区位论在中国农业经济中的现实运用

从中国的现实国情来看,农业区位论还存在着巨大的适用空间。首先,城乡关系还基本上体现为农村包围城市,城市为农村提供加工产品,农村为城市提供农产品的这样一种相互依赖的现实情况。例如,市民日常所需的蔬菜、禽蛋、水果乃至肉类大都来自城市郊区或周围的农村,跨区域的农产品在城市的市场上并不占主导地位。因而在一定的区域范围内可以实现孤立国的假设。特别是中西部一些边远地区的农村,由于交通闭塞,生产力水平相对较低,农产品只能供给就近的城镇。而农村的日用品和工具则通过城镇获得(有城镇生产的,也有外部供应的)。在这些地区,城乡的距离成为影响农民

收入的关键因素。这与杜能所处的19世纪初的德国农业状况极为相似,农业区位论在这些地区普遍适用。

其次,从市场特点来讲,中国虽然建立了粮食大市场,但是由于市场机制不健全,市场信息不灵通,造成农副产品丰收成灾和资源浪费的例子数不胜数。而与人们生活紧密相关的城镇的小农贸市场却异常发达,参加交易的仍然是城镇居民和来自城镇周围的农民。现在一些地方还有赶集或者赶墟的习惯,所谓"集"或"墟"实际上是资源分布在周围的点状市场,它们的长期存在为农业区位论的运用创造了条件。

再次,中国的交通格局非常复杂,交通状况和运输手段的区域差异较大,发达和很不发达交错并存。西部地区由于特殊的地理地形特点,多山地和高原,交通运输相对落后,这些地区的农产品运输成本比较高,而且由于土地利用类型不同(如在山坡地,不同高度要求种植不同作物),对农产品生产的分类和布局有很大的影响。农业生产要减少成本必然要考虑土地的天然特性、运输距离和农产品种类等因素。东部地区虽然水陆交通发达,但运输手段和发达国家相比还是比较落后,特别是大型运输能力差,运输途中的农产品贮藏保鲜技术水平低,如果运输距离和时间过长,途中的损耗可能较大。因此,从中国交通运输的实际状况来看,运输费用和生产成本最低的农业区位目标显得尤为重要。

最后,中国农村普遍推行家庭联产承包责任制,使农民有了农业生产的自主权,调动了农民的生产积极性,农民可以自主地决定农产品的种类和产量。为了获得最大利润,在决定农产品种类和产量时,必须考虑区位因素,如市场距离、土地状况等。通常,城市近郊的农民种植蔬菜等新鲜易腐产品,稍远一些则种植果林,更远的才会种植小麦、水稻等粮食作物。

(三) 农业区位论对中国农业产业结构调整的启示

中国是一个以落后分散的小农经济为基础的发展中国家,人多地少、可耕地面积尤其稀缺,这是基本国情,也是中国农业政策选择的基本出发点。按照农业区位论,农业产业结构调整应当注意两方面的问题:第一,农业结构调整必须同生产力水平相一致。由于中国地域广阔,地区发展差异很大,生产力水平高低不一,对农业结构的要求也大相径庭,因此,农业的结构调整一定要与生产力水平相适应。第二,农业结构调整必须因地制宜,使中国农业经济发展符合国情,符合广大农村的实际情况。在农业集约化经营和农业产业化问题上,充分考虑各地区农业生产的区位选择,利用区位优势,调整农产品供给和贸易结构,推进农业发展。例如,在东部平原的农村发展粮食作物规模化和产业化经营,在中西部一些贫困地区可以发展农副产品多元化经营;沿海地区则可以发展近海养殖和远海捕捞;城市附近农村可以发展蔬菜、果品加工业和花卉产业。

第五节 城乡一体化发展理论

一、国外学者对城乡一体化理论的探讨

(一) 马克思、恩格斯有关城乡一体化发展的论述

马克思指出,实现共产主义必须消灭城乡差别、工农差别、体脑力劳动之间的差别。他在《政治经济学批判》(1858)一书中首次提出了"乡村城市化"理论。恩格斯是最早提出"城乡融合"概念的人。他在《共产主义原理》中说:"乡村农业人口的分散和大城市工业人口的集中只是工农业发展水平还不够高的表现,……通过消除旧的分工,进行生产教育、变换工种、共同享受大家创造出来的福利,以及城乡的融合,使社会全体成员的才能得到全面的发展。"他认为实现城乡融合就是,工人和农民之间阶级差别的消失,城市和乡村的对立消失,人口分布不均衡现象的消失以及大家共同享受福利。

斯大林认为:"这不是说,城市乡村之间对立的消灭,应当引导到'大城市的毁灭'。不仅大城市不会毁灭,并且还要出现新的大城市,它们是文化最发达的中心,它们不仅是大工业的中心,而且是农产品加工和一切食品工业部门强大发展的中心。这种情况将促进全国文化的繁荣,将使城市和乡村有同等的生活条件。"由此看出,斯大林把"城市和乡村有同等的生活条件"作为实现城乡一体化的一个标志。

(二) 现代学者的理论认识

在英文和法文的城市科学资料中,没有"城乡一体化"的词语,比较相近的是"城乡融合"(urban-rural composition),意指自20世纪以来,西方国家的一些制造业从原先的大都会向较小的村落或尚未工业化的地区转移,从而形成城市和乡村相混合的新型区域。

在城市学和城市规划学界,最早提出城乡一体化思想的是英国城市学家埃比尼泽·霍华德。他于1898年出版了《明日:一条通向真正改革的和平道路》,1902年再版时改名为《明日的田园城市》,倡导"用城乡一体化的新社会结构形态来取代城乡对立的旧社会结构形态"。他在序言中说:"城市和乡村都各有其优点和相应缺点,城市和乡村必须成婚,这种愉快的结合将迸发出新的希望,新的生活,新的文明。"他认为应该建设一种兼有城市和乡村优点的理想城市——"田园城市"。田园城市实质上是城和乡的结合体,包括城市和乡村两个部分,城市四周为农业用地所围绕。城市的规模必须加以限制,农业用地是保留的绿带,永远不得改作他用。

美国著名的城市学家刘易斯·芒福德(Lewis Mumford)对霍华德的城乡一体化思

第三章 都市型现代农业发展的理论研究

想大加赞扬,他认为"霍华德把乡村和城市的改进作为一个统一的问题来处理,大大走在了时代的前列"。20世纪60年代,他明确指出:"城与乡,不能截然分开;城与乡,同等重要;城与乡,应当有机结合在一起。"他主张建立许多新的城市中心,形成一个更大的区域统一体,通过以现有城市(但要大大的分散)为主体,把"区域统一体的发展引到许多平衡的社区里,就可以使区域整体发展,重建城乡之间的平衡,还有可能使全部居民在任何地方都享受到真正的城市生活的益处"。

亨利·赖特及克拉仑斯·斯坦因提出"区域城市"的设想,即通过建立整体化的、清晰的区域交通网络,在交通轴交叉点形成城镇集聚,构成多中心城镇功能以及相对集中的空地系统。也有一些人认为,现代农业的发展将促进中心城市达到更高程度的经济与生态协调,从而使中心城市成为第三、第二、第一产业空间上的梯度布局,形成大、中、小城市群体在空间形态上呈区域化的特征,即区域城市(regional cities)。

加拿大学者麦基(T. G. McGee)基于对亚洲一些国家的研究提出了"desakota"概念,即城乡一体化区域,它是一种以区域为基础的城市化现象。这种建立在区域综合发展基础上的城市化形态,实质就是城乡之间的统筹协调和一体化发展。其主要特征是高强度、高频率的城乡之间的相互作用,混合的农业和非农业活动,淡化了的城乡差别。

以上论述说明,马克思、恩格斯、斯大林和资本主义城市理论家对城乡一体化的理论认识是基本相同的,即城乡一体化是生产力发展到一定水平,重建城乡平衡,使全部居民在任何地方都享受同等生活条件的城市发展的最高境界。

二、国内学者对城乡一体化理论的探讨

(一)城乡一体化的内涵

明确提出"城乡一体化"的是我国的学者,它源于我国典型的"二元社会"格局,因而对城乡一体化的论述也就围绕着城、乡两个系统的经济、社会、生态等方面的一体化进行展开。社会学者认为城乡一体化是指相对发达的城市和相对落后的农村,打破相互分割的壁垒,逐步实现生产要素的合理流动和优化组合,促进生产力在城市和乡村之间的合理分布,城乡经济和社会生活紧密结合与协调发展,逐步缩小直至消灭城乡之间的差别,从而使城市和乡村融为一体。经济学界通过分析经济发展规律,从城乡生产力合理布局角度出发,认为城乡一体化是现代经济中农业和工业联系日益增强的客观要求,是统一布局城乡经济,加强城乡之间的经济交流和合作,使城乡生产力优化分工、合理布局、协调发展,以取得最佳的经济效益。从区域生态经济系统出发,有学者认为城乡一体化并不是城乡无差别的境界,而是一种区域生态群落的合理分布;城乡一体化应是城市没有制度上的堡垒,乡村没有政策上的栅栏,是"一种区域生态经济良性平衡系统的高境界"。又有学者从可持续发展和空间概念出发,认为城乡一体化是实现城乡经济、社会、文化持续协调发展的过程,主要包括城乡职能一体化和空间一体化等。

65

（二）城乡一体化研究领域

最初，受农工商联合发展的启示，研究主要集中在城乡经济一体化，将城乡一体化作为一种手段来优化配置生产要素，以便确保城乡协调发展。在此基础上提出了城乡发展战略一体化、经济管理一体化、商品市场一体化、经济活动网络化、利益分配合理化等对策思路。其后，研究领域扩展到户籍管理、就业、教育等更为广泛的制度领域，对传统的城乡分割体制的改革进行探讨。目前，研究领域扩展到政治、经济、生态环境、文化、空间等各个方面，认为城市与乡村最终将成为一个互相依托、互相促进的统一体。

（三）城乡一体化的动力机制

有学者认为现阶段我国城乡一体化发展的动力有内部和外部动力。首先，内部动力是乡村城市化和城市现代化。乡村城市化是指乡村地域中传统社区向城市现代社区的逐步演变，使留在乡村的居民逐渐享受到现代城市文明的过程。通过这一过程，乡村的就业结构、人口居住地和居住方式、生活方式、价值观念都发生改变，城市从乡村中产生。但是，乡村城市化并不是城市的"全城化"，而是使乡村与城市居民在不同地方共享平等的物质文明和精神文明，使乡村与城市协调发展。乡村人多地少、劳动力大量剩余是乡村城市化中来自乡村内部的推力，城乡收入分配、生活方式、生活质量的差异是乡村城市化中乡村外部的城市的拉力。在两种力的作用下，实现乡村城市化。乡村城市化是我国城乡一体化在乡村发展的主要动力。城市现代化是通过城市现代化建设，提高中心城市的经济辐射力、吸引力、综合服务能力，使城市对乡村的带动能力增强，对区域内乡村的发展起推动作用。其次，外部动力是改革开放政策和外资的引进。改革开放有利于打破城乡分割壁垒，改革开放政策作为城乡一体化的外部动力，将影响城乡一体化进程的始终。外资的引进则是解决城乡一体化发展资金不足的有效方式。

也有学者认为城乡一体化的动力机制是城市化和农业产业化。农村的发展不能单靠城市化的辐射，也不能盲目推行农村工业化，造成生态环境的破坏。实现城乡一体化必须两头动，即依靠城市化和农业产业化的推进。

（四）城乡一体化实现模式

对城乡一体化的实现模式国内理论界主要有三种观点。

1. 城市主导型模式

汤正刚认为"城区的经济辐射功能和'市带县'的城市主导作用"是实现城乡协调发展的基本动力；上海《城乡一体化课题组》（1991）研究认为"实现城乡一体化，主导在城市"；石忆邵、何书金认为大城市的向心力和离心力是城乡一体化的动力。这些学者的观点都强调城市的作用，把城市的作用放在主导地位，通过城市的辐射、吸引功能，依靠城市的优势带动周边农村的发展，最终实现城乡一体化。这种模式的实施方向是从上而下。

2. 小城镇主导型模式

有学者从小城镇出发，研究小城镇在解决农村就业、带动农村经济发展中的作用，认为发展小城镇是实现农村城市化的有效途径。主要观点是城市的产生来自农村集镇的发展，农村城市化不能抛开农业和农村。发展小城镇可以吸纳农村剩余劳动力、集聚乡镇企业，通过人口、经济要素的集中促进小城镇功能转变、规模扩大，缩小小城镇与城市的差别，而小城镇对农村发展的带动又缩小村与镇的差别，最终缩小城乡差别。此种模式以小城镇的发展为主导，通过小城镇与上（城市）下（农村）差距的缩小来实现城乡一体化。对大城市（都市区）而言，这种模式也可表现为郊区城市化模式，即通过郊区城市化来缩小城（市区）乡（郊区）差别，实现城乡一体化。该模式的实施方向总体来看是自下而上。

3. 城乡结合统筹发展模式

城乡结合统筹发展模式也称区域城乡一体化模式，在大城市表现为都市区城乡一体化。提出这种理论的是胡必亮，他认为在推进城镇化的过程中，必须将一个区域的整体力量发挥出来，而不仅是促进其中城中心区域的发展。也就是一方面要充分发挥主导城市对整个区域在整体功能定位、发展规划、产业结构、市场结构、基础设施布局等诸方面的主导作用；另一方面要建立区域范围内系统的、完善的城镇体系，做到大、中、小城市及镇在本区域范围内合理布局，进而使区域整体效益得以发挥，最终促进区域范围内城乡经济、社会联系不断增强，实现城乡协调发展的目标。在此过程中，关键的因素不是单个城市的规模大小，而是区域内城市之间、城乡之间联系的强弱程度。也就是说，"联系"是其中最重要的因素。与"规模"相比，"联系"是一种更为深刻、更为本质的内在变量。"联系"就是这种新的城镇化模式区别于传统城市化模式的最根本要素。在这种模式下，发挥了上（城市）下（乡镇）双向作用，上下同步实施，更多地体现了城、乡的结合与统筹。

第六节 农业多功能理论

20世纪90年代以来，"农业多功能性（multifunctionality）"越来越引起世界的广泛关注，在环境、农业和国际贸易谈判中，"农业多功能性"被频繁使用并经常引起激烈的争论。农业多功能性问题，最初是贸易保护主义范畴的问题。在20世纪80年代末和90年代初，日本为了保护国内的稻米市场，在与美国等农产品出口国贸易谈判中获得优势，最先在其"稻米文化"理念中提出了农业多功能性的概念。之后，这一概念得到与日本相似的农业生产条件和贸易立场的韩国的响应。欧盟一些国家也相继加入日本和韩国阵营，日本还与东盟十国联合开展了"可持续农业与稻田多功能性"合作项目研究，将这一理念向东盟国家渗透和推广。从此，农业多功能性概念相继出现在《21世纪议程》、《罗马宣言和行动计划》等联合国的决议和国际会议宣言之中。

经过近年来的发展，农业多功能性已经突破了传统农业经济理论和贸易保护主义的范畴，其内涵更为丰富，并被赋予了重大的经济和社会意义，这是对传统农业经济理论的推进。但是，由于农业多功能性是一个新问题，同时涉及世界各国的经济、环境、文化等多方面的利益，对农业多功能性的界定在国际社会一直无法统一。目前，世界经合组织（OECD）、联合国粮食与农业组织（FAO）、欧盟这三个国际组织对其的界定比较具有代表性。

一、OECD 对农业多功能性的界定

1998 年 OECD 农业部长委员会宣言中指出，除了基本的提供食物和纤维的功能外，农业活动还能改变陆上风景，提供诸如土地保护、对可更新的自然资源的可持续管理、保护生物多样性等环境利益，同时对于很多农村地区的社会经济生存有利。除了其基本的生产食物和纤维的角色外，当农业还具备一个或多个功能时，那么它就是多功能的。

OECD 采用了新古典主义经济学方法，希图通过理论分析建立一个用于分析农业多功能性的一般框架，在此基础上将该框架用于分析农业政策的合理性及其效果。OECD 认为农业之所以存在多功能性是因为其包括两个关键因素：多样的商品和非商品的农业联合产出的存在；一些具有外部性或公共物品特征的非商品产出，这些产出不能由市场所提供或市场功能失灵。

农业生产过程包含着农业商品产出，同时产生正、负非商品产出，粮食等农作物的生产属于商品性功能，而国土资源保持、水资源养护、自然环境保护、自然景观形成、传统文化的继承等属于非商品性功能。非商品性产出很难进行价值量化和产权边界的界定，但农业非商品产出的价值使得农业的实际价值远远大于农产品本身的价值。通常，商品产出和非商品产出是同时出现并紧密关联，这种非商品产出导致了农业具备食品生产之外的其他功能。

非商品性产出导致农业存在公共产品的特性和外部性等市场失灵特性。按照萨缪尔森对公共产品判定的两个原则：一是消费的非竞争性，即增加一个公共产品的消费者带来的边际成本与边际拥挤成本皆为零；二是收益的非排他性，无法排除他人对该物品的占有和享用。农业所提供的许多非商品产出，如自然景观形成、传统文化的继承等具有不同程度的非排他性和非竞争性，即农业具有公共产品或准公共产品的部分特性。

农业的外部性是指某种经济活动能产生使他人得到附带的利益或使他人受到损害，而受益人或受害人无须付出相应的报酬或无法得到赔偿的现象。农业外部效应的产生是农业自身生产经营所无法避免的，如作物生长光合作用所产生的氧气属于正外部性，农业的化学残留物污染等属于负外部性。

基于农业的非商品产出与市场失灵原理，OECD 认为农业的各种非商品产出差异极大，在政策制定时要考虑与农业活动本身联系的方式及其相互联系、从商品产品中可分离的程度、对特定地区要素的依赖性和非农业提供的可能性等。

针对农业的公共产品和外部性特征，OECD 认为当私人产品和公共产品结合生产时，应让市场力量自由决定产量水平、消费和私人产品的贸易，同时通过政策措施解决公共产品和外部性问题。每一个公共产品或外部性目标应通过独立的政策工具直接影响

目标变量。

OECD 的 1999 年部长会议中，日本提出农业多功能性的主张，主要有水土保持，包括防洪，防止土壤流失，防止土石崩塌；粮食安全；涵养水源；保护自然环境，处理有机废弃物，包括分解与消除污染物质，净化空气，维护生物多样性及保护野生动植物；维持及活化乡村社区；文化传承；乡村休闲；地理景观的形成。

二、FAO 对农业多功能性的界定

FAO 对农业多功能的界定比较注重从实证角度界定，将其称为"农业和土地的多功能特征"（The Multifunctional Character of Agriculture and Land，MFCAL）。FAO 在界定 MFCAL 时遵循了四个基本原则：以更宽阔的视野考察农业对整个社会产生的贡献；提供一个评估框架用以评估农业多功能性与土地使用之间的关联和协同关系；在不同的范围和层次考察城市与农村区域之间的动态关系；在全球背景下既考虑到农业为主导的国家，同时也考虑到农业和农村人口比重很小的工业化国家。由此，FAO 定义了农业多功能性的四个基本特征：食品安全；环境外部性，包括正外部性和负外部性；经济功能，包括食物供应等基本功能外，还有影响经济系统稳定性的功能；社会功能，包括维持农村社区和农业文化的存续。

三、欧盟对农业多功能性的界定

欧盟对农业多功能性的界定主要体现于其共同农业政策（Common Agricultural Policy，CAP）之中。CAP 是欧盟内实施的第一项共同政策，其目标是提高农业生产力，确保农业生产者合理适当的生活水准，稳定农产品市场和农产品供应，提供消费者合理价格，使欧盟农业免遭外部廉价农产品的竞争。CAP 自 1963 年开始实施以来，先后经历了 1984 年、1992 年和 1999 年几次调整与改革。随着 CAP 的不断调整和改革的不断推进，农业多功能性问题在 FAO 中占据着越来越重要的地位，开始成为欧盟农业政策的重要导向之一。

1992 年 CAP 首次开始农业多功能性实践，从根本上转变了 CAP 的发展方向和功能。改革主要内容包括：削减对所有主要农产品支持价格水平；削减耕地面积；对粗放经营的畜牧业生产者增加补贴；实施"农业环境行动项目"，鼓励为环境利益而进行低强度的耕作，资助农业用地的森林再造；对农业生产者实行提前退休制度；扶持山区和条件差的地区发展农业；等等。

1999 年，欧盟通过了《欧盟 2000 年议程》，强调了欧盟农业发展的多功能性、可持续性和竞争性特征，是共同农业政策为增强农业多功能性的一次激进改革。其主要目标之一就是建立欧洲农业模式，强调欧洲农业"第一支柱"的同时更加强调"第二支柱"。第一支柱是市场支持，包括通过税收、调节价格、配额、补贴等市场和价格政策，第二支柱则强调农业的多功能性，主要指的是农村发展。

2003 年 6 月，欧盟委员会对在《欧盟 2000 年议程》进行中期评估的基础上通过了新的 CAP 改革协议。协议一方面向农民提供补贴，鼓励农民参与农产品质量安全计划，加强对环境、食品安全、动物健康和动物福利标准的要求；另一方面，加强农村发展，引入强制性动态调整机制，削减大农场的直接补贴，将节余的资金转为农村发展基金。

2005年9月，欧洲农村发展基金正式启动，标志着 CAP 第二支柱的全面建立，早期的相关规则被完全取代。新的 CAP 目标细分为三个"轴"：一是提高农林部门竞争力，对农业和林业及其从业人员的支持；包括投资、培训、帮助老年农民退休和年轻农民的启动支持，提高农业和林业的竞争力。二是改善乡村环境，对林农在环境管理方面的支持；包括生物多样性管理、污染控制、景观维护以及在原有农田上植树等的支持，以改善环境。三是农村发展，促进多样的农村经济和文化活动，以提高农村地区生活质量；增加传统农业的色彩，不只以产量导向，还追求保持赏心悦目的农村风光和充满活力的农村社区，以及形成和保持稳定的农业就业。第二支柱标志着欧盟共同农业政策的基本目标和执行重点开始全面转向农业多功能理念。

四、WTO 框架下关于农业多功能性的争端

对农业多功能性这一理念的认同，世界各国意见并不一致，已经成了贸易自由主义和农业保护主义争论的焦点之一。特别是在 WTO 框架下，关于农业多功能性的争端集中体现了农业出口国和农业补贴国两大集团的利益之争。

支持农业的多功能性的是非贸易关切集团（Group of Non-trade Concerns），简称 NTC 集团，于 2000 年 7 月组成，成员包括欧盟、日本、韩国、瑞士、挪威及毛里求斯等。NTC 集团主要诉求为在谈判过程中必须充分考虑非贸易关切事项，主张因农业具有粮食安全、乡村发展及环境保护、生物多样性、农村文化及农村景观等功能，因此必须准许成员国给予农业适度的保护与弹性。

而美国和凯恩斯集团国家认为，人类活动都具有多重功能，"农业多功能性"这一新概念没有任何理论指导和实践意义，只能被用来作为反对贸易自由化的工具。美国并未对政府解决农业非商品供给问题的合理性提出质疑，但强调应以不扭曲贸易的方式来解决这些问题。凯恩斯集团也极力反对关于农业多功能性的提案，认为每个国家都有权利提出其非贸易目标，但重要的是要分辨出哪一项政策能够最好地实现这些非贸易目标。凯恩斯集团表示支持发展中国家的粮食安全和农村发展的目标，但反对将农业多功能性提案引入贸易谈判。

凯恩斯集团是由不实行农业补贴政策的农产品出口国组成，目的就是争取取消农业的国家补贴政策，改变由此造成的国际农产品贸易的扭曲状况。然而，农业多功能性和非贸易关注的提出进一步增加了凯恩斯集团实现目标的难度。

从国际组织对农业多功能性的界定可以看出，虽然界定的理论基础、方法、涵盖范围各不相同，但农业的食品供应功能之外的经济功能、社会功能、文化功能或者已经成为国际组织农业政策的重点，或者成为国际贸易争端的焦点，其重要性甚至已经远远超过了农业的基本功能。

五、我国关于现代多功能农业价值的理论研究

（一）现代多功能农业的含义及其研究意义

1. 现代多功能农业的含义

农业多功能性原本为贸易保护主义范畴，但到21世纪以来其内涵已大为丰富，并被赋予了更为重大的经济意义和社会实践价值，深化了人们对传统农业理论的认识。目前，我国关于现代多功能农业含义的代表性观点主要有以下几种：

李健和史俊通认为，现代农业的多功能性主要是指农业部门除了提供粮食等基本农产品以外，还肩负着不断扩大的经济、环境、生态等社会功能。周淑景认为，多功能农业是指农业不仅要向人们提供更多、更好的特定产品以满足社会不断增长的基本需求，还要承担其他日益增多与不断扩大的经济、社会、生态功能，如环境保护、水资源管理、国土整治、维系自然资源的永续利用、保持生态平衡、扩大就业、推动和促进整个国民经济的可持续发展等。据此认为，多功能农业同传统意义上的生产农业相比，无论是内涵还是结构都已发生重大、突出的变化。张世兵也赞同这一看法，并认为多功能性农业日益成为国民经济真正意义上的基础结构部门，已不再是一个简单的农业产品生产部门。乌东峰和谷中原认为多功能农业是人类科学利用所有农村社区资源进行生产，从而达到促进农业和农村可持续发展的目标，同时展现经济功能、社会功能、人文功能和生态功能，进而产生和谐的经济、社会、人文和生态效益的农业经营模式。陈锡文认为，对现代农业多功能性加以阐释，可以让人们重新审视农业，并充分意识到农业发展好了，不但能够保障粮食稳定供给，促进农民就业与增收，提供多种农副产品，还能在加快工业化的进程、缓解当前的能源危机、推动以生物质产业为主导的产业革命、传承历史文化、保护生态环境等方面发挥重要功能。因此，农业除了有巨大的经济功能外，还具有更大的社会功能，发展农业不但是农民的责任，更是全社会的责任。

中共中央国务院《关于积极发展现代农业扎实推进社会主义新农村建设的若干意见》中提出，开发农业多种功能，健全发展现代农业的产业体系，农业不仅具有食品保障功能，而且具有原料供给、就业增收、观光休闲、生态保护、文化传承等功能。建设现代农业，必须重视开发农业的多种功能，向农业的广度和深度进军，促进农业结构不断优化升级。

从以上的阐述不难看出，学界对现代多功能农业的定义虽各有侧重，但都体现了以下三个层次：一是关于现代农业的多种功能，主要有经济功能与社会功能。经济功能有粮食安全功能、农民就业增收功能、原料供给功能等，社会功能主要有生态保护功能、观光休闲功能、文化传承功能等。二是经济功能和社会功能之间关系是相辅相成、相互影响。三是关于农业的可持续性问题，许多学者认为多功能农业一定要是可持续发展的。

2. 现代多功能农业价值的研究意义

陈锡文认为我国提出和强调农业的多功能性,不仅有很强的现实意义,还有深远的历史意义。主要有以下四方面:①加强对现代农业多功能价值问题的研究,能为整个社会重新认识农业拓宽新视野。②能为构建大农业的产业体系提供充分的理论依据与支撑。③可为当代农业摆脱它本身的弱质低效开辟新的途径。④可进一步揭示出农业与国民经济各大部类之间的相互关系。

乌东峰、谷中原认为,虽然多功能农业在整个农业经营领域所占比例不大,但它具备传统农业根本无法比拟的优质特性与产能效益,将来必成为人类农业可持续发展的新坐标。尹成杰认为,现代农业多种功能性的充分发挥有利于巩固与强化农业的基础地位;有利于加快现代农业建设与发展;有利于推进新农村建设;有利于提高农产品乃至农业在国际上的竞争力;有利于实现农业与农村的可持续发展。可见,我国对现代农业多功能的理论与实践意义有较充分的论述,都涉及农业本身现代价值的实现与可持续发展等问题。

(二) 现代多功能农业价值的表现形式

现代多功能农业价值主要有经济价值与社会价值,经济价值有粮食安全、原料供应、市场贡献、就业增收等;社会价值有生态功能价值、能源价值、观光休闲价值、文化传承价值等。

尹成杰认为,农业在现代社会中发挥着多种功能,具有重要的价值,至少有以下几种:①食品保障功能价值,为整个国民经济发展提供赖以生存的食品供给。②原料供给价值,能为轻工业生产提供丰富原材料。③为其他产业发展提供市场的价值,可为本国工业产品提供市场。④就业与增收方面的价值,是农民就业增收的重要产业。⑤劳动力输出方面的价值,为其他各个产业部门的发展提供大量的劳动力。他还认为在当代新的环境和技术条件下,农业的多功能价值被人们不断认识并得到不断开发,表现在以下几个方面:①它具有生态保护功能方面的价值。因为它是生态系统的有机组成部分,不但有利用自然、开发资源的一面,而且还维护自然环境、涵养生态的一面。②它具有提供生物质能源的价值。农作物中蕴涵的大量的生物质能是可循环利用、具有替代其他矿物质能源的绿色能源。③它具有观光休闲方面的价值。农业由于贴近山村、田园以及江河、湖泊等自然风光,是人们休闲娱乐的重要场所,另外,城郊农业还能缓解紧张喧嚣的都市生活。④它具有文化传承方面的价值。农业是记录和延续农耕文明、传统文化的最重要的载体,也是中华民族优秀传统文化得以继承和发扬的重要载体。谷中原认为现代农业的多功能价值主要表现为农业同时具有人文功能、生态功能、经济功能和社会功能方面的价值,现代农业多功能的显现是一个从潜功能向显功能不断转变的漫长过程。

(三) 发达国家现代多功能农业价值研究

曹俊杰研究了韩国多功能农业现状与意义,认为韩国是世界上最早研究农业多功能价值并付诸实践的国家之一,主要表现在以下几个方面:①较早地认识并提出了农业多功能概念和建设理念;②关于农业多功能性建设的内容十分丰富,如保证食品安全,保护土地,保护自然环境,增强农村地区的社会经济生存能力,形成自然风景等;③农业多功能性建设是其"新农村运动"的延续、深化与拓展;④逐步确立了农业多功能性评价方法和评价体系。目前,韩国已经取得了丰富的理论成果和大量的实践经验,对我国有很好的借鉴意义。中国应当积极借鉴韩国经验,大力推动现代农业多功能价值的理论研究和实践;将现代农业多功能性建设与农业可持续发展战略结合起来;通过现代农业多功能价值的研究及实践,大力推动新农村建设;尽快建立符合我国国情并能得到相关国际组织认同的现代农业多功能价值的科学评价体系。

周淑景以法国现代多功能农业发展实践为依据,认为法国的多功能农业已是一种全新的概念和一种新的现代农业发展模式,具有如下显著特征:①在节约自然资源投入的基础上,努力做到农业劳动生产率的不断提高和农产品总量的稳定增长;②现代农业集约化经营的措施内涵发生重大改变,新的农业增产手段已取代传统的农业增产措施;③农业经营领域不断拓宽,活动范围不断扩大,从而导致现代农业的内涵与外延出现重大变革;④现代多功能农业与其他产业部门空前紧密结合,农业与其他产业互进互动、相互融合的生产体系迅速形成;⑤虽然法国农业作为一个产业经济部门的属性不断弱化,但其作为一个社会事业部门的属性则更加突出和显现。

方志权和吴方卫通过对现代日本多功能农业的特征进行分析,得出对我国都市型现代农业发展的启示:一要坚持农业基础地位不动摇;二要根据不同区域情况,发挥农业不同的功能和作用;三是农民收入、环境保护和保障供给三大目标要兼顾;四是要注重农业科研和教育;五是要加强对农业的支持与保护。

姬亚岚和文桂峰对欧盟共同农业政策(CAP)的改革进行了分析,并认为有两大明显趋向:一是在 WTO 框架下削减补贴,并向贸易自由化方向迈进;二是对补贴方式的绿化。其绿化目前经历了三个过程:一是由单纯的产量目标到对环境的关心;二是由对环境的关心到对农业各种功能的全面考虑;三是由对农业多功能的考虑到乡村发展的全面扩展。

另外,赵长春对芬兰农业的多种经营也做了简单的介绍,认为目前芬兰全国 1/3 的农场,特别是大型农场,除了种植粮食作物和饲养家畜外,大多在从事多种经营活动,如林业、手工业及家庭小作坊、木材加工、建筑施工、食品加工、农业机械出租、运输、提供休闲度假服务和乡村旅游等。其结果是一部分农场多种经营的收入在农场收入中的比例不断增加,规模不断扩大,并且更加专业化。

第七节 都市型现代农业发展的经济分析

一、比较优势理论确立了都市型现代农业的发展基础

比较优势理论最早由18世纪的英国古典经济学家亚当·斯密提出,经过英国古典经济学家大卫·李嘉图以及许多现代经济学家的发展和充实,已经从绝对比较优势和相对比较优势的古典经济学理论,发展到了资源配置理论等现代经济学的范畴。绝对比较优势实质上是用来描述生产技术的绝对差异,由于每个人生产技术存在绝对差异,因此,如果每个人都专门生产自己擅长的产品去交换自己不擅长生产的产品,那么每一方都会获益,社会的劳动生产率就会提高,产品的成本就会降低。相对比较优势理论认为,只要生产技术存在相对差别,即每个人或群体之间存在着生产技术上的相对差别,就会出现生产在机会成本上的差异,从而使个人或群体在不同的产品上具有相对比较优势,使分工和交换成为可能,并通过分工和交换提高社会劳动生产率。

资源配置理论揭示了生产要素不同配比之间的效率差别。绝对比较优势理论和相对比较优势理论有一个共同的局限性,就是只强调了劳动者的生产技术差异而没有涉及资本和土地;而实际上,生产是由劳动力、资本、土地三要素构成的。有些产品的生产需要大量的资本投入,即资本密集型产品;有些产品主要依靠手工操作,需要大量的劳动投入,即劳动密集型产品。此外,各个地区的生产要素储备比例也不相同,有的国家资本实力雄厚,有的国家劳动力相对充足。资源配置理论认为,产品的相对成本不仅可以由技术差异决定,也可以由要素比例和要素的稀缺程度决定。因此,在劳动力相对充裕的地区,劳动密集型产品的生产成本相对较低,而在资本相对密集的地区,生产资本密集型产品更加有利。

运用比较优势理论分析我国大城市郊区都市型现代农业的发展,可以发现,首先,大城市郊区与普通农业区相比,在土地资源上不具有优势。同时,城市的不断扩展加速了耕地的减少,使得大城市郊区的土地资源变得越来越稀缺,因此,都市型现代农业应避免发展土地密集型产品。其次,大城市郊区相对于普通农业区而言具有资本优势,有条件发展资本密集型农产品的生产,如高科技农业、精准农业、设施农业等。最后,大城市郊区由于人多地少,具有相对劳动力资源优势,这就为发展劳动密集型产品,如蔬菜、水果、花卉等农产品及其加工品提供了优势,同时也为劳动密集型产业的发展提供了资源优势,还为服务业的发展提供了充裕的劳动力。在大城市郊区发展旅游农业、观光农业、休闲农业、体验农业等,正是发挥其比较优势的具体体现。

二、农业区位论奠定了都市型现代农业的产业布局

农业区位论产生于19世纪20年代,当时德国农业经济学家杜能在1826年出版的《孤立国》一书中,首先提出了农业布局的区位理论。实际上,《孤立国》一书更多地研究了以大城市为消费中心的农业布局理论。杜能将复杂的农村社会假设为一个简单的孤立国,并认为孤立国唯一的城市位于中央,它是唯一的工业品供应中心和农产品消费中心。孤立国与世隔绝,四周全是荒地,其内部各种土地的肥力和气候条件均相同,农业生产者的经营能力和技术条件完全一致,而且市场价格、工资、利息等在孤立国中也是均等的。孤立国的交通工具为马车,运输费用与距离成正比。根据这一假设,农产品消费地距产地越远,运费越高。这种空间距离造成的价格差决定了农业的地域分布模式,造成了农业不同的经营组织状况,从而形成了以城市为中心、向外呈同心圈层状扩展的、带有明显层次的农业分布地带。在最靠近城市的第一圈层内,主要生产经营不适宜长途运输或只能在极新鲜时小批量发售的蔬菜、果品以及鲜奶等,谷物处于次要地位,这一圈层是集约度最高、没有荒地、高效益的自由农业地带。第二圈层为林业地带,生产供应城市燃料所需的柴薪、木材和木炭。第三、第四、第五圈层主要生产谷物,它们之间的区别是采用不同的耕作制度,其中,第三圈层为轮作农业地带,为城市供应粮食;第四圈层为谷草农牧地带,且有一定的荒地;第五圈层为三圃式农业地带,有1/3的土地为荒地;第六圈层也就是最外的一层,为畜牧业地带。这六个圈层土地的单位面积产量和收益由中心向外围逐渐递减,农业的集约化水平也由内向外逐渐降低。

农业布局的区位理论假设了多种相同条件,但结果仍是形成了多种不同的地带。事实上,各地区的农业生产条件不可能是相同的,总有千差万别,因此各地区农业和农村经济的发展模式应是多种多样的。从我国大城市的发展情况看,虽然不能照搬杜能农业布局理论的六个层次,但其对农业生产布局的层次性和地带性描述却值得借鉴。目前,在我国许多大城市的近郊、中郊和远郊圈层综合发展布局模式中,的确可以找到杜能圈的影子。

三、城市规划理论促进了都市型现代农业规划的实践

田园城市理论产生于19世纪末期,是针对现代工业社会出现的城市问题而提出的新型城市规划理论。英国社会活动家E. 霍华德(E. Howard)在《明日:一条通向真正改革的和平道路》一书中认为,应该建设田园城市,它包括城市和乡村两个部分。城市四周为农业用地所围绕;城市居民经常就近得到新鲜农产品的供应;农产品有最近的市场,但市场不只限于当地。田园城市实质上就是城和乡的结合体。

区域整体性理论是在城市化进程加快、城市化地区向周围农村地区蔓延、城市问题不断出现并日益严重的情况下出现的,旨在使城市在发展过程中与周边城市和乡村地区协调发展。这一理论是由美国建筑理论家和城市规划学家刘易斯·芒福德(Lewis Mumfold）在 20 世纪初提出的。他认为区域是一个整体，城市是其中的一部分，所以，"真正成功的城市规划必须是区域规划"，必须从区域的角度来研究城市。实际上，霍华德的田园城市理论所阐述的城乡结合思想包含了重要的区域整体发展思想。

对于城市发展和城市规划而言，所谓区域整体性主要是指城乡的一体性，或者说，区域整体性的关键在于城乡的协调发展。城乡的协调发展和融合，即城乡一体化，实际上是强调城市与自然的有机融合、人与自然的和谐共生。城乡融合有利于形成城乡统一的生态系统并且保持良性运转。从物流上看，乡村土地可向市民提供鲜活食品、清新的空气和优美的环境，而城市的有机废弃物则可以转化为饲料或肥料而被乡村土地所消化吸收，由此形成一个有机的物质循环圈。从人流上看，城市与周边乡村之间更容易实现人员和感情的交流，从而有利于整个社会的融合与协调发展。因此，从根本上讲，区域整体性和城乡协调发展理论主要来源于生态学的思想。

区域整体性和城乡协调发展理论的运用有利于形成区域性的、统一的生态系统，有利于为城市生态系统建立良好的区域系统，并且在实践中取得了一定的成功。英国、法国、美国等国家分别在大伦敦地区、大巴黎地区、纽约大都市地区的规划中进行了成功的尝试。近年来，我国的一些城市和地区也在尝试以区域整体性理论为指导进行城市规划和城市发展，比较有代表性的有"沪宁地区规划"以及"大北京地区城乡空间发展规划"等。从总体上来说，都市型现代农业发展是以区域整体性和城乡协调发展理论为基础的，它改变了传统的城乡对立观点，追求城乡之间的有分工、多层次一体化的新经济格局，并追求都市与乡村经济、社会、环境的协调统一。随着都市型现代农业的发展，必然会产生城乡经济融合、产业融合、劳动力融合，最终实现城乡一体化。

四、可持续发展理论呼唤都市型现代农业的发展

可持续发展理论不仅将价值和财富的内涵拓宽到生态、经济和社会等领域，也将资源配置的内涵拓宽到相应领域。更重要的是，把资源的合理配置从动态角度予以延伸，使资源公平合理配置的内涵拓宽到代内公平和代际公平两个层面，实现了人类在分配资源和占有财富方面公平的有机统一。

将环境问题与经济发展问题密切联系，相提并论，并最终提出可持续发展概念是从 20 世纪 60 年代末开始的。尤其是在发达国家，经济发展迅猛，生产能力、生产规模迅速膨胀，生产专业化程度不断提高，引起了城市规模不断扩张，而人类的环境意识还没有与经济意识同步发展，结果造成了环境污染、城市居住与生产条件日益恶化，对经济的持续增长形成了阻碍。人类需要可持续而不是短暂时期的增长，因此，20 世纪 70 年代初学界提出了可持续发展（substainable development）的概念。可持续发展是指除了要保持经济持续增长外，还要把人类进步、资源利用、环境保护与经济社会协调发展统一起来。城市化是人类进步的大势所趋，城市能否可持续发展是整个人类能否可持续发展的重要内容。为了实现城市的可持续发展，从 20 世纪 70 年代起，发达国家就开始了污染治理，并不断增加环保投资，制定环境保护法律，使城市环境质量有了明显的好

转。为了使人们真正享受到经济增长所带来的好处，拥有舒适、高质量的生活环境，一些国际大都市已不再是单纯的"治理环境"，而是把"保护环境"上升到了"城市生态可持续发展"的高度，发展生态建筑，扶持生态产业，转变城市生态规划理念，使城市不仅有花园和森林，而且还使城市位于花园和森林之中，把建设"生态城"作为摆脱城市困境、解决人类环境危机的根本途径。对城市经济社会系统来说，生态城市既能实现经济的持续增长又能保证增长的质量，其合理的产业结构布局能促进实现城市经济、社会与生态环境效益的统一。

农业既是经济系统的一部分，又是改造自然支持系统、增加自然力的重要经济活动；是自然支持系统的一个组成部分。因此，农业活动对城市的可持续发展是一种内在的需要。农业活动向经济系统提供原材料、能源和服务（如空气、景观），生产和消费所产生的部分废弃物也要通过农业活动及其产品实现更新与循环利用。城市是一个社会系统，各种各样的人居住在其中，人类的社会属性是需要交往与交流、需要回归自然的，而它又是反自然的人工系统，使人与人之间的关系疏远。农业作为与自然结合最紧密的活动，人类参与农业活动能够满足这种需要，从而使整个社会系统趋于稳定，使人类文明得以承启和延续。由于具备城市系统的主要功能——经济功能，因此，农业参与到城市产业体系中来，能够使城市的产业体系趋于完整，产业链条各环节比例趋于合理，城市资源能够得到优化配置，使经济充满活力。"无烟工业"、"生态产业"、"休闲产业"因而受到人们的重视，这也是保持城市可持续发展的一个主要内容。

五、产业结构演进理论呈现出都市型现代农业的发展趋势

产业结构演进理论由英国著名经济学家克拉克提出，他认为随着经济发展及国民收入水平的提高，劳动力首先由第一产业向第二产业转移；随着经济继续发展及国民收入水平进一步提高，劳动力又开始由第二产业向第三产业转移。这种劳动力结构的自然演变，导致产业结构随着时间的推移而逐渐演进，并呈现一定的规律性，即在人均国民收入水平越高的国家，农业劳动力在全部劳动力中所占的比重相对越小，而第二和第三产业的劳动力所占的比重相对越大；反之，在人均国民收入水平越低的国家，农业劳动力在全部劳动力中所占的比重相对越大，而第二和第三产业的劳动力所占的比重相对越小。产业结构演进理论，不仅可以从一个国家经济发展的时间序列分析中得到印证，还可以从处在不同发展阶段和不同发展水平的国家在同一时间上的横截面比较中得到类似的结论。

根据产业结构演进理论，大城市地区都市型现代农业的发展必然呈现三大趋势。第一，产业链条的延长，即成品农业的发展。因为大城市郊区农村国民收入的提高仅仅依靠种植业和养殖业是不够的，农产品加工业的发展及以农产品为原料的工业品生产的发展，会促使大城市郊区农村产业结构升级，并提高郊区的国民经济效益。第二，农业生产过程的工业化。只有当农业生产能够克服自然再生产的固有限制时，才能克服"报酬递减规律的限制"，才能像工业那样使投资处于"报酬递增"阶段，使农业随着投资

的加大而成本递减。要实现这一目标就要发展高科技农业、工厂化设施农业和精准农业，即实现农业生产过程的可控制化和工业化。第三，服务产业在大城市郊区农村的兴起。随着单纯农产品比较利益的降低，大量的农业劳动力必将从农业中游离出来，并因服务业的兴起及其创造的国民收入水平高于农业而转向服务业，这就是休闲农业、观光农业、度假农业、疗养农业等兴起的原因。随着服务业在大城市郊区的兴起，服务业吸纳劳动力的数量及其创造的国民收入将会有很大的提高。

第四章　都市型现代农业的支撑与评价体系

第一节　发展都市型现代农业的支撑体系

一、都市型现代农业支撑体系架构

我国现代农业持续稳定发展支撑体系，包括政策法规支撑、科技服务支撑、要素投入支撑、资源环境支撑、产业组织支撑等多个方面。

（一）政策法规支撑体系

政策法规支撑分为政策支撑和法规支撑两方面。

1. 政策是现代农业持续稳定发展的根本

实践证明，制度尤其是政策对农业发展的影响最大。前些年，农业之所以会出现有几年形势好，又有几年形势不好的情况，在很大程度上是由于政策"摆动"的结果。从某种程度上讲，我国的现代农业政策，还存在着缺乏连续性、强度不够等问题。要实现现代农业持续稳定发展，通过制度创新源源不断地提供有利于"三农"的新政策、新措施尤其重要。就国家层面来说，以中央一号文件为标志的涉农政策要具有连续性，使农业发展具有良好的政策环境，以利于现代农业持续稳定发展；就省级层面来说，国家可考虑通过政策倾斜，给农业大省、粮食大省更优惠的政策和更多的资金支持，以推动传统农区现代农业持续稳定发展。

2. 法规是现代农业持续稳定发展的靠山

市场经济是法制经济，现代农业也必须是法制农业。多年来，我国农业发展起伏明显，反衬出农业发展中相关法律法规的"保驾护航"作用还没有充分发挥。农业法律法规还存在着供给缺憾、执行不力等不足。现代农业要持续稳定发展，离不开相关法律法规的适时出台和强力实施。就国家层面来说，应进一步修改和完善《中华人民共和国农业法》、《中华人民共和国土地法》，将涉及土地保护、投入支持、服务体系建设、环境保护等职责进一步明晰化，并严格执行，以求实效；就省级层面来说，可制定出台一些指导和保障现代农业持续稳定发展的条例或意见，让各地都吃上"定心丸"。

（二）科技服务支撑体系

科技服务支撑分为科技支撑和服务支撑。

1. 科技是现代农业持续稳定发展的先导

现代农业以科技为强大支柱，伴随着科技的发展而发展，并伴随着科技的创新与突破而产生新的飞跃。近些年，我国的农业科技进步虽然对农业发展的贡献率越来越大，但还远没有发挥出"第二个太阳"的威力。比如说，目前各地的农业科技推广体系难以适应现代农业发展的要求，突出表现在承担的职能和支持的力度、推广工作的内容、推广人员的素质、推广机构的运行机制和管理体制等五大不适应。要建成现代农业并实现可持续稳定发展，就要自始至终地把农业高新技术的研发和推广摆到重要位置。一手抓机构稳定，一手抓机制创新，稳定和创新并行；一手抓当前建设，一手抓长远发展，当前和长远并重；在稳定中创新，创新中发展，逐步构建社会主义市场经济条件下的新型农业科技创新体系。

2. 服务是现代农业持续稳定发展的依托

作为现代农业的重要组成部分，农业服务业在拓展农业外部功能、提升农业产业地位、拓宽农民增收渠道等方面都发挥着积极作用。要发展现代农业，要加快发展包括良种服务业、新型农技服务、农资连锁经营、农机作业服务、农产品现代物流、农村劳动力转移培训和中介服务、现代农业信息服务、农业观光、农业保险等重点领域在内的现代农业服务业。因为发展现代农业服务业是整合农业资源要素的需要，是拓展农业外部功能的需要，是提升农业产业地位的需要，是拓宽农民增收渠道的需要。但各地现代农业服务业发展中不仅存在国家服务严重削弱、各地发展失衡、发展层次比较低、总量和质量均不理想等情况，缺乏统一有力的支持等共性问题，而且存在惯性观念、发展资金、服务人才、农民素质、公用设施等多种制约因素。只有充分认知和切实正视这一点，并尽快"补好课"，才能促进现代农业的持续稳定发展。

（三）要素投入支撑系统

要素投入支撑分为要素支撑和投入支撑。

1. 要素是现代农业持续稳定发展的基石

要保障现代农业的持续稳定发展，耕地资源、水资源等要素必须达到充要水平。耕地资源方面，到2009年底，我国的耕地面积已经减小到约18.15亿亩，要坚守18亿亩耕地"红线"，任务异常艰巨。这是因为，由于农村宅基地超标准批地，乡村企业倒闭后土地闲置，取土烧砖使耕地遭到破坏，城镇扩容使近郊耕地被大量侵占，路边店（站）停业使院子常年荒废等诸多原因，全国每年尚需占用乃至浪费掉大量耕地，难以做到占补平衡。要实现现代农业持续稳定发展，就必须以战略眼光、从全局高度坚定不移地贯彻落实"两个最严格的制度"，即最严格的耕地保护制度和最严格的节约用地制度。水资源方面，我国人均水资源量仅2200立方米，约为世界人均水资源量的1/4，居世界第119位，是全球13个贫水国之一，水资源短缺问题十分突出。要实现现代农业持续稳定发展，必须改善灌溉方式，发展节水型农业。

2. 投入是现代农业持续稳定发展的"血液"

投入包括政府宏观的财政投入、政策投入、金融资本投入三个层次，但又都体现在资金投入上。从现代农业持续稳定发展的要求看，加大对农业的投入力度，不仅是必要的，而且要求充分，是不可或缺的充要条件。从全国的现实情况来看，农业基础设施的补充与完善、农业综合开发的延伸与扩张、农村市场流通体系的建立与健全、农村人才资源的开发与利用、农业科技创新体系的优化与强化等均需要大量的资金投入，这就意味着实现农业持续稳定发展要求资金投入必须刚性增加。但由于农民收入水平低，导致资金积累少，难以进行大规模的投入；集体经济绝大多数是空壳，持续增加投入"可盼难可期"。在此情况下，财政资金更要充分发挥引导作用，为现代农业持续稳定发展提供资本支撑。

（四）资源环境支撑体系

资源环境支撑分为资源支撑和环境支撑。

1. 资源是现代农业持续稳定发展的动因

资源包括自然资源和社会经济资源。仅以人力资源为例说明。今后，我国的农村劳动力资源尤其值得用心开发和经营。通过做好劳动力转移输出，大力开展农村人力资本培植等工作，完全可以将所谓的"难丢掉的包袱"变为"巨大的财富"。从劳动力转移输出来看，据有关部门分析，我国农村有劳动力5.3亿人，在现有生产力水平下，农业需要1.8亿常年劳动力，尽管已经转移到非农产业2.25亿人，但留在农村的富余劳动力还有1.25亿人。从农村人力资本培植来看，我国平均每年培训农村劳动力约1000万人，即使不考虑每年新增的劳动力，仅将现有的农村富余劳动力培训一遍尚需要12年半的时间。如果严格按照有文化、懂技术、会经营等培养造就新型农民的要求，培养难度就更大了。

2. 环境是现代农业持续稳定发展的必需

生态环境对农业发展十分重要。尤其是在国家倡导建设资源节约型、环境友好型社会和生态文明的大背景下，现代农业就要求通过发展资源节约型农业、环境友好型农业、生态农业和循环农业，由数量农业向质量效益农业、多功能农业迈进，这又对生态环境提出了更高要求。目前，我国现代农业发展中生态环境治理面临着严峻的挑战，主要体现在城市工业污染向农村转嫁，农村环保工作力度不够，化肥、农药、农膜等化学投入品使用量越来越大，土壤污染、退化现象比较严重等，与现代农业持续稳定发展的要求很不适应。今后必须加强农村生态环境建设，并将之作为切实加强农业基础建设的先决条件。

（五）产业组织支撑系统

产业组织支撑分为产业支撑和组织支撑。

1. 产业是现代农业持续稳定发展的支柱

市场经济体制下的产业发展要求主导产业明确，并能在经济发展中起到引领作用。

都市型现代农业的理论与实践

对于现代农业持续稳定发展来说，也必须是如此。然而，目前我国农村不少地方主导产业还不突出，特色产业规模较小，没有形成产业优势，与现代农业持续稳定发展的要求还相差较远。即使是实施农业产业化经营的，也因农产品精深加工龙头企业少，辐射带动力不强，农产品生产、加工、流通的产业链条短，外向型农业竞争力较弱等问题，而无法对当地主导产业的形成产生巨大的辐射带动作用。或者仍习惯于仅从建基地入手，忽视建立、完善与之相适应的运作体系和机制，以致许多地区的主导产业结构雷同，缺乏特色，导致农民在按照"市场需要什么，就产销什么"的思路年复一年地通过求变而求生存，长此以往，势必会与大型特色产业带的形成、优质名牌产品的创造以及现代农业的发展大势不相协调。

2. 组织是现代农业持续稳定发展的"引擎"

市场经济要求组织起来共同应对千变万化的大市场，而目前我国家庭分散经营正好与此相反。农民专业合作组织带动农户数量占农户总数的5%，绝大多数农户仍游离在合作经济组织之外，处于分散经营、自找市场状态。即使是建立的"公司+基地+农户"、"市场+农户"的产业组织，大多也属松散型经济联合体，而不是"利益共享、风险共担"的紧密型经济共同体，农民得不到龙头企业生产、加工、运输、销售增值部分的利润。加之在利益分配过程中处于主动地位的企业或中介组织关注短期收益，农户很难在一些非合作制的产业化经营组织中受益。要通过产业组织发展进而促进现代农业持续稳定发展，还需要大力倡导和支持农民发展合作制的经营组织。

二、推进都市型现代农业支撑体系架构的措施

要确保现代农业持续稳定的发展，就要在深化改革中创新体制机制，解决好活力不够的问题；在政策扶持中强化利益导向，解决好动力不足的问题；在加大投入中夯实基础，解决好实力不强的问题。

（一）落实惠农利民新政，巩固农业基础地位

这是现代农业持续稳定发展的必然规律。因为强力落实惠农利民新政可以奠现代农业持续稳定发展之基，依法巩固农业基础地位可以护现代农业持续稳定发展之航。

就强力落实惠农利民新政来说，要坚持社会效益与经济效益相结合，发展农业生产与富民强县相结合，运用市场机制与政府宏观调控相结合，物质技术措施与体制机制创新相结合，政府投入与多元化投入相结合，考虑适时通过创新和完善"三农"政策，为现代农业持续稳定发展铺设好政策"轨道"。国家层面，可考虑结合国家粮食战略工程出台支持政策，建设金融支持机制和粮食流通机制，设立国家级的粮食产量稳定增长奖励基金等政策。省级层面，可考虑建设以工补农、以城带乡机制，以及农村社会发展保障机制和政绩考核优化机制，发展村镇银行等政策。

就依法巩固农业基础地位来说，要针对不少干部群众认识不足的情况，进一步宣传和深化农业基础地位的认识，在彻底弄清"加强农业基础建设"丰富内涵的基础上，实施"加强农业基础建设"的具体行动。比如，在建立和健全解决规模经营的土地流

转机制方面，要形成权责明确、保护严格、依法流转的农村土地经营制度，探索以土地换社保、换就业、换稳定收益的具体办法；在巩固和完善农业基础建设方面，要在农田水利建设、病险水库除险加固、安全饮水、动物疫病防控、农业科技研发推广、农村现代流通体系建设等方面，超前组织论证好一些大规划、大项目，同时中央财政积极主动地给予政策和资金等多方面的支持。

（二）实施科教兴农战略，完善现代农业服务业

这是现代农业持续稳定发展的必然趋势。因为强力实施科教兴农战略可以兴现代农业持续稳定发展之业，加速完善现代农业服务业可以壮现代农业持续稳定发展之行。

就强力实施科教兴农战略来说，中央政府要在制订科技发展规划时，对农业大省给予更多的科技投入支持，建设使农业稳定增长的科技创新机制。地方政府在实施科教兴省方略时，要在科技创新、科技推广等方面有更大的突破。对于科技创新，农业大省要尽快建成学科齐全、布局合理、高效运作、整体联动的新型农业科技创新体系，建立高水平的农业科技创新平台和科技创新机制。对于科技开发，农业大省要建设国内一流乃至国际先进的农业科技示范基地，为现代农业发展提供引领。对于科技推广，农业大省必须把公益性农业技术推广机构作为农村科技扩散的重要力量，广大农民和基层干部了解农业新技术的主渠道，以及政府支持和保护农业的重要载体，加快形成以国家农技推广队伍为骨干，多成分、多形式互动发展的农技推广新格局。

就加速完善现代农业服务业来说，要从全局上统筹现代农业服务业的发展，围绕建立和完善符合国情特点，多层次、多功能、高覆盖率、全方位服务的农业服务网络的发展目标，采取通过倡导提升强力发展意识，通过改革形成多元化的投资格局，通过引导建立规范化的运行机制，通过完善强化相关技术支撑，通过创新提供完善的制度保障，通过优化营造良好的发展环境等方法，建立健全农业科技服务体系、贸工农一体化产供销体系、农业机械推广服务体系、信息服务体系、市场建设体系、现代农业信息网络体系、农业保险体系等。

（三）形成多元投入机制，培育农村人力资本

这是现代农业持续稳定发展的必然要求。因为强力形成多元投入机制可以固现代农业持续稳定发展之根，切实培育农村人力资本可以稳现代农业持续稳定发展之本。

就强力形成多元投入机制来说，国家层面要建立使农业大省人均达到全国人均水平的补贴机制，扩大对粮食核心区一般性转移支付规模，加大农田水利、生态环境、土地整理和农业综合开发等基本建设的投入力度，加大农村科技、教育、文化、卫生、社会保障、计划生育、环保等事业专项补助资金的额度，加大对农村交通、电力、通讯等基础设施建设的资金倾斜，提高农业大省的基础承载力和综合发展力。尤其要在投入政策方面给予粮食核心区以更多的资金倾斜和政策优惠，如在拨付涉农建设资金时不再要求粮食核心区筹集一定比例的配套资金，并通过国家、省级财政资金的引导吸引更多的社会资本投入，进一步完善多元化投入体系，逐步形成多元化的投资机制，为现代农业持续稳定发展提供资金保障。

就切实培育农村人力资本来说，必须围绕新农村建设和提高新型农民的素质要求，大力建设农村人力资源开发机制。具体讲，要围绕"生产发展"要求，着力提高广大农民的文化水平和科技素质；围绕"生活宽裕"要求，着力提高广大农民的市场意识和经管水平；围绕"乡风文明"要求，着力提高广大农民的道德水准和文明程度；围绕"村容整洁"要求，着力提高广大农民的卫生觉悟和环保能力；围绕"管理民主"要求，着力提高广大农民的民主精神和法规理念等。推进农村人力资源开发利用的具体举措，应该包括建立农村人力资源开发体系，加强相关制度建设；大力发展农村职业教育，创新农业职业资格证制度；加大农村人力资本投资，为农村人力资源开发提供资金；加强宣传教育，提高农村人力资源自我开发积极性；创新农村劳动力转移培训制度、养老保险制度，促进更多的农村劳动力实质性转移等。

（四）加大资源保护力度，发展绿色循环农业

这是现代农业持续稳定发展的必然选择。因为强力加大资源保护力度可以活现代农业持续稳定发展之脉，倡导发展绿色循环农业可解现代农业持续稳定发展之忧。

就强力加大资源保护力度来说，要将各种资源的合理利用作为荫及子孙后代的神圣使命，将资源环境保护作为国策。比如耕地保护，要面对日益严峻的考验，要坚守18亿亩的耕地"红线"，就必须陆续出台一系列节约耕地、集约使用土地的新政策、新措施，加快构建用地新模式。比如，工业出城，建标准厂房工业项目和大学"上山"，整合农村居民点，统筹重大土地利用项目，书面形式明确各级政府护耕地的责任，制定耕地和基本农田保护责任目标考核办法，等等。

就倡导发展绿色循环农业来说，对绿色农业发展要在突出特色的前提下形成支柱产业，在兼顾数量、质量、品牌的前提下追求质量、效益和功能，建立健全无公害农产品、绿色食品、有机产品、地理标志农产品和名牌农产品这样一支"品—标—名牌"的品牌农产品队伍，强力形成高产、优质、高效、生态、安全的现代农业体系。对循环农业发展来说，要建立促进循环农业发展的新型政绩考核制度、土地承包制度、投入政策、税收和金融政策、政策性保险制度、法律法规制度、技术创新制度、保障制度等创新性政策，通过增强循环经济意识、健全管理体制和运行机制、制订科学规划、突出"绿色"结构、加强载体培植、健全行业监控体系等途径，推广和完善传统农区"粮饲猪—沼—肥"等循环农业发展模式，以畜牧业、农产品加工业为"两翼"，助推现代农业产业转型升级。

（五）拉长农业产业链条，提高农民组织化程度

这是现代农业持续稳定发展的必然结果。因为强力拉长农业产业链条可以拓现代农业持续稳定发展之源，不断提高农民组织化程度可以保现代农业持续稳定发展之实。

就强力拉长农业产业链条来说，要努力打造农业产业集群，建立现代农业经营机制。即要以市场为基础，以乡村农民企业家、城市工商实业家、外资、港台资本家和国有企业等为驱动主体，以农业科技园和现代农业示范区为依托，立足当地资源优势，通过发展特色农产品开发链延伸模式、园区与市场带动的"谷"模式、大企业为核心的

第四章 都市型现代农业的支撑与评价体系

产业综合体发展"航母"模式以及循环经济发展模式等,重点围绕"特色、优势、潜力",大力发展区域特色强、竞争优势强、科技含量高、成长空间大、带动作用强的农业产业集群,不断延伸产业链,同时提高农业产业化水平。

就不断提高农民组织化程度来说,当务之急,是要在联接企业与农民的组织形式上有新突破。可采取重视培育和发展农民专业合作组织,推进其规范化建设,对其加大政策扶持,鼓励其跨地区建立,提供一定数量的国家担保贷款等政策引导方式,发展多种形式的股份制、股份合作制产业化组织,使企业与农民真正结成利益共同体,并充分发挥行业协会的中介作用,力争通过农民自己的联合与合作,将农业生产、服务、营销和分配的各个环节有机结合起来,切实提高对接市场的组织化程度。

第二节 都市型现代农业的评价体系

许多学者对都市型现代农业发展的评价指标体系进行了研究。一些学者倾向于强调都市型现代农业绩效的货币化或市场化内涵,突出市场价值和现金收入的衡量。诺金(Nugent,2001)认为,都市型现代农业的经济绩效是指由都市型现代农业引发的对就业、收入和产品价值等可数理统计和会计核算项目的作用力及影响程度。他认为都市型现代农业在社区层面和城市层面的经济效果,可以通过对更微观的实体经济(都市农民、商业环节)分析加总得以体现。莫斯特(Moustier,2001)认为,都市型现代农业经济效果是指都市型现代农业在就业、收入分配、现金储备、家庭食品提供、农产品增值、都市食物链保障、市场共享等方面的作用程度。另一些学者认为对都市型现代农业的绩效评价应当把生态效益和社会效益考虑进来,比如社会福利、环境质量等。詹姆斯·佩特斯(James Petts,2002)在使用传统的成本收益法分析时指出,都市型现代农业经济活动具有很强的经济外部性,诸如都市废物处理和运输等方面,也应纳入都市经济绩效评价的范畴。

我国都市型现代农业的提出与实践始于20世纪80年代末90年代初,其中以上海、北京、深圳等地开展较早。国内学者对都市型现代农业的评价体系进行了有益的探索,韩士元(2002)设计了一套评价指标体系,主要有人均GDP、科技贡献率、林木覆盖率等8项指标,定量描述都市型现代农业的综合发展程度和达到的总体水平,从而得出相应的评价。顾海英等(2002)也从农业生态环境、农业现代化装备、农业经营管理、农业科技应用、地区经济发展、农民生活质量六个方面构建了都市型现代农业的24项评价指标体系,并测评了上海都市型现代农业的发展水平。文化等(2006)则从综合生产水平、社会服务水平、生态保障水平、区域和谐、发展能力建设水平五个方面构建了21个指标体系,并测评出北京都市型现代农业综合指数。胡志权(2006)则根据都市型现代农业的多功能性特点,筛选了安全保障功能、供给功能、产业支持、人口吸纳、生态环境与生活休闲六个方面20项都市型现代农业评价指标体系。张学忙(2007)从人口、经济、社会、资源、环境五大方面构建了22项都市型现代农业评价指标体系。陈凯等（2009）从农业投入水平、农业产出水平、农村社会发展水平、农业可持续发展四个方面构建了20个指标体系，并对北京、上海、广州、武汉等11个城市的都市型现代农业现代化发展水平进行了评价和比较。关于都市型现代农业评价指标体系的研究，都不同程度地体现了都市型现代农业所具有的经济、生态、社会等多方面的功能，有些研究是从可持续发展视角来设计评价指标体系，有些是从现代化水平来设计。

一、都市型现代农业发展综合评价体系的内涵

都市型现代农业是城市经济、生态、社会系统的重要组成部分，其发展的综合评价是对都市型现代农业为城市经济、社会、生态发展目标作出实际贡献的一种评价，也是对其自身现代化实现水平的一种评价，是连接城市整体规划和支持都市型现代农业发展的重要参考依据。通过制定科学、合理、系统的评价体系对都市型现代农业进行综合评价，有利于引导都市型现代农业走上科学的发展道路，促进城乡协调。

构建都市型现代农业发展综合评价指标体系，应当着重体现以下内容：第一，体现都市型现代农业的功能。都市型现代农业不同于传统农业，是集经济、生态、社会功能于一体的多功能农业，因此指标体系的设计在考虑经济效益的同时，应当兼顾生态、社会效益。第二，体现都市型现代农业的本质和特征。都市型现代农业本质上是一种现代农业，用现代科技改造农业，用现代产业体系提升农业，用现代组织形式推进农业，培养高素质农民发展农业。同时，都市型现代农业又紧紧依托城市，与工业化、城市化进程共生、共发展，促进城乡和谐、区域和谐。因此，农业现代化水平是指标体系设计时应当考虑的一个重要因素。第三，"资源节约型、环境友好型社会"是党的十七大报告中"生态文明"理念的集中体现，资源节约型社会是指整个社会经济建立在节约资源的基础上，通过采取经济、法律和行政的手段，提高全社会的资源使用效率，以尽可能少的资源消耗获得尽可能大的经济和社会效益，实现社会的可持续发展。环境友好型社会追求人与自然的和谐共处，即人类活动应该以资源环境承载力为基础，从而实现经济与环境的协调发展。

二、都市型现代农业发展综合评价指标体系的构建

（一）指标体系框架

根据都市型现代农业综合评价指标体系的内涵，首先，从都市型现代农业功能和本质特征出发，构建农业经济功能指标、农业生态功能指标、农业社会功能指标和农业现代化水平指标四大一级指标；其次，从我国社会建设要求出发，在二级指标中纳入包括资源节约程度和环境保护程度在内的15项二级指标；最后，对部分二级指标进行细化得出24项三级指标（如表4-1所示）。

表 4-1 都市型现代农业发展综合评价指标体系

一级指标	二级指标	三级指标
农业经济功能	农业经济贡献率	农业增加值占 GDP 的比重
	农业生产效率	农业劳动生产率
		土地综合生产率
	农民收入水平	农民人均总收入
		农民人均纯收入
	农产品加工水平	农产品加工率
	农业创汇能力	创汇农业的比重
农业生态功能	资源节约程度	人均耕地面积
		人均水资源
	环境保护程度	林木覆盖率
		农药使用强度
		化肥使用强度
		规模化养殖场粪污无害化处理达标率
农业社会功能	休闲服务水平	休闲农业收入占农业总收入比重
	城乡和谐水平	城乡居民收入比
	辐射示范能力	农业科技成果转化率
农业现代化水平	资金投入水平	政府对农业的投入比重
	科技支撑水平	农业科技人员比重
		农业研发经费比重
	农村人力资源水平	农民科技素质
		农民文化水平
	农民组织化程度	加入各类组织的农户比例
	农村信息化程度	农户的电话普及率
		农户的计算机普及率

(二) 主要指标的选取及其含义

1. 农业经济功能指标

(1) 农业经济贡献率：都市型现代农业作为城市经济系统的一部分，其发展对城市经济具有一定的贡献。农业经济贡献率即农业增加值占 GDP 的比重，用以衡量农业在经济增长中的贡献度。

（2）农业生产效率：它是衡量农业运行质量和经济效益的重要指标之一，可以反映农业的市场竞争力和现代化水平。主要选取农业劳动生产率和土地综合生产率两个指标，前者衡量单位劳动力的产出水平，后者衡量单位面积土地的产出水平。

（3）农民收入水平：都市型现代农业的经济功能除了为市民提供农副产品外，还体现在提高农民收入水平上。一般选用农民人均总收入和农民人均纯收入两个指标。

（4）农产品加工水平：它可以反映当地农业产业化经营和初级农产品的增值水平，从而反映出当地农业的现代化水平，又可以反映都市型现代农业对城市食品多样化需求的满足程度。一般用农产品加工率来衡量。

（5）农业创汇能力：都市型现代农业经济功能的一个方面是出口创汇，农业创汇能力主要考察其国际市场竞争力和开放水平，主要用创汇农业的比重来衡量。

2. 农业生态功能指标

（1）资源节约程度：都市型现代农业在利用各种资源时的节约程度是衡量资源节约型社会的一个方面，也是其生态功能的重要体现。资源节约主要体现在节水、节地、节能和综合利用资源。主要用人均耕地面积、人均水资源两个指标来衡量。

（2）环境保护程度：都市型现代农业的一个重要功能就是改善都市环境，为市民创造健康舒适的居住环境。一方面体现了社会建设对都市型现代农业的要求，同时也体现了都市型现代农业的内在要求。选用林木覆盖率、农药使用强度、化肥使用强度、规模养殖场粪便无害化处理达标率四项指标来衡量。

3. 农业社会功能指标

（1）休闲服务水平：休闲农业属于第一产业和第三产业的交融状态，也是融自然资源开发与服务于一体的复合型产业，它既能够充分利用自然资源，又能够充分反映都市型现代农业的社会服务功能，同时也是现代农业的一种表现。主要是以休闲农业收入占农业总收入的比重来衡量。

（2）城乡和谐水平：都市型现代农业的社会功能除了满足市民休闲旅游和文化教育的需求之外，还有一个重要的功能就是促进城乡和谐、社会稳定。主要是以城乡居民收入之比来衡量。

（3）辐射示范能力：都市型现代农业依托城市先进的科技、人力资源，对周边地区的农业有显著的示范、辐射、带动作用。主要用农业科技成果转化率来衡量。

4. 农业现代化水平指标

（1）资金投入水平：政府对农业的财政投入直接影响农业及农业科技的产出水平，因此，资金投入水平反映了农业现代化水平，也反映了政府在城市化进程中对农业的重视和保护程度。主要用政府对农业的投入比重来衡量。

（2）科技支撑水平：依靠科技进步是都市型现代农业发展的核心动力，科技支撑水平反映城市为都市型现代农业发展提供的科技支持。主要用农业科技人员比重和农业研发经费比重两个指标来衡量。

（3）农村人力资源水平：由于都市型现代农业具有高科技含量、市场化运作、企业化管理等现代化特征，对生产经营者提出了更高的要求。农民是都市型现代农业的主

第四章 都市型现代农业的支撑与评价体系

体,其文化素质的高低和对农业技术的掌握程度,直接影响着都市型现代农业现代化水平的发展程度。主要通过农民科技素质和农民文化水平两个指标来衡量。

(4) 农民组织化程度:推进农业组织化是推进都市型现代农业发展的有效途径。农民组织化程度,是农村经营体制改革和农业现代化组织建设的重点之一,它能体现农业生产经营水平的高低,也是都市型现代农业发展的组织保障。

(5) 农村信息化程度:把信息技术和农业有机结合起来是现代农业发展的客观要求。信息技术运用于农业,能够提高农业生产效率,降低交易成本,提高农业综合生产效益。目前,主要用农户的电话普及率和计算机普及率两个指标来衡量。

第五章 都市型现代农业的国际经验

第一节 国外都市型现代农业的发展

一、美国

美国是世界上工业化和城市化最发达的国家之一，但一直以来，农业和城市协调发展，所以都市型现代农业和传统农业并没有明显的分界。美国的工业化是以消费品中的纺织业，更具体地说是从棉纺织业开始的，在一定程度上促成了工业和农业的伴生关系。20世纪50年代至70年代是美国城市化进程最为迅猛的阶段。与此同时，美国基本实现了农业现代化，形成了国际上最早的农业产业链。所以，美国的农业具有与其他产业部门相同的生产方式和经营机制。伴随着快速城市化和20世纪70年代一些地区出现的逆城市化，美国逐渐成为以大都市区为主的国家，都市与农业顺利地"结合"在一起。

美国农业的主要组织形式是家庭农场。1820年，美国确立了家庭农场制度，将公有土地低价出售给农户。1862年，美国通过《宅地法》向在土地上耕作5年以上、年满21岁的个人或一家之主免费赠送160英亩的公有土地，家庭农场规模不断扩大。20世纪末，美国家庭农场在数量上的比重上升至89%，拥有81%的耕地面积、83%的谷物收获量、77%的市场销售额，其农场的平均规模为156.7公顷。

在家庭农场的组织形式下，专业化分工越来越细。20世纪50年代，农场逐步从多种经营转变为专业化经营，只经营一种产品。美国棉花农场专业化的比例为76.9%，大田作物农场为81.1%，果树农场为96.3%，牛肉农场为87.9%，奶牛农场为84.2%。各类果品，特别是苹果、柑橘、葡萄等大宗果品，基本上是由专业化农场或公司生产经营的。这些果品生产单位大体有两大类型：一是从事果品专业化生产并进行筛选、分级和包装后，把产品投放到国内外市场上的农场。二是经营从生产到产品深加工、销售的大型果品生产经营公司。有一些农业公司已经列入美国最大的500家公司，其生产专业化程度比之制造业大公司毫不逊色。

完善的都市区环境直接影响农产品物流的发展。美国交通运输业极为发达，全国已建立起庞大的铁路、公路、航空、内河航运和管道运输网，农产品运输十分容易；储运设备机械化和自动化水平很高，提高了市场运营效率；美国一直重视农业市场的建设，各地都相继建立了很多的农贸市场。目前，农产品销售的市场网络遍及全美，农产品销售十分方便。

农产品服务物流渠道组织齐全。美国的农业社会化服务体系比较健全，为农业服务的组织或合作社类型主要有各类大型生产资料公司（如农药、化肥、种子、苗木、种畜、饲料和农机等），为农民提供信贷的银行、信用社，农民自己组织的各类合作社、各类协会、农贸市场，等等。

农业生产模式种类繁多，有农场独立经营、农场与公司联合、农场与协会联合、农场与合作社联合等，体现了多形式、多层次、多类别、系列化、专业化、多元化的特点，推动着农产品生产与农产品物流不断发展。

政府在调控和推动农业发展方面发挥巨大的作用。首先，有关农产品物流法律法规明确。几乎每一个农产品流通环节都有明确的法规，以维护流通秩序，提高流通效率。其次，美国政府对农业的扶持政策，表现在政府不仅重视对农业科研投入和农业科技推广工作，也重视公共基础设施建设，联邦政府每年大约支出300亿美元用于公路、水利等公共基础设施建设。最后，美国政府在积极支持扩大农产品出口方面实行出口补贴、价格支持措施、关税政策，以降低农产品出口价格，提高农产品出口竞争力，输出剩余农产品。

二、欧洲

欧洲工业化和城市化进程比美国要早，但在城市快速发展的过程中，各国的农业不同程度地经历了衰落期。直到20世纪，一系列的城市和环境问题才迫使欧洲重新审视农村和城市的发展关系。目前，都市型现代农业发展已经成为欧洲许多国家协调城乡发展、多功能利用土地的一个重要议题。

农业与城市和谐构建的思想最早可以追溯到19世纪末霍华德的"花园城市"理论，当时英国已完成城市化，但在发展过程中忽视了农业和农村发展，出现了比较严重的城市过密和农村衰退问题，许多社会问题开始暴露。一些学者开始反思如何构建和谐的、可持续的城市社会。随着越来越多的人从密集的市中心区迁往郊区，20世纪初开展了大伦敦城市规划，其中一项重要的内容就是促进农业区与农业的统一布局，达到城乡统一协调发展。

从现在普遍接受的生产组织形式来看，德国的市民农园是都市型现代农业最早的生产组织形式。在"二战"期间，市民农园曾在食物匮乏的情况下发挥过蔬菜供应作用。此外，德国还设有农产品购销合作社，以及奶制品、马铃薯、甜菜加工合作社等。几乎所有的农民都参加1~3个合作社。各种合作社在区域范围内成立联社，并设立全国机构。各种农民合作组织的最高联合机构是设在波恩的德国赖夫艾森合作联社，它代表农民在经济、法律、税收政策等方面的利益，负责咨询并设立合作组织基金，保持与政府及国内外农民合作组织的联系。正是这种合作社保障了分散的市民农园在产、供、销和技术方面紧密地联系在一起。

都市型现代农业的理论与实践

　　法国是高度城市化但农业又非常发达的国家。农业用地面积59万公顷（占国土面积的49%），林地27.9万公顷（占国土面积的23%），非农业用地占国土面积的27%。法国都市型现代农业的组织形式以中型家庭农场为主，在欧洲，法国是中小农场最多的国家。它充分利用欧共体的农业结构调整政策，扶持和发展了各种农业协会组织，鼓励农场间的土地合作，扩大土地作业规模。在农场面积较小的地区，为解决土地过于分散的问题，提倡和鼓励农民集体生产，出现了"农业土地组合"和"农业共同经营组合"等以土地合作为主的农村合作组织。到20世纪80年代中期，全国农业土地组合共有2000余个，农业共同经营组合达25000多个。

　　荷兰是欧洲具有最发达的都市型现代农业的国际化、专业化、优质化和高新技术特征的国家。其生产组织形式以家庭农场为主，主要是集约化设施农业。设施农业和"温室革命"与完善的社会服务网络相辅相成，使荷兰成为世界农业强国。2001年，荷兰全国玻璃温室面积超过1.06万公顷，占世界温室总面积的1/4。特别是在西部的威斯兰地区，温室集中连片，设施先进，以"玻璃城"驰名于世。温室配套设施齐全，配有以燃烧天然气为主的加温系统（同时供给CO_2施肥系统）、通风系统、遮阳和保温幕、营养液循环灌溉系统和人工补光系统。另外，荷兰还通过合作组织发展规模经营。一是联合起来进行农产品生产、加工和销售；二是利用农民的合作银行筹集资金，对农业投资。从规模上讲，20世纪70年代后，农场数量减少了1/4，同期玻璃温室的面积却增加了91%；温室农场的平均面积从3664平方米扩大到9495平方米，小的温室农场接近1公顷，大的约3公顷。

　　欧洲各国都市型现代农业的生产特点不尽相同。从农业的产业结构看，巴黎大区以种植业为主。在1995年郊区省农牧业的总收入中，种植业收入超过91.5%，畜牧业收入不到8.5%。在巴黎大都市区近7000个私人农场中，种植大田作物的农场占70%，园艺蔬菜农场占11%，畜禽农场占6%。从种植业的产品结构来看，谷物面积约32.7万公顷，占农地的55%；油菜、甜菜面积都在4万~5万公顷之间，总计占农地的16%；蔬菜、马铃薯面积分别为2600公顷和9300公顷，总计占农地的2%；果园1800公顷和花卉500公顷，分别占农地的0.3%和不到0.1%。

　　20世纪初，荷兰对失去优势的粮食生产没有采取"保护"政策，而是开放粮食市场，不失时机地调整农业结构，发展特色农业。其中，以花卉园艺和畜牧业发展最快。20世纪70年代，畜牧业与种植业的产值比曾达到2∶1。后来由于欧盟共同农业政策的配额制度和国内环境问题，荷兰畜牧业发展受到限制，园艺业迅速发展。但近年来，荷兰平均年产奶量达1094万吨，加工后的奶制品一半以上销往国外。1997年，荷兰畜牧业与种植业的产值比为1.27∶1，之后荷兰的园艺业成为主导产业。

　　德国的市民农园多为400平方米左右，分布在中小城镇中。在种植上多采取花卉、果树和蔬菜混合种植。一些农园还经过精心设计，并有养殖等活动。所以，市民农园就犹如都市里的绿洲，市民可以获得多种精神享受，体验农耕文化，同时享受新鲜健康的农副产品。

　　大约在1984年后，德国根据经济发展需要和自然环境现状，制定了农业发展目标和战略，提出了"综合农业"观点，即采取能够满足人民生活需要而又不破坏自然环境的农业经营方式。所以，德国的市民农园功能是多方面的，在农业耕作体验和休闲上的功能尤为突出，以解决工业化发展带来的环境污染问题。

虽然巴黎大区以种植业为主，但农业对城市食品供应功能并不明显。除农牧业生产外，农业对生态、景观、休闲和教育方面的功能比较显著，即利用农业限制城市进一步扩张；利用农业作为巴黎市与周边城市之间的绿色隔离带；利用农业把四通八达的高速公路、工厂等有污染的地区与居住区分隔开来，营造一种宁静、清洁的生活环境，成为城市景观的组成部分；或者利用农业作为种植新鲜的水果、蔬菜、花卉等居民需要的产品的生产基地，有的作为市民运动休闲场所，还有的作为青少年的教育基地。

农业的发展除了为荷兰人民提供优美的生活环境，还成为国家经济、特别是出口创汇的重要组成部分。目前，荷兰已成为世界第三大食品和农业产品出口国，仅次于美国和法国，其农产品的75%供出口，每年给荷兰带来大约390亿欧元的收入。农业部门在国内生产总值中的贡献率约占12%，生产总值约达到330亿欧元，基础农业对国民收入和就业的贡献率分别为3%和3.6%。观赏植物的栽培占据着越来越重要的地位，销售额已达45亿欧元。首都阿姆斯特丹与周边几个城市共同发展现代设施园艺业，花卉占国际花卉市场总贸易量的60%之多。多年来荷兰政府将农业定位为持续、独立和具有国际竞争力的行业，创造出"三高一快"的奇迹，即土地生产率高，每公顷收入2468美元；土地创汇率高，每亩农用地出口额1.86美元；人均创汇率高，为14.06万美元；出口增长快，1961—1999年农产品净出口额增加了45倍。

荷兰农业的高价值得益于强大的物流系统。在荷兰，近25%的物流属于农业物流。荷兰建立了雄厚的农产品物流基础设施，承担了欧洲大约1/3的道路运输量，为发展冷冻业创造了条件。荷兰的冷冻行业非常发达，人均制冷和冷冻容积量居世界第一。不仅如此，荷兰还建立了电子虚拟农产品物流供应链，对物流供应链上的各个环节进行实际操作，实现物流供应链上的信息共享，完成客户订单所需要的物流活动，使信息透明度、准确度和及时性都得到提高。利用位于欧洲中心的优势，荷兰建立起许多分工不同的农业物流基地。鹿特丹港和斯希波尔机场是两个非常重要的物流基地。鹿特丹港靠近重要的蔬菜和水果种植地区，58%以上的农业产品和食品通过鹿特丹港运输。斯希波尔飞机场是另一个重要的农业产品物流枢纽，是花卉种植基地和欧洲花卉进出口中心，将生产的花卉运输到世界各地。荷兰还有其他分工不同的农业物流中心，如专门从事经营水果批发的弗拉辛港，经营鱼、肉等冷冻食品的埃姆斯哈芬港和经营水产品的埃姆伊敦港口等。

在强大的物流体系支撑下，荷兰农产品加工体系得到了大力发展。荷兰把农产品加工作为发展农业的重要内容，精深加工的水平比较高。可以说，几乎所有的农产品都是经过不同程度加工后才进入市场的。荷兰没有农村工业的概念，而是把农业作为一个完整的产业来对待，包含了产品的生产、收购、加工和销售的全部内容。这样在农业物流的配合下，荷兰形成了完善的从"田头到餐桌"的农业产业链。

欧洲各国对都市型现代农业的发展都采取了一定的法律政策措施。如德国1919年对市民农园进行立法；1983年进行了修订，规定所有都市都有义务将市民农园提供给市民，目标是每10户居民中就有一户拥有市民农园。法国通过立法鼓励农民长期出租土地，规定任何人都无权建立小于规定面积 22 公顷的新农场，促成了都市型现代农业规模化经营；另外，采取一系列的补助和减息贷款方法，扶持中等农场。荷兰政府为提高劳动者教育水平，完善农业科技体系，实施"绿色证书"工程，建立国家农业科技推广体系。

三、日本、韩国和新加坡

20世纪50年代至70年代，亚洲经济发达国家日本、韩国和新加坡先后进入城市快速发展时期。在1956—1973年的工业黄金时期，日本的农业劳动力转移量年均达到42.9万。这一期间，日本出现地区间差异扩大，传统村落社会崩溃，乡村人口减少，出现了农村"过疏问题"，即农村地区的生活与社会基础弱化，出现萧条景状；以青年为中心的大规模人口离村，形成乡村人口构成的老龄化；乡村地区以农业为主的生产功能越来越难以维持。

20世纪60年代，韩国也进入工业化和城市化的快车道。城市居民和农村居民的收入差距拉大，导致农村人口的大批流动，并带来许多城市社会问题，部分农村地区的农业濒临崩溃。与日、韩不同，20世纪60年代以来，新加坡在工业经济高速发展的同时，在过去几乎没有农村的基础上，建立起了都市型现代农业，向高科技、高产值方向发展。重点建设现代集约型农业科技园，最大限度地提高农业生产力，成为名副其实的"都市之园"和"世界花园城市"。

日本的农业发展与农用土地改革密切相关。20世纪六七十年代，随着农村地区的衰落，日本政府开始实施农地改革，由孤立农地集中占有转向分散占有、集中经营的战略，农地改革的重点由所有制转向使用制度，在农地小规模家庭占有的基础上发展协作企业，扩大经营规模，鼓励农地所有权和使用权分离。20世纪70年代开始，政府为避开土地集中的困难和土地分散占有给农业发展带来的障碍，出台了一系列的法令，如促进土地经营权流转，以农协为主，帮助"核心农户"和生产合作组织妥善经营农户出租和委托作业的耕地。

规划布局上，东京都市型现代农业以城市总体规划布局为依据，尽可能做到科学合理配置建设各类园艺场地、观赏景点及绿化地带，不允许随意侵占。在生产组织形式上，实现小型化、工厂化、集约化和现代化生产，蔬菜、花卉则主要以现代园艺进行栽培。另外，在城市的周边地区，观光农业园发展迅速，成为城市居民闲暇时候的好去处。分散的农户生产主要由农业协会组织起来，形成劳动集约经营。

日本的农业物流非常完善。在农业协会的推动下，农产品物流得到大力发展，同时减少了政府的社会管理成本。在日本，各大中小城市都有由农协直接参加或组织的农产品批发市场。在农产品销售中，日本农协建立了一批挑选、加工、包装厂、预冷库、冷藏库、运输中心以及地方批发市场、超级市场、商店等，并在全国大中城市的 74 个中央批发市场中建立了分支机构，提高农产品从生产到销售各个环节的效率。另外，日本建立了由上到下专门化的流通行政管理体制。在全国层面上由农林水产省负责农产品的流通行政管理，地方上则有农林行政管理部门的流通室负责行使职能。这样农产品的生产管理、产后加工、安全卫生、上市运销和零售消费等的生产和流通环节上效率大大提高；同时也降低了行政管理成本。日本农产品的商品率一般都在90%以上。

日本在城市化高度发展、重新审视城乡关系后，较为成功地协调了城市与农村的发展问题。政府制定了大量法律促进农村发展，如为扶持山区农村及人口稀疏地区的经济发展，制定了《过疏地区活跃法特别措施法》、《山区振兴法》等；为促进农村工商业的发展，制定《向农村地区引入工业促进法》、《关于促进地方中心小都市地区建设及产业业务设施重新布局的法律》等。在投资方面，采取多种方式、多样化的投资策略。中央政府主要对建设项目进行财政拨款，地方政府除财政拨款外，还发行地方债券进行农村公共设施建设。借助于农村基础设施的改善，城乡间开始协调发展。农村、农业发展也为城市产业和人口的扩散开辟了道路。因此，农业不再是日本农村的支配产业，到1980年农村从事第三产业的比率高达42%，小城市得到了较快发展。

由于城市空间紧凑和城乡的高度融合，日本都市型现代农业在经济、社会、生态功能和防灾减灾功能等方面发挥着重要作用。市民不仅一年四季能食用到新鲜、优质和安全的农产品，还可以享受农业休闲文化，都市型现代农业成为农耕文化的教育基地。

与日本相似，韩国都市型现代农业的兴起缘于20世纪70年代后的"新农村运动"。韩国政府设计实施了一系列开发项目，以政府支援、农民自主和项目开发为基本动力和纽带，通过一系列项目开发和工程建设，增加农民收入，改变农村面貌。20世纪90年代政府认为已经完成了运动初期需要政府支持、协调和推进的使命，于是便通过规划、协调、服务来推动新农村运动向深度和广度发展，在扩大非农收入、建设现代农渔村、扩大农村公路、鼓励经营农业、增加信用保证基金、搞活农用耕地交易、健全食品加工制度、建立健全农业支持机构方面推出了诸多具体措施。

20世纪80年代以来，韩国推行绿色观光概念。1983年，韩国颁布《农渔村收入来源促进法》，以增加农村除农业以外的收入来源；1990年的《发展农渔村特别法》和1992年《农渔村观光休养资源开发法》，促进观光农园的开发。此后，又相继利用留置农村地区的工厂来激活地区经济，尤其是农村地区发展。

绿色观光农业的发展，为市民提供了业余时间在农村体验农、林、渔业的机会，加深了城镇居民对农、林、渔业的理解，拓宽了地方政府实施农业政策的方案，形成了以绿色观光为中心的基础产业局面。绿色观光农业的出现对防止农村人口流失与减少农民转业具有巨大意义，为促进农村的发展提供了契机。同时，绿色观光农业作为自然导向型产业，投资规模小，但它是一种时间消费型的休闲方式，具有很大的活力。

20世纪60年代以来，新加坡在工业经济高速发展的同时，都市型现代农业也向高科技、高产值方向发展，重点是建设现代集约型农业科技园，最大限度地提高农业生产力；同时，在海外投资合作建立农业生产基地。目前，新加坡建有6个农业科技园，基本建设由国家投资，然后通过投标方式租给商人或公司。通过拥有现代化仪器装备，进行新的农业技术研究与开发，使之成为农业科技服务区域中心。农业科技园的发展，为提高食物供给的自给率作出了重要贡献。新加坡农业主要发展蔬菜、花卉、鱼、鸡蛋及牛奶生产，具有较高的经济效益，特别是观赏用的热带鱼和胡姬花，年出口值达6000万~7000万美元。

四、拉美和非洲

20世纪中后期，特别是90年代以后，拉美和非洲一些国家也开始从都市型现代农业的发展视角来关注农业发展。

拉丁美洲"过度城市化"现象极为严重。阿根廷、智利和乌拉圭等国的城市水平甚至超过80%。虽然从人口城市化水平来看，拉美地区同西方发达国家相差不大，但经济发展水平却远远低于后者。人口的高度城市化是建立在农村经济持续恶化、普通农民大量破产基础上的。农村大庄园制度导致土地兼并现象十分严重，大量农民破产并丧失发展空间，不得不进入城市寻找新的生存机会。但拉美主要国家自20世纪60年代后，工业和整个经济的增长缓慢，甚至不时爆发经济危机，城市就业机会严重不足。而农民缺乏工业技能，农民就业问题极其严重。比如在墨西哥的埃帧特帕拉帕（Iztapalapa）和阿拉维欧版（Alavaro obregon）半城市化地区，20世纪70年代以来人口飞速增长，增加了大量正式或非正式的定居点，尤其是接纳了大批农民移民。在这些地区，残留的农业生产痕迹依然存在，但由于这个地区早就完成了城市化进程，这些遗留的痕迹也便不再有任何经济意义。因此，拉美一些主要国家在市中心、半城市化地区采取不同的发展策略。例如，墨西哥城在市中心区进行半工厂化的蔬菜和家禽饲养；在半城市化区内，如果离市区较近主要进行牛奶和肉类生产；较远的以高密度、大规模的传统梯田生产为主，主要种植一些仙人掌、蔬菜和季节性作物。

非洲和其他第三世界国家对都市型现代农业的关注多起源于社会危机。如古巴由于20世纪早期欧洲集团的解体，丧失了主要的贸易伙伴，与此同时美国加紧了对古巴的经济封锁，从而引发了严重的能源和社会危机，城市粮食、蔬菜和水果供应不足；而乡村的农业产品因交通系统的瘫痪无法运输到城市里，所以古巴政府开始调整农业政策，鼓励市民从事都市型现代农业自助自救。再如雅加达因1997年印度尼西亚经济动荡，鼓励市民进行粮食生产，以摆脱食物供给不足的窘境。

对很多发展中国家而言，都市型现代农业的法制、法规建设还是处于真空状态。甚至在一些国家，如津巴布韦，都市型现代农业受到城市发展政策的排斥，一些环境和居住法案对城市地区开展农业生产视为不合法。都市型现代农业的不合法化和缺少政策的指导，直接导致一些环境和农业生产的问题，而这些本应是发展都市型现代农业的优势。因此，都市型现代农业成为城市规划和经济发展战略中的重要问题。

纵观非洲和拉美国家，都市型现代农业发展的主要功能和任务是将其作为一项资产投资补充收入和粮食不足，如阿克拉和埃塞俄比亚；作为国民饮食不可缺少的一部分，如达拉斯萨拉姆；增强食物保障，如内罗毕；解决社会危机，如哈瓦那；调整城市的无序扩张，如墨西哥城。另外，都市型现代农业还被普遍认为是提高家庭收入、增加就业机会和女性参与程度的产业活动。

第五章 都市型现代农业的国际经验

第二节 国外都市型现代农业发展的启示

综观 20 世纪中期以后国外，尤其是发达国家发展都市型现代农业的主要做法，对其经验及启示可以做出如下概括。

一、城市化是都市型现代农业发展的前提

国际经验表明，城市化和城市现代化水平的不断提高是发展都市型现代农业的前提。都市型现代农业是在空间及产业组织上与城市密切交融的新型农业形态，不仅在生产、流通以及产业布局等方面必须服从大城市的需要，体现出为市民的生产和生活提供服务的功能，而且在产业组织方面也有赖于大都市提供的科技成果和现代化设施；在市场组织方面，更是需要借助大都市的力量才能实现对跨区域市场、乃至国际市场的占有。从欧洲、北美以及亚洲的情况来看，各国的都市型现代农业都是在城市化高度发展、城市社会经济快速发展和人们经济收入不断增加的条件下发展起来的，城市的规模化和现代化，是发展都市型现代农业的根本前提和必要条件。

二、重视现代市场流通体系建设

从一些发达国家发展都市型现代农业的最新趋势来看，充分利用大城市、特别是国际化大都市发达的市场、信息和交通网络，打造现代化的都市型现代农业流通体系，已成为推动都市型现代农业大发展的重要引擎。例如，荷兰是闻名全球的花卉之国，其花卉产业之所以能够成为创汇产业，并支撑起都市型现代农业的大发展，很大程度上与海牙国际鲜花交易市场的形成有关，正是凭借海牙花卉交易中心，才建立起辐射全球的鲜花交易和流通网络，大大提升了鲜花交易的范围和速度。通过市场流通体系建设，既可以把千家万户的农民与市场紧密联结在一起，快速有效地根据市场需要来进行生产要素配置，又可以通过市场化带动农业产业化，进而推进农业的专业化和基地化。因此，发达国家发展都市型现代农业，都很重视利用都市发达的市场、信息和交通网络来推动都市型现代农业市场流通系统的形成。

三、高新技术是发展都市型现代农业的关键

都市型现代农业是分布在都市周边区域或者大都市经济圈内的农业形态。由于这些地区具有耕地少、劳动力价格高的特点，农业投入也相对较大，因此发达国家发展都市型现代农业，都十分重视引入高新技术，以此来增加产品的科技含量，强化都市型现代农业的整体绩效。从国外发展都市型现代农业的主要形态和类型来看，无论是生态农

业、设施农业、休闲观光农业,还是直接把工业科技用于农业生产的精准农业、数字农业和智能化农业,与现代技术的内在关联性都十分明显,引入高新技术已成为发展都市型现代农业的关键。

四、大力推动农业的集约化经营

发达国家发展都市型现代农业,一般都高度重视对产业要素的集约化经营。荷兰的都市型现代农业是以园艺业和畜牧业为主的出口创汇型农业,一方面借助发达的设施农业,对花卉、蔬菜及奶制品等实行集约化经营;另一方面,还通过专业化分区来推动集约化经营,如荷兰北部是以奶牛饲养及奶制品加工为主的畜牧区,西部是以种植牧草为主的农牧混合区,南部则是以蔬菜、花卉为主的园艺区,这种分区在推动专业化分工的同时,也进一步提高了生产组织的集约化水平,极大地增强了各个专业分区的出口创汇能力。新加坡的主要思路是建设现代集约型农业科技园,同时,结合岛国特点,在空间上又强调通过环市区农业带和沿海观赏渔业带两个"都市型现代农业带"来进行集中布局,以此形成了更加明显的集约化效应。

五、追求多元化功能目标的实现

发展都市型现代农业,必须因地制宜地推动多元化功能目标的实现。在许多发展中国家和地区,都市型现代农业更多地承担的是维持生存和保障食品安全的功能,发达国家则更强调用多元化的功能目标来引导和推动都市型现代农业的发展。日本主张发展都市型现代农业应实现四个目标:一是建设有"农"的城市,借助都市型现代农业构建城市的"后花园";二是提升都市环境质量,建设生态型城市;三是增加农民收入并提高其社会地位;四是加强农村建设,振兴农村。德国更多地强调都市型现代农业的"生活社会功能",强调体验农耕乐趣,提供自给自足的健康食物,提供休闲娱乐及社交场所和自然、绿化、美化的绿色环境,等等。法国则以突出环保生态功能为主,其显著特征和功能是利用农业作为限制城市的藩篱,防止城市进一步向外扩张;同时,利用农业把高速公路、工厂等有污染的地区和居民分隔开来,营造宁静、清洁的生活环境。显然,在发达国家,都市型现代农业正越来越多地呈现多元化的功能导向。

六、建立健全法规政策体系

发展都市型现代农业必须尽快完成法规政策的配套建设。首先,法律制度要健全。德国有"市民农园法",法国有"家庭农园法",日本有"生产绿地法"。这些法律从各国的实际出发,对都市型现代农业存在的意义、功能等做了规定,成为保障都市型现代农业健康有序发展的重要制度基础。其次,要尽快建立起对都市型现代农业的政策支持。都市型现代农业很容易因为城市和工业的盲目扩张而受到破坏,必须制定政策保护农业用地。在这方面,日本的做法是直接把都市型现代农业列入城市规划,使其作为城市的"公共财产"加以保护；同时，采取措施对都市型现代农业给予保护和扶持，如对初次从事都市型现代农业的人们提供无息贷款，资助其学习和参加培训等。这些政策措施，都较好地起到了维护和推动都市型现代农业发展的作用。

第三节 案例分析——日本的都市型现代农业

日本的都市型现代农业是指都市内的零星插花型的农业。在地价和劳动力价格偏高的形势下，日本的都市型现代农业着重从设施型农业、加工型农业和观光型农业等类型发展。

一、日本都市型现代农业的特征

（一）耕地零碎，农业集约化程度高

在日本，由于城市无序发展，土地变得狭窄细小，耕地十分零碎，常呈"格子田"、"箱子田"。据东京都1988年调查，都内8347公顷农田中，经营规模不满0.1公顷的，约占总面积的7%；经营规模在0.1~0.5公顷的农户共9249户，经营面积为2101公顷，约占总面积的25.1%；经营规模在0.5~1公顷的农户1894户，经营面积为1325公顷，约占总面积的15.9%；经营规模在1~2公顷的农户983户，经营面积为1300公顷，约占总面积的15.6%。从总体来看，绝大多数地块都十分零碎，规模狭小。相反，土地较为完整的仅占一小部分。据统计，东京都经营规模在5公顷以上的农户仅167户，经营面积为1514公顷，约占总面积的18.2%。与东京都相仿，大阪府现有耕地面积1.7万公顷，约占全府总面积的1%；大阪府耕地也十分零碎，规模不满2公顷的占70%。

伴随着耕地的不断减少，都市内的生产者愈来愈认识到农地所内含的价值。与日本国内其他农地相比，都市内不少农家十分注重引进先进科技、新品种，增加物质和劳力投入，农业专业化、集约化程度明显高于其他农区。据统计，各大都市内农业技术骨干所占的比重高于其他一些农区。例如，在专业农家中，有1人以上专职从事农业的，全国的平均数为24.5%，而东京都则达40.2%，神奈川县为30.1%；有2人以上专职从事农业的，东京都达7.7%，神奈川县和爱知县分别达8.3%和5.6%，都高于全国4.2%的平均数。一年投入超过1000个工作日的，东京都占2.8%，神奈川县占3.7%，爱知县占4.9%，也高于全国2.2%的平均数。因此，尽管从事都市型现代农业的农家绝对数逐年减少，但经营农业的人员相对比较精干，不少地区还十分注重资金、劳力投入，专业化较强，农业集约化程度高，从而大大提高了单位面积的产出率。例如，大阪府尽管耕地面积较少，但单位面积农产品的生产量都较高，生产量排名入全国前十位的农产品有茼蒿、香菜、雪菜、洋葱、葡萄、无花果等7种，卷心菜、芋艿、茄子、毛

豆、柑桔等生产量稳定在全国排名20位以内。

（二）兼业性强，农民收入以不动产收入为主

由于大批劳动力向非农转移，三大都市圈内的农民从事农业生产的兼业化程度很高；同时，这些地方具有紧靠大城市、农地价格日涨夜升的优势，不少农家充分利用现存的零星土地建造停车场、仓库、出租房屋、店铺，以此增加收入。1991年日本三大都市圈内农家收入中，平均有69.3%的农家有不动产收入，局部地区83.5%的农家有不动产收入。据同年东京都对练马区农家收入情况的调查，"以农业收入为主"的农家约占被调查总数的19.5%，"以不动产收入为主"的农家约占被调查总数的39.1%；"农业收入与不动产收入各占一半"的农家约占被调查总数的39%。而对东京都小金井市农家的调查表明，上述比例则依次为5.8%、66.7%和3.9%。地域不同，农业收入的结构也各有差异。从总体来看，以出租房屋为主的不动产收入已成为都市型现代农业中农家收入的重要来源。这样，在都市化进展较快的大都市，已蜕化出依靠租贷业收入而生活的新型农民。

（三）以蔬菜为主，多作物、多品种生产

劳动密集型的蔬菜生产是都市型现代农业的一个重要组成部分。作为一种特殊的商品，蔬菜易变质，不耐贮存、运输，因此市场离产地越近越好。目前东京圈、大阪圈内的城市农业已很少生产水稻，而主要生产蔬菜、水果，特别是不耐运输的鲜绿时菜大都是由大城市近郊的农家生产。为了确保新鲜蔬菜的供应，政府对蔬菜的产销制定了一系列的措施。例如，提供蔬菜供给安全基金，一旦蔬菜大量增产，增产部分不运到城市而就地处理的，政府进行全额补贴。如果价格下跌，政府则提供一定的补贴。在这种情况下，尽管都市型现代农业内的蔬菜生产形式仍是高度资本集约型的，如温室栽培、无土栽培等，但因为其单位时间的劳动率都比较高，所以，从总体来看，农家还是乐意投资生产经营蔬菜。例如1994年，东京都蔬菜生产产值占农业生产总额的59%，花卉、果树占16%。相反，稻米仅占1%。又如大阪1995年农业生产总额550亿日元，其中蔬菜类占41.8%，果树类占17%，花卉类占6.6%，畜产类占19.2%，而稻米类仅占19%。另据1985年对东京都中央批发市场调查，青菜进货量的86.4%都是由东京都生产的；1995年大阪府生产的青菜，市场占有率达90.4%，茼蒿市场占有率为71.3%。同时，为了充分满足大都市市民多层次、多形式的消费需求，三大都市圈内的农家都十分注重依靠先进的农业科技推广网络，提高农产品的产量和品质，农作物种植种类丰富、品种繁多。

（四）注重投入，实行设施化栽培

都市土地价格高、劳动成本大，因此三大都市圈内的不少地方充分利用城市的资金、物资、科技优势增加对农业的投入，设施农业应运而生。其主要发展形势是增加投入，种植甜椒、茄子、草莓、网纹甜瓜、观叶花、香石竹等经济价值较高的蔬菜、花卉和果树，同时还采取提前和延后作物生长，延长上市供应期，尽可能使蔬菜、花卉、果

第五章 都市型现代农业的国际经验

树实现周年生产、周年供应，以提高单位面积的产量和产值。据 1990 年对东京都、神奈川县、大阪府、爱知县的调查，4 县（都、府）的农业半数以上都已实现了设施园艺化栽培，农户拥有玻璃温室和塑料大棚的比例明显高于全国平均数。

（五）与城市相适应的观光农业盛行

观光农业的发展，已渐渐成为农民的主要业务。这其中，主要有两种形式。

1．市民农园

不少农家的土地除少量自己耕作外，还有一大部分出租给城市市民业余耕种。市民农园比较注重参与性，市民可以亲自购苗、培肥、种菜、浇水，尝试农田管理，参加农业技术展评会，收获农产品进行展评，将自己种植的蔬菜、瓜果等农产品做成各种食品共同品尝。除综合性的市民农园外，日本三大都市圈的不少地方还专门为老人与儿童设立了专业性比较强的农园，如老人农园、学童农园等。特别是在学童农园里，可以经常看到中小学生，这是学校让他们温习科学功课，增进农艺知识，避免五谷不分而上的必修课。因此，尽管日本水稻种植和收割已全部实现了机械化，但从电视、报纸上经常可以看到日本各地中小学生进行插秧和割稻的消息。

2．农业公园（观光农园）

日本的农业公园内容丰富，菜、果、花、树均可入园。从种类来看，主要有生梨类、柑桔类、柿子类、葡萄类、芋艿类、草莓类、垂钓类和其他类等。同时，不同的农园风格也不相同，有精雕细刻型的，也有粗放自然型的。从总体来看，日本的农业公园有三点特点：一是因地制宜，根据本地的实际，发展特色农产品。例如，大阪府利用山坡发展山间葡萄，颇有特色。横滨市则根据优越的自然环境以及原有的农业设施，在寺家町规划建设了农业公园——横滨故乡村。二是广泛采用先进的玻璃温室、营养液栽培等技术，不少农业公园新奇独特，如周年葡萄农业公园，多层悬挂式番茄，草莓栽培，采摘蔬菜要架上扶梯。三是发展农产品加工业，不少地方的农业公园把生产的农产品加工成食品、饮料、化妆品等，供市民选购。

（六）畜牧业比重下降，日渐萎缩

在三大都市圈内的都市地域范围内经营畜牧业，所需的饲料主要从外地购入。由于生产的蛋、肉、奶等畜产品上市容易，且可充分利用城市的废弃物，因此在城郊经营的畜牧业集约化程度高，效益也比较好。特别是在都市地域范围内经营奶牛业，通过规模化饲养、企业化管理，收益明显好于一般农区。但由于城市规模不断扩展，污染问题越来越尖锐，加之劳动力费用迅速上涨，都市地域范围内的许多畜牧场变得无利可图，被迫大量向纯农区转移，畜牧业在大都市农业中的比重逐年下降。

二、日本都市型现代农业的功能

（一）提供新鲜农副产品

由于紧靠城市，与一般农区相比，市民更关心都市内生产的农产品是否受到污染，因此在都市范围内生产、收获农作物，市民可以眼见为实，充满安全感。同时，都市型现代农业生产还有其明显的地理、科技、信息优势，因此它所生产的各类优质、新鲜、卫生、安全的农副产品，主要是提供给大城市，以满足市民多层次的需求，这已经成为都市型现代农业的主要功能之一。其中最显著的特点是利用各类现代化生产设施和先进技术，生产一般农区不易替代的不耐贮藏、运输的各种新鲜绿叶菜及部分水果。以东京都农业为例，1991年全都蔬菜生产总量14.4万吨，其中绿叶菜4.2万吨，分别占1200万市民年消费量的11.1%和12.2%。又如大阪、东京的批发市场上经营的蔬菜中，由本府（都）生产的各类绿叶菜占有相当大的比例。由于依靠现代化的设施栽培，府（都）内农民可在较短时间内生产各种短期绿叶菜，有的地方年收获上市次数可达7~8次，由此确保了新鲜农产品的供给率和市场占有率。值得一提的是，不少地区还十分重视挖掘与开发富有本地特色的农副产品，以满足市民的各种需求。

（二）提供优质的生活环境

由于城市急剧扩张，都市被水门汀、建筑物所笼罩，热岛效应不断加剧，气候日趋恶化，因此在都市内留有一些农地空间，发展一些以林果业栽培为主的农业，既为城市增添了绿色，增加了观赏景点，又改善了大城市的生态环境，提高了都市人的生活质量。为了通过都市型现代农业搞好都市的绿化，1974年日本出台了《生产绿地法》，对促进都市型现代农业起到了一定的作用。1991年日本又修改并出台了《改正生产绿地法》，规定划为市区区域内500平方米以上的农地，原则上不批准建设住宅、工厂，并按照一定的比例绿化。只有这样，20年后对农地继承的税收予以优惠减免。如继承人不愿再从事农业的，可以自由进行土地买卖。根据《改正生产绿地法》的规定，日本三大都市圈的市街化区域内的农地生产绿地指定率为35.8%，其中东京与京都为60%，大阪为47%，横滨为44%，奈良为32%，其他县也都在20%。同时在整个城市范围内，市街化区域内农地、绿地指定率明显高于其他一些农区。据调查，这些法规的出台，对保障三大都市圈内都市型现代农业的良好生态循环创造了条件，在增强水源涵养、防止沙土流失、促进城市大气净化以及保护野生鸟兽等方面都取得了明显的效果。

（三）提供休憩娱乐场所

随着物质的日益丰富，市民在从事紧张劳动之余，迫切需要使一直紧绷的心弦能够得到休闲调整。据民意调查，都市型现代农业在为都市人提供休憩娱乐场所方面，发挥了以下作用：一是提高了土地的利用率；二是满足了都市人体验农业的需要；三是能够体验农业、了解农业、理解农业、发展农业；四是加强市民与农民之间的交流；五是利

第五章 都市型现代农业的国际经验

用空余时间进行适当的劳作,有益于增强体质;六是为孩子们提供学农基地,可以了解农业知识,热爱农业。

（四）提供防灾御害的空间

由于城市土地少、人口多,各种建筑物毗邻相接,加之日本是个地震多发国家,因此,如果在都市内不留部分农地,将给防灾御害带来很大的困难。现有的镶嵌在城市社区内的农地可以增加空间,起到缓冲作用,防止大规模灾害的发生和发展,通过隔离空间来减少损失。日本的有关农业专家认为,都市型现代农业的公益功能明显大于经济功能,且公益功能都是无偿向社会提供的。据日本农林水产省统计,1991年日本生产的稻米的经济效益为4兆日元,而其公益功能产生的效益为12兆日元。

三、日本都市型现代农业存在的问题

先行一步的日本都市型现代农业在发展过程中,面临着不少困惑和难题。由于都市型现代农业往往在大城市内的一个特定区域,正日益受到城市的多重影响,离城市越近,影响就越大。

（一）对农田的侵占和农业的不稳定性

城市的发展必须依托一片土地,而市民将农村特别是被划为市街化区域的农地作为未来所需土地储备的首选。这样,征得的土地都是东一块西一块,给城市规划带来了不少麻烦。第一,非农业项目对农田的侵占,使都市农民失去了耕地;由于建设所需,田地变得支离破碎。修建主干道、环形道路、铁路、石油管道和天然气管道也会引起许多麻烦。农地被建筑物包围以后,设施遭破坏,采光不足,交通不便,流通不畅,更难以扩大生产规模。第二,农业经营活动还因同居一处的市民对农业带来的种种不便而难以开展。第三,交通繁忙,使农业机械不能再利用某些道路,道路两旁的农田被隔开,也给管理和耕作带来了不少困难。由于非农业项目对农田的持续侵占,农业的不稳定性已成为阻碍都市型现代农业发展的最大问题之一。从东京都对农业的稳定性的调查看,10年后打算离农者中有57%的农民认为"农业今后会消亡";43%的认为"经营农业的国内环境太差";35%的认为"力不从心"。

（二）农业的污染和城市对农业的干扰

由于都市型现代农业经营日趋集约化,在生产过程过量施用化肥、农药、除草剂,加之畜牧业集约化规模不断扩大,畜禽粪尿处理不当,由此对土地、湖泊和地下水造成了不良的影响。不少市民对农业造成的环境污染十分关注,特别是对养殖场的指责有增无减,纷纷要求采取措施予以搬迁解决。据大阪府调查,各类干扰影响都市型现代农业发展的主要因素依次为水质恶化、偷窃破坏、猫狗破坏作物、日照和通风不良、城市灰尘污染、工厂散发浓烟危害、夜间光照过长危害、农业设施损坏等。

（三）农村劳力老龄化、女性化和农业高度兼业化

大城市的急速发展，迫切需要大量的劳动力。因此，三大都市圈内城市农村劳力特别是年轻男劳力都显著减少，导致农村劳动力严重老龄化、女性化，农业后继乏人已成为日本都市型现代农业面临的又一大难题。据东京都1990年对农业主要劳力的年龄类别调查，男性主要农业劳动力中，60岁以上的占51.9%，其中70岁以上的占20.1%；女性主要农业劳动力中，60岁以上的占47.4%，其中70岁以上的占12.5%。同时对专业农户调查显示，子女愿意继承前业、继续搞农业的仅占19.3%，而绝大多数都不愿再像其父母那样从事农业。都市农村劳动力锐减，使农业兼业化程度不断加剧。由于大批农业劳动力走向农外兼业，农业就业劳动力严重老化，质量相对降低，从而阻碍了农业生产率的进一步提高。加上兼业农户越来越依赖非农收入，农业收入的比重显著降低，结果造成农业经营日益粗放，土地生产率和利用率相对降低。

四、日本发展都市型现代农业的对策

对都市型现代农业出现的一些困难及危机，日本政府和农业界不少有识之士提出了诸多建议对策，不少地方也在这方面进行了有益的实践和探索，取得了一定的成效。但总体来说，进展并不是十分显著。今后日本都市型现代农业如何进一步完善发展，综合多方意见，对其主要对策简述如下。

（一）制定政策，确保都市与农业长期共存

日本不少专家学者指出，要把农业规划放到城市规划中统一考虑，通过立法和规划，让农业作为城市的一个有机组成部分长期存在。在土地使用的政策方面，着重抓好几点：一是贯彻执行《改正生产绿地法》，对已划入保护范围的土地依法固定下来，30年不变；对从事农业生产的给予倾斜、支持。二是在土地利用上，首先考虑农业的需要，未经政府批准不许出售和占用耕地。三是严禁在良田上从事建筑业，加强土地规划和整治。四是加强土壤改良工作，搞好灌溉和排水工程建设。

（二）创建新型都市型现代农业，加强市民和农民的交流与合作

近年来，日本的社会、生活等各方面正向三大都市圈集中，而都市型现代农业的活动却有所降低。因此，一些日本农业专家提出，应进一步明确都市型现代农业的作用，扬长避短，创建新型都市型现代农业，增强其活力。都市型现代农业分布在大城市内，与消费者十分紧密，在地理上、技术上有不少优势，因此可充分利用都市型现代农业特有的位置，依托先进的科技和工业技术，创造农业的新附加值。都市型现代农业的定位要尽可能地满足市民的消费特性，在治理生活环境、启发创造性劳动方面多做探索。此外，还应对文化、历史、地区间固有的资源和技术重新评价，积极探索新路，创建新型都市型现代农业，以增强都市型现代农业的活力。同时，应十分注重促进市民与农村农民之间的合作与交流，继续发展以体验农业、亲近农业为宗旨的观光农园与市民公园，

贯彻从消费中来、到消费中去的生产技术路线，发展适应消费者需要的农业生产，特别要开发适用于加工、就餐用的优质、高级、符合健康意向的农产品。此外，还可通过举办农产品品评会、讲习会、农业节等多种形式，增强市民与农民之间的了解与沟通，进而引起广大市民对农业的兴趣，给予支持帮助，共同提高和增强都市型现代农业的活力。

（三）增加投入，强化农业对环境绿化的作用

农业的发展，日益需要更多的先进技术和设备，也需要水利、电力、交通、设施予以配套。因此，要维持和发展都市型现代农业，必须继续增加对农业的投入，除稳定政府补贴、贷款投入政策外，还要多渠道地筹集资金，增加对农业的投入。同时，今后都市型现代农业必须进一步向专业化、区域化、社会化发展，对现有的零星农业必须要使土地有计划地向种田能手集中，提高其规模效率，加快农业科技普及。日本农业专家普遍认为，都市型现代农业、农村具有保护国土和环境的功能，不仅对农民而且对包括城市居民在内的全体国民都十分有益，因此，要教育全体国民理解其重要性。为了维护和增进都市型现代农业保护生态环境等功能，应珍惜利用好水资源，维修景观，并研究开发环境保护型农业技术，推进畜禽粪尿的转化利用，以确保人类良好的生存环境。

（四）培养和造就都市型现代农业的接班人

在确保都市型现代农业发展的生产基础设施的同时，多层次、多元化地培养下一代年轻农业骨干至关重要。鉴于此，日本不少农业专家提出培养与造就一批优秀的农业骨干，应拓展视野，采取综合措施，多管齐下寻找出路。一是设定确保都市型现代农业继承者的专业基金会，多方筹集资金，以培育农业骨干、提高务农者劳动素质、推广普及农业科技、吸引农外人员从事农业等。二是针对都市型现代农业劳动力的实际情况，为女性充分发挥能力和开展活动创造必要的条件。三是通过推进研修教育、低利资金的融通、优惠提供土地和信息的网络化等，使本来是农家出身，但在农业以外行业就业的劳动力又回到农业上来，同时吸引非农家出身的劳动力加入到从事农业的行列。四是由各级农业普及所和农协举办形式多样的农业科普知识、技术讲座等，在社会上形成热爱农业、关心农业、理解农业、支持农业的良好风气。五是重点投资注重培养一批既懂农业技术，又会经营管理，更善于搞好销售流通的复合型人才，以适应现代农业发展的需要。

第六章　都市型现代农业在中国的实践

第一节　中国现代农业的基本特征

农业有万年以上的历史，每一次科技上的重大突破和革命，都将农业推上一个新台阶，进入一个新的历史时期。可持续发展的理念，以生物技术与信息技术为主导的新的农业科技革命，使中国的传统农业迈上了建设现代农业的步伐。现代农业既是技术密集型的知识产业，又是可持续发展的绿色产业。现代农业的建设将是长期的系统工程，是一个由量变到质变、低级到高级的发展过程。因此，要用新的观点、新的思路来认识和研究现代农业。中国现代农业的基本特征主要表现在几个方面。

一、农业产业结构的市场化

随着市场经济的发展，人民生活水平的不断提高，消费需求发生了很大变化。现代农业一定要以市场为导向，调整农业产业结构，不断满足人们的两种基本消费需求：有形的物质需求和无形的生态需求。现代农业可以通过合理布局生产保障型产业，生产粮食、蔬菜、肉、禽、蛋、奶等常规产品和开发名、特、优、新产品，调整优化种植业、养殖业结构，满足人们的物质需求；通过发展以绿化、美化为目标的园林产业，开拓融观光性、游乐性、休养性为一体的休闲农业、观光农业等，即开发生态建设型产业来满足人们的生态需求。传统农业是计划农业，而现代农业是市场农业，要求农民树立农产品的质量意识、商品意识、市场意识，以促进农业创名牌。

农业产业结构的市场化就是要根据农产品市场的供求情况，结合各地的农业自然资源和社会经济条件，确定适宜开发的主导产业和主导产品，发展产加销一体化的市场农业和高度开放的外向型农业，开拓国内外市场。例如，日本大阪现代农业市场化程度很高，有中央批发市场3个，地方性批发市场几十个。批发市场内有4个大型批发公司，中间批发公司197个，还有运输、饮食、邮电、加工厂等近50个相关部门，并且火车直通批发市场。日本农业市场化的另一个中间环节就是农业协会（简称"农协"，下同），有生产中的农协，也有上市农协。农协设有农产品加工、配送、金融、保险等部门，主要功能是组织上市，传递市场信息，以此形成"农户—农协—批发市场—零售商"纽带链。现代农业在培育主导产业和建设大规模农产品基地时，要特别注意避免在资源趋同的地区形成雷同的产业和产品，要因地制宜，扬长避短，做到"人无我有，人有我优"。同时，要建立政府与市场相结合的调控机制。一靠市场导向，二靠政府部门有规划的引导。

二、农业生产方式的集约化

集约化生产是现代农业的基本特征之一。要实现集约化生产，就必须改变过去的粗放型、兼业化的生产方式，向机械化、良种化、专业化、规模化融为一体的生产方式发展。例如，日本大阪的现代农业集约化程度很高，大多数农户农机设备齐全，水稻插秧、收割和耕作等实现机械化、良种化。同时，日本农产品贮运配送的集约化程度也很高，很多农户都有冷库、冷藏车以及配送设施。和歌山一家农协的配送中心，装运采用机器人，配送时通过电脑测定每一只桔子的大小、糖度和含水量，并根据品质和形状分为20个不同等级。又如，上海农业集约化程度也在不断提高，奉贤区近年来就崛起了一批特种作物专业化生产基地，有光明的黄桃、奉城的方柿、邵厂的哈密瓜、江海的莲藕、邬桥的青梅等。种植业的专业化生产就要求生产相对专一和集中，种植单一的农作物，做到"一村一品"、"一乡一业"。同时，专业化的发展必须以适度规模为基础。

目前，土地规模经营是提高农业劳动生产率，从而提高农业比较效益的根本途径。但从全国范围来看，农业土地规模经营的进展不快，主要原因是现实条件的限制。实现土地规模经营的基本前提是，大批农村剩余劳动力稳定转移到非农产业，土地经营不再作为他们的谋生手段。在实践中，各地把60%~70%的农村劳动力稳定地转入非农产业，作为实行规模经营的起步条件。就上海郊区来看，已具备这个条件，郊区从事乡镇工业、建筑业和服务业等第二、第三产业的劳力占农村总劳力的比例已经较高。但是，有些区、县农村劳动力仍大量集中在第一产业，对于有偿转让土地使用权、集中经营承包等还有种种顾虑。因此，农业土地适度规模经营将是一个渐进的过程。

三、农业经营形式的产业化

农业一直被认为是一种初级产业，是一种与传统的、落后的生产方式和生产条件相联系的产业，似乎只是种植业和养殖业的生产，而农产品的加工被看成第二产业，农产品的流通被看成第三产业。长期以来，由于生产、加工、销售分割，利润分配不合理，导致农产品价格波动大，农业生产效益不稳定。现代农业的建设首先要解决这一问题，真正实现农业产业化，如上海为了加快农业产业化的步伐，正在构筑农业"六大产业高地"，即种子种苗产业、温室产业、农机产业、农副产品加工产业、农业生物技术产业、农艺软件和先进农用生产资料产业，以确立上海农业在全国的优势和领先地位。现代农业的产业化要做到三点。

（一）组建龙头企业，架起市场与农户的桥梁

龙头企业是农业产业化中一种新的生产实体。为加快农业产业化进程，必须高起点

都市型现代农业的理论与实践

培育，组建各种大型的龙头企业。可采取股份合作制、国营、集体投资等多种形式，组建农业龙头企业。同时，采用"公司+基地或农户"的组织载体，纵向实行种养加、产加销、贸工农一体化，横向实行土地、资金、技术、劳力的集约化经营，建立农副产品生产、深加工和市场销售相结合的生产经营体系。

（二）协调龙头企业与基地或农户的利益

重点对龙头企业与基地或农户全面推行契约化经营、合同化管理，组织龙头企业与基地或农民签订产销合同，并经公证机关公证，以法律形式明确界定产销双方的权利和义务，强化对龙头企业和基地或农户的双向约束，使双方真正结成风险共担、利益共享的经济利益共同体。

（三）树立农业企业形象，创立品牌

借鉴现代工商企业在生产与营销等方面的管理方式，树立农业企业形象，开发自己的主导产业和特色产品，在市场竞争中处于优势地位。采用先进的科技和设备来武装龙头企业，按市场需求确定农产品生产、加工的规模，避免主导产业趋同，超出市场容量，从而产生超越市场需求的生产、加工能力的过剩。

四、农业生产技术的智能化

科学技术是第一生产力，农业科技是现代农业的强大动力和支持。未来的农业科技将在探索作物、畜禽等动植物和微生物生命奥秘，挖掘增产潜力方面取得重大突破，使农业生产的"高产、优质、高效、生态、安全"目标达到一个全新的水平。

现代农业一定要发展成为技术先进的智能化农业。首先，要实现生产设施的自控化和生产技术的智能化，依靠科技进步，通过引进、消化和吸收，建设具有一流水平的设施化现代农业生产基地和示范区，并体现先进设施、技术的辐射功能。例如，在国家科委的支持下，上海自行设计、研制的"上海型"智能温室已投入生产性运行。智能温室采用计算机逻辑智能调控技术，显示了上海农业迈向21世纪的科技水平。都市型现代农业还应当有高新技术的装备和一大批高智能人才的支撑，才能带动整个农业向科技化更高层次发展。届时，可借助现代生物高新技术，如转基因技术、克隆技术等，农业生物种质将得到定向改造；依靠先进的计算机和信息技术等，农业生产环境、生产过程将得到自动化控制。

其次，要实施科教兴农战略，使现代农业获得强有力的技术依托。一要实行农科教结合。以科技为先导，以教育为支撑，以统筹实施科教兴农重点攻关项目为突破口，以提高全体农业劳动者的素质为基点，推进农科教结合，使农业科研出成果，农业教育出人才。二要开展多种形式的科技服务。要充分发挥农业科技队伍的作用，健全农技推广体系，积极组织大专院校、科研单位投身农业产业化，使科研成果与产品开发结合，专业队伍与群众结合，形成各方共同参与的技术推广网络。

五、农业生产管理的信息化

全球科技、经济的发展，"信息经济"时代正在到来。中国现代农业要赶超世界发达国家的现代农业，必须采用"超常规"的发展方式，依靠信息、知识，才能真正做到"超常规"，更快地缩短与发达国家的差距。中国目前"信息高速公路"、电子信息和多媒体技术等产业的开发已经启动，咨询服务业也将拓展新的领域，并发挥更大的作用。因此，涉农信息业有望成为又一个新兴产业，使现代农业进入信息化时代。

农业信息化理应成为现代农业优先发展领域。首先，要用现代信息技术改造传统农业，使农业由定性走向定量、由经验走向科学、由粗放走向精确。例如，美国应用现代精确农业技术，对化肥、农药做精确喷施，计算机可自动判别某个区点应喷多少量的配合肥料和农药，控制量可达到几株作物。还有一些国家，已尝试用计算机设计植物品种，通过计算机模拟生物工程技术，育种专家不仅可以预先决定植物的品种、产量、口味和营养成分，还可限定其叶片生长的角度和果实的色泽与形状，从而培育出高光效的农作物新品种。

其次，要发展农业科技、商贸信息市场，为"三农"提供信息服务，使农业由分散封闭到信息灵通，由微观管理到宏观管理。通过信息、交通、邮电、通讯、金融等方面的配套建设，逐步形成融农业信息发布与交流、新产品推销、技术转让与推广、农业物化技术与专家系统软件促销、农业商贸信息服务、远距离教学培训为一体的农业信息中心。一般信息服务包括天气预报、农资价格、期货市场行情、汇率与利率变化等。例如，美国的玉米、大豆、小麦等粮食的储备量一向很少，如果因天气等灾害而歉收，其价格肯定狂升。所以，谷物期货市场对天气变化最为敏感，农场主也需要根据天气情况安排种植计划与管理措施，确定播种和收割时间等。美国国家气象局目前所提供的天气资料无法满足这种需要，于是私营天气预报服务公司应运而生，为农场主或农户做经营决策提供帮助。同时，开拓农业咨询业的新领域，如开展宏观决策、产业规划、产品调整与策划、市场定位、科技抉择、灾情预报等多方面的咨询服务。

第二节 我国都市型现代农业的发展

一、我国都市型现代农业的发展模式

作为现代农业的组成部分，我国都市型现代农业的实践始于20世纪90年代初期的城郊农业，最早将其纳入城市发展规划的是北京、上海、深圳等一些经济发达的大城市。经过近20年的发展，都市型现代农业已具备一定规模，发展态势良好。

与传统农业相比较，都市型现代农业具有发展导向的差异性、农业功能的多样性、产业间的融合性等特点，是开放循环的产业。经济社会发展，城乡要素流动，第一产业必然向第二、第三产业延伸，第二、第三产业必然反哺农业，这种你中有我、我中有你的产业互促，是都市型现代农业的重要特征。随着我国经济社会的发展和城市化进程的加快，农业与第二、第三产业高度融合，农业的内涵不断拓宽。我国都市型现代农业的发展模式主要有七种。

（一）设施农业

设施农业是通过采用现代农业工程和机械技术，改变自然环境，为动植物生产提供相对可控制的，甚至是最适宜的温度、湿度、光照、水和肥等环境条件，在一定程度上可摆脱对自然环境的依赖而进行有效生产的农业。具有高投入、高技术含量、高品质、高产量和高效益等特点，是最有活力的农业新产业。设施农业的发达程度是现代农业水平的重要标志之一。

（二）种苗业

种苗业充分利用城市科技、人才、资金和科研院所的优势，大力开发具有自主知识产权的农业良种，提高自主创新能力。开发农业高端产品，积极发展农作物良种、蔬菜种苗、花卉苗木、优质畜禽、名优水产良种培育基地。

（三）农产品现代物流业

农产品现代物流业是逐步在城市形成以大型物流企业为龙头，以批发市场为中心，以集贸市场和超市为基础，布局合理、辐射力较强的现代农产品流通网络，促进都市型现代农业健康发展。

（四）观光休闲农业

观光休闲农业是调整农业产业结构后出现的新型农业生产经营方式。它以农业和农村为载体，以田园景观和自然资源为依托，利用农村设施与空间，结合农林渔牧生产、农业经营活动、农村文化及农家生活，经过规划设计与建设，使其成为一个具有农业经营特色的经济区域。

（五）农业科技园区

农业科技园区是集科技核心区、科技示范区和科技辐射区功能为一体，从事现代农业生产经营的新型农业企业。它以企业化的方式独立运作，以农业科研、教育或技术推广单位为技术依托，以市场为导向，以体制和机制创新为动力，以转化科技成果为中心，以对农业新技术、新品种、新设施的示范、推广为手段，进行农业现代化建设，并以促进区域农业结构调整和产业升级，实现企业利润增长和农民富裕为目标，是现代农业发展的有效模式。

（六）循环农业

循环农业是一种以资源的高效利用和循环利用为核心，以减量化、再利用、再循环等为原则，以低消耗、低排放、高效率为基本特征，符合循环经济和可持续发展理念，满足建设节约型和环境友好型社会要求的现代农业增长方式。

（七）生态农业

生态农业是按照生态学原理和生态经济规律，因地制宜地设计、组装、调整和管理农业生产和农村经济的系统工程体系。它要求把发展粮食与多种经济作物生产，发展大田种植与林、牧、渔业，发展大农业与第二、第三产业结合起来。利用传统农业的精华和现代科技成果，通过人工设计生态工程，协调发展与环境之间、资源利用与保护之间的矛盾，形成生态上与经济上两个循环，实现经济、生态、社会效益的统一。

二、我国都市型现代农业发展的机理

（一）城市化是都市型现代农业发展的基础

尽管我国农村城市化滞后于农村工业化的发展，致使我国的城市化率（32%）远远低于世界46%的平均水平，但我国经济较发达的大城市及其所辖地区的城市化率，一般高于或接近世界平均水平。随着现代城市功能的日益多元化和农业生产力的空前发展，以及产业结构的不断调整和优化，势必带来农村与城市在生态、经济、社区等方面全方位的融合，形成所谓的"城市郊区化"和"郊区城市化"的城乡界限消失的局面；与此同时，随着城市人口的急剧扩张，造成了城市生态系统的严重失调和生活环境的恶化，迫使人们将目光转向城郊和农村，期望以此扩大绿地，改善城市的生态环境，体验田园风光，观光农业、旅游农业、生态农业由此应运而生。可见，农村城市化的发展，对都市型现代农业的发展起到了重要的作用。

（二）大城市的综合优势是都市型现代农业发展的条件

一方面，都市型现代农业可以充分利用大城市的现代工业技术装备以及城市的基础设施、社会化服务条件，加速农业向资本、科技密集和土地节约型发展；另一方面，由于毗邻城市，城市强大的工业技术和科技也十分容易向农业渗透。因此，都市型现代农业拥有其他地区无法相比的优越条件，更易实现集约化、工厂化和规模化。都市型现代农业具有高科技、高投入和科学化管理的性质，对人力资本有较高的要求，在经济发展不平衡的状况下，农业生产领域的人力资本首先在城市及其周边地区聚集。另外，大城市低成本运行的要素市场和产品市场也是都市型现代农业发展的基本条件。

（三）科技创新是都市型现代农业发展的动力

科技创新能力强是都市型现代农业发展中最突出的优势之一，都市型现代农业发展的动力主要源于科技创新。只有大规模应用科技才能提升农产品的品质，改善服务手段和创造农业效益，克服传统农业的局限性，提高农业生产的比较优势。从我国都市型现代农业发展的成功实践看，无论是农作物的育苗、播种、浇灌、施肥、撒药、收获，还是农产品的加工、运输、销售，都紧紧依赖于科技的不断创新。

（四）规范管理是都市型现代农业发展的保证

都市型现代农业创新了传统农业，同时也产生了新问题，因而需要新的经济活动规划来加以规范，更需要政府的政策支持和规范化管理。都市型现代农业既是一种制度创新，又是一种机制创新，它的发展打破了原有条块分割的行政管理模式，变对口管理为综合管理，在产业布局、生产力布局等方面强调城乡统一规划；在管理手段上坚持以经济和法律手段为主、行政手段为辅的原则；在管理职能上发挥政策的扶持作用，对都市型现代农业的发展起指导、推动、协调、服务的作用。

（五）因地制宜是都市型现代农业发展的成功法宝

在我国都市型现代农业发展的成功经验中，其中一条不容忽视的经验就是因地制宜。由于区域自然条件的差异和经济发展水平的不同，决定了大城市在选择发展都市型现代农业的方式和重点上有所区别。例如，北京利用其地缘优势和旅游资源优势，将重点放在观光农业和旅游农业上；深圳结合特区的优势，将重点放在生态农业上；上海在吸取发达国家和地区的经验、教训基础上，充分利用国际大都市所特有的人才、技术、市场、资金等优势，重点培育一系列上海都市型现代农业独创性的技术体系，提高农产品附加值，走出一条具有上海特色的发展道路。

三、我国大城市发展都市型现代农业的意义

都市型现代农业作为一种崭新的现代农业形态，正成为我国许多大城市实现农业现代化的重点选择。从理论与实践的角度分析，我国发展都市型现代农业的意义，至少体现在几个方面。

（一）有利于改变农业的弱势格局

传统观点认为，农业是一个社会效益大而经济效益低，易受自然和市场风险影响的弱势产业。都市型现代农业的发展，改变了农业的弱势格局，使农业处于一个较为有利的经营位置。这是因为都市型现代农业接近市场，经营者不仅可节省农产品的上市费用，而且能比其他产地农业、大田农业更快、更直接地获取市场销售信息，及时调整生产结构。此外，还具有可以满足饭店、宾馆等一些特殊的高档需求，享受大城市完备的

基础设施带来的益处；贴近都市消费者，可以随时了解市民的消费潮流。

（二）有利于城市功能的不断增强

都市型现代农业分布在城市周边及延伸地区，是一种区域农业，其生产、流通和经营，农业形态和空间布局，都必须服从于大城市的需要，为市民的生产、生活提供服务，在服务中获得经济效益。由于城市及居民的需要是多方面的，这就决定了都市型现代农业的形态、生产经营形式与功能的多样性。它不仅要充分利用大城市提供的科技成果及现代化设施进行生产，为国内外市场提供名、优、特、新产品，而且要具有为市民提供优美生态环境，绿化美化市容市貌，提供旅游观光场所，进行文化传统教育等功能。经营形式的多样和功能的不断延伸，大大强化了大城市的功能。

（三）有利于农业科学技术的提升

现代农业的发展对科学技术水平的要求越来越高，都市型现代农业在这方面恰恰具有无可比拟的优势。大城市具有强大的人才、科技、资金优势，便于多学科通力合作，联合攻关。尤其在包括基因工程、细胞工程和微生物工程在内的生物工程技术直接应用于动植物生产，更加体现出大城市的综合优势。

（四）有利于现代管理手段应用于现代农业生产

现代农业生产所面临的产品市场和要素市场条件、生产过程的技术性质与组织结构远较传统农业复杂，传统的管理方法已不能适应新的要求。大城市所具有的综合优势，便于经营管理者利用现代化的管理手段采集、处理信息，及时根据市场信息调整生产；便于依靠不同类型的专家，协同、组织复杂的生产要素，处理好生产中的复杂问题。

四、中外都市型现代农业的发展比较

都市型现代农业在我国出现只有十几年的时间，因此要想发展都市型现代农业，必须借鉴国外的成功经验和失败教训，通过中外都市型现代农业发展的比较，探索出一条有中国特色的发展之路。

（一）都市型现代农业的产生背景

国外的都市型现代农业是经济调整发展的结果，也是由制度产生的特殊形态的现代农业。例如，日本的都市型现代农业是在高度发展的城市中残留的一小块农田。由于大都市农村城市化进程的加快，近郊土地不断非农业化，农业萎缩，于是强调确保残留在城市中的零星土地，并发挥它在改善城市生态环境等方面的作用。应该说，日本都市型现代农业的提出是被动的、保持性的，缺乏规划性。

中国都市型现代农业的提出和发展始于20世纪90年代，是随着经济的高速发展和城镇化步伐不断加快的情况下产生的。由于现阶段中国总体上仍然是一个农村人口占多数的发展中国家,在城市范围不断扩大的过程中,发展都市型现代农业,首先确保其生产性功能是极其重要的。另外,我国在都市型现代农业建设中都要发展适度规模经营,但仍要坚持家庭联产承包制长期不变。一旦动摇了这个制度,非但都市型现代农业搞不好,还会酿成严重后果。

(二) 都市型现代农业的范畴

1. 美国的市民农园

美国称都市型现代农业为都市区域内的农业,其主要形式是耕种社区或市民农园。这是一种农场与社区互助的组织形式,在农产品的生产与消费之间架起一座桥梁。参与市民农园的居民,与农园的农民或种植者共同分担生产成本、风险及盈利,农园尽最大努力为市民提供安全、新鲜、高品质,且低于市场零售价的农产品,也为农园提供了固定的销售渠道,做到双方互利。

2. 日本都市中的农业

日本都市型现代农业的空间范围一般是指都市半径2~3倍距离范围内的区域农业,主要集中在东京、大阪和名古屋三大都市圈内。当时这三大都市圈的显著扩张,导致了都市内部及周边的农业用地的大幅度缩减和隔离,很多都市型现代农业用地存在于高楼大厦之间,小块、分散型的土地利用方式是日本都市型现代农业的主要特征之一。可以说是都市中的农业,是农业在城市中的残存,也可称为是保全型农业、再生型农业。虽然面积小,而且分散,但借助于情报信息传递迅速,产品销售和生产资料运输方便,经营者掌握高技术等优势,仍以强大的生命力存立于工业化的大都市中,成为现代都市中不可缺少的产业之一。

3. 新加坡的农业科技园

新加坡的都市型现代农业主要是现代化集约的农业科技园。其基本建设由国家投资,然后通过招标方式租给商人或公司,租期为10年,现有耕地约1500公顷,供500多个不同规模农场经营,其中有一个用气耕法种植蔬菜的农场。用气耕法种植不仅比传统的土耕法节省土地,而且比水耕法节省水。

中国是市管县区的管理体制,都市拥有大面积的郊县区域,它们同样有着距离消费者近,易获得技术和设备力量的支持、交通便利、情报信息通畅等优势,有着发展都市型现代农业的基础保障。中国的都市型现代农业空间范围应为城镇区域及其周边延伸区域,以向市民提供农产品、农业加工品,以及为满足都市多种需要为目的的综合性产业。

(三) 都市型现代农业的产业结构

国外的都市型现代农业,为了满足市民的生活需要,蔬菜、花卉、果树生产占很大的比重,而粮食生产的比重则相对较小,市民所需的稻米都是从城市以外的农区或国外调入的。如日本东京都的粮田面积不足耕地面积的2%,大阪的粮田面积也仅占耕地面积的17%，而蔬菜、果树、花卉的种植累计达到80%~90%。另外，不少西方发达国家由于大量市民农园与观光农园的兴起，农业正逐渐演变为旅游业，脱离了以农为本的属性。

我国人多地少，人均粮食占有量不高，粮食的生产与供应一直是关系到国计民生的首要问题。因此，中国的都市型现代农业不能赶时髦，不能完全放弃粮食生产，应该从国情出发，建立自己的都市型现代农业的产业结构。在不放弃粮食生产的基础上，大力种植经济作物，发展绿色、有机农作物和加工型农业，生产技术含量高的农产品是中国都市型现代农业的发展方向。

（四）都市型现代农业的发展方向

日本都市型现代农业高度集约化，以栽培技术的推广和优良品种的繁殖为方向。尽管日本国内的食品主要依赖于进口，但是近年来，日本依靠其技术优势和产品的质量优势，加大了农产品的出口力度，在国际高端农产品市场上占据了越来越多的份额。

中国都市型现代农业的发展历史不长，地区间的发展也不平衡，但已取得了一定的成绩，如北京和上海的观光农园、观光果园，广州的休闲农业旅游和杭州的绿色农业，等等。今后还应在提高技术含量上下工夫，充分依靠和利用高校、科研机构的技术力量，使都市型现代农业发展为现代农业的精品园和示范园。

（五）都市型现代农业的功能

农业是维持社会正常发展的基础产业，它在提供生活资料的同时承担着城市清道夫的角色，都市中大量的食物残渣及其他生活垃圾，通过农业的有效利用可以变为资源，从而减轻对环境的损害，保持城市的正常运转。日本东京的都市型现代农业，大大提高了市民的生活质量；在改善环境，提高资源的再利用，丰富市民的生活，普及农业知识教育，提供地震、火灾时的疏散和避难场所等方面起到了重要的作用。

中国的都市型现代农业应该在发挥生产功能的前提下，最大限度地开发它的生态功能和社会功能。尤其是在城市的垃圾和污水处理方面发挥积极作用，都市型现代农业在改善城市环境，提高市民的生活质量方面可以发挥不可替代的作用。

此外，国外在发展都市型现代农业方面已经通过了相关的法律和政策，而中国目前尚无专门的法律和政策。

都市型现代农业的理论与实践

第三节 都市型现代农业实例分析

一、五个都市型现代农业实例

(一) 蟹岛绿色生态度假村

北京市蟹岛绿色生态度假村位于朝阳区金盏乡机场辅路南侧,交通便利,具有良好的区位优势,有员工1500余人,是一家集种植、养殖、旅游、加工业、休闲度假、农业观光为一体的休闲农业企业。1998年建立,开始时该度假村只是种植水稻和养鱼,并没有获得经济回报,引入钓蟹活动后,开始形成独具特色的旅游项目。目前,蟹岛占地面积3300亩,10%的土地作为休闲用地,建有具有民俗风情的"蟹岛农庄"以及会议楼;90%的土地生产绿色有机食品,为蟹岛的会议、观光等提供餐饮原料,并开展采摘项目,增加农产品的附加值。近年来,随着游客的增多,人们对绿色食品、有机食品的需求逐渐增加,为此蟹岛又在内蒙古租用了6万亩土地,采用轮耕制以满足人们的需求。

此外,地方联合办学计划和一些跨国合作项目的实施,也为蟹岛确立其国际品牌奠定了基础。蟹岛用4年时间摸索实践出一套循环体系,将种植、养殖、旅游、度假都纳入这个体系中。蟹岛农业生态系统以其自然地域范围为系统边界,形成物资循环利用的立体网络结构。

农田系统作为初级生产者,为人类提供食物,为畜禽、水产养殖提供饲料,消费者排出的废物又通过分解者如沼气、污水处理的作用为农田提供有机肥料,同时获得新的能源——沼气。这样的循环结构,充分利用了生产者的植物性资源,提高了系统内部废物的循环利用率,也加强了各亚系统之间的联系,增强了系统的稳定性。

消费者需求的多样性和专业化,客观上要求旅游业的发展在满足游客观光采摘的同时,走生态旅游、文化旅游和科技旅游三结合的道路。目前,蟹岛已经成为初具规模的企业,但整个产品还是大众旅游,精品旅游产品还嫌不足。如果要持续经营,应注重品质的提升。另外,应挖掘京郊深厚的传统民俗文化,增加科技含量,充分利用度假村内的温泉资源,开发冬季旅游。未来的蟹岛要成为农业、加工业、旅游业互相促进、循环发展的大型有机农产品生产加工基地、大型国际会展中心、大型培训基地和大型旅游休闲度假中心。

(二) 互润(国际)食品集团有限公司

互润(国际)食品集团有限公司主体生产基地地处北京市密云县,占地6000平方米,是一家集食品和营养品开发、生产和销售于一体的民营企业,有员工1700人。互润起步于 1993 年，当时只是一家食品经营部，1995 年互润连续在北京开设了三家社区连锁超市，同年受乐百氏"前店后厂"方式的启发，公司由单纯的经营销售转向生产，在"荷藕之乡"江苏省宝应县投资建立了种植和加工基地，自行研制开发"互润"品牌食品。

随后，互润的销售网络进一步扩大，现在已与全国 23000 余家超市、卖场、连锁店、商场、药店等建立了良好的业务关系，其百余种产品销往全国 30 多个省市，并建立起自己的社区型超市网络。在生产领域，于 2003 年在国家级绿色食品生产基地的京郊密云建设占地 500 亩的生态园。生态园对整个食物链实施安全质量控制，从而保证消费者的健康。旅游度假等功能的开发，标志着互润已经从单一经营转入多种产业经营。自从在密云投资以来，互润与当地政府、合作社、农户建立了良好的合作关系和互动双赢的经营机制。通过和农民直接签订收购合同，企业降低了成本，农民也从中受益。

2005 年，互润又在国家经济技术开发区亦庄投资建设新的互润集团总部办公大楼和厂房。目前，互润已成为以农副产品加工为主，拥有成熟销售网络，并能为市民提供休闲娱乐场所的多功能综合性都市型现代农业企业。互润的发展历程对推进都市加工型农业具有重要示范作用，其多元化经营正是农业多功能性的表现。

互润处于北京城市远郊，密云水库附近，对于其休闲产品来说，距市区相对较远。但密云属于国家生态保护区，环境优美，具有其特殊的优势，如果能够开发出高端的休闲度假产品，则能够克服区位上的不利。京承高速公路密云段建成后，有直达互润休闲农场的北庄镇出口，从北京的三环路到农场的时间仅 45 分钟，这为互润带来了新的发展契机。

（三）小汤山现代农业科技示范园区

北京小汤山现代农业科技示范园位于北京市亚运村北 17 公里处，地处燕山南麓平原地区，交通便捷，土地肥沃。1998 年 10 月由昌平区政府投资，在小汤山建设现代农业园 500 亩中心示范园，2002 年正式开园，是北京首家国家级农业科技示范园。目前，入园企业的经营活动涉及种植、养殖、加工等。此外，园内还设有国家级北方林木种苗示范基地、国家淡水鱼业工程技术研究中心、精准农业项目、台湾三益兰花基地、中垦三菱示范农场等 50 家现代农业高新技术企业，形成了小汤山特菜、林木种苗、花卉、高档淡水鱼、肉用乳羔羊等一批优势产业。"八区一园"的园区规划，即林木种苗区、设施农业区、花卉区、水产养殖区、加工农业区、休闲度假区、乳羔羊示范区、国际农业精品区和籽种农业示范园，是展示首都农业率先基本实现现代化的窗口，并以科技展现现代农业的崭新观念。

北京小汤山现代农业科技示范园，充分发挥首都科技优势，转化推广国内外先进技术和科技成果，孵化和培育现代农业企业；是促进农业产业化经营，构建农业科技优秀人才的聚集地。示范园以市场为导向，促进农业产业结构调整和农民增收，加快首都农业率先基本实现现代化的步伐。

小汤山由于是国家投资、地方管理，因此具有产权不明晰的弱点，员工的工作积极性不高，管理的持续性也较差。因此，政策的一致性和明晰产权是小汤山应解决的问题。

（四）成都市锦江区"五朵金花"

"五朵金花"位于成都锦江农村地区，地处城市通风口绿地，按规划不能作为建设用地，且坡多土贫，不适合种庄稼，村民一直靠零星地种些花草为生。2003年，利用其背靠大城市，又与乡村相毗邻的区位优势，锦江区借在三圣花乡举办"中国成都首届花博会"之际，将花博会周边的五个村庄（12平方公里的范围）统一规划、统一设计。红砂村的"花乡农居"，幸福村的"幸福梅林"，驸马村的"东篱菊园"，万福村的"荷塘月色"，江家村的"江家菜地"，统称"五朵金花"。

打造"五朵金花"，资金渠道有三个：一是政府进行引导性投入。锦江区政府投入8300万元，按照城镇标准加快完善农村基础设施和观光旅游村各项功能建设。同时，区乡政府保证公共福利支出，为失地农民提供低保、医疗保障和就业培训，并对农村义务教育阶段学生的学杂费予以全额补贴。二是吸引民间资金12100万元，仅花乡农居就有28家农业大户入驻，吸引民间资金1亿元，幸福梅林、江家菜地也都是引进社会资金修建项目。三是集体资产参与，村集体以土地、堰塘、荒坡等固定资产折股。这种政府搭台、企业唱戏的做法，推出了一条城乡一体化的新模式。如今村民有四种稳定的收入来源：土地转包、入股宅基地出租可以获得租金，到农业龙头企业或公司务工可以获得薪金，以宅基地和土地承包经营权入股可获得股金，此外还有社保金。

"五朵金花"不仅提高了农民收入，改善了农村的基础设施，也为市民提供了休闲的场所，为城市创造和谐的生态环境，减少了城市扩张的压力。另外，它所带来的经济效益也是可观的，围绕花卉、蔬菜生产经营和都市旅游观光项目开发，花卉产值从2000年到2004年增长了近50%，三产收入也急剧飙升。

"五朵金花"作为城乡一体化的一种新的尝试，打破了城乡二元分割，将城市的就业、培训、保障、救助、教育等政策和制度延伸到了农村，促进城乡的渗透和融合，真正将城市理念与文明带到了农村。"五朵金花"应将其理念向周边地区扩散，带动整个区域的发展。另外，应重视农民素质的提高，克服"小富即安"的思想，真正实现可持续发展。

（五）郫县云凌花卉合作社

郫县位于川西平原、成都市近郊，自古就有栽花种草的习俗，故又称"鹃城"。全县花卉种植面积10余万亩。2005年7月12日，成都市郫县云凌花卉合作社成立，这是郫县首家具有独立法人资格的农村花卉专业合作经济组织，主要从事鲜盆花生产、研究、开发和推广工作，为郫县盆花产业化基地的发展和运作提供切实有效的服务。它采取"合作社+龙头企业+农户"的运作模式，在科技应用、市场开发等方面狠下工夫，提高了盆花的品质和档次。

合作社在市农工办、县农工委、县科协、县农发局直接牵头和指导下，由镇花协参与，充分利用市、县、镇三级财政支持资金，依托红东路鲜盆花基地建设，按照"自愿、民主、平等、互利"原则，广泛吸纳各方花卉大户参与。目前，共有鲜盆花生产业主 100 余户，10 亩以上的农户 30 多家，面积 1300 余亩，解决当地农村劳动力就业近 3000 人，基地内农户以土地流转出租和就地打工为主要收入来源。合作社已发展种植和营销方面的会员 60 余个，拥有专门从事营销鲜盆花的运输车 30 余辆，其组织生产的鲜盆花，远销西安、重庆、成都、南充等 10 余个大型城市。

合作社依托花卉企业，发挥新型专业合作经济组织的桥梁作用，从花卉的生产、经营、推广、品牌建设等方面，发挥专业合作社的科技示范效应，高档次、高质量地打造"云凌花乡"品牌，带动和促进全镇鲜盆花生产的发展，切实帮助农民增产、增收、增效，进而带动和促进全镇鲜盆花产业的发展。

云凌花卉合作社是代表农业专业经济合作社发展方向的组织形式。几乎所有农业发达国家都有各种各样的农民合作经济组织，以提高农民组织化水平，发展现代农业。目前，我国 15 万个农民专业合作经济组织中，相当一部分没有起到应有的作用，产品市场开拓、品牌建设、加工增值的能力十分薄弱。由于没有相关的法律，合作组织要么不允许进行经营活动，要么风险太大，缺乏应有的保障。因此，农业专业合作组织亟须政府部门的指导、支持与服务。

二、五个都市型现代农业实例的比较与分析

以上五个都市型现代农业实例，几乎都综合了多种经营方式。如果按照各自主要的经营领域和特点将其分类，可以看到：①蟹岛的利润额中有 72% 来自农业旅游，18% 来自农产品加工，10% 来自农产品直销，因此，蟹岛生态度假村的经营活动以休闲农业为主。②互润的利润额中有 80% 来自农产品加工，来自农业旅游和农产品直销的则各占 10%，属于典型的农产品加工型都市型现代农业企业。这与美国的纳帕溪谷葡萄园相似，企业主要以加工为主，发展旅游和体验产业可增加产品附加值，由于消费者可以亲眼看到产品的生产过程并亲身参与，对提升产品的知名度也具有重要作用。③小汤山农业科技示范园是在政府引导下建立的农业园区，由于实行统一规划、统一发展，对入园企业的科技含量有一定的要求。所以，整体上来讲属于由国家引导的正在形成中的农业产业集群，入园企业个体上则属于高科技农业发展类型。④"五朵金花"是在当地栽花种草的历史基础上，以花卉产业为依托进行整个村庄的旅游开发，一村一品，一方面提高了花卉本身的价值，另一方面也给市民提供休闲娱乐的场所。这与"农家乐"起源地郫县农科村类似，都是整村开发，挖掘民俗文化，并依靠休闲产业的发展提高产品本身的价值。"五朵金花"与荷兰的农家家庭旅馆（farmer hotel）很相似。⑤花卉合作社作为农村专业合作组织是联系生产者和市场的纽带，能有效提升花卉这一农业产业的发展水平，挖掘农业内部增收潜力，增强农户和农业的市场竞争力。

由于不同的侧重经营领域和城市地价的差异，从区位来看，五个都市型现代农业实例中，蟹岛、小汤山和"五朵金花"都位于城市近郊区，便于休闲观光。而互润和花卉合作社处于城市远郊区，可以用更低的成本进行生产加工。

从投资者和推动者来看，蟹岛和互润属于企业家行为，企业家的奋斗历程反映出企业的发展壮大，以及现今社会发展阶段对都市型现代农业的需求。企业在获得经济利益

并带来社会效益的同时,也对农业本身进行了新的诠释。在我国,都市型现代农业是在企业已经成为郊区发展的主要力量后发展起来的,企业在我国城市化高速发展阶段能够积极引导农业走市场化的道路,体现都市型现代农业在健康食品和绿色休闲方面的功能,以及勇于尝试新科技带来的成果,也能够提供更多的就业机会,改善农村的产业结构。小汤山、"五朵金花"和云凌花卉合作社是在不同级别政府推动下的都市型现代农业模式,其运作的主体则是企业或农户。小汤山农业科技示范园主要是引进企业,并不对企业的经营活动加以干涉,园区的经营活动则是农产品的研发、运输和旅游业的开发,为企业提供服务,促进企业间的交流与合作,实现技术和信息共享,共同抵御市场风险,引导都市型现代农业产业集群的形成。"五朵金花"是采用"政府搭台,企业唱戏"的方法,政府是平台的搭建者,而真正参与的企业和农民则是主角。作为直接的利益相关者,企业和农民具有相同的利益诉求,是"五朵金花"的推动者。云凌花卉合作社是由低层政府发起的农村经济合作组织,这种模式将"规模、分散化"的家庭经营组织起来,建立起农户与市场、技术、政府之间的联系,增强农业的综合生产能力和市场竞争力。这五种类型的都市型现代农业的总结与比较见表6-1。

表6-1 五种都市型现代农业实例比较

代表实例	经营领域	区位	投资者	推动者	特色	面临问题	同一类型其他案例
蟹岛	观光休闲	城市近郊	企业家	企业家、科研机构、政府部门等	将农业与服务业结合获得高附加值	需要提升品质	北京锦绣大地,潮州绿公司
互润	农业加工	城市远郊	企业家	企业家、地方利益相关者	先建立起强大的销售网络,后发展自己的品牌	距市区远	汇源果汁
小汤山	高科技农业	城市近郊	国家	企业与员工	先参观,后服务	产权不明晰,员工积极性低	顺义三高
"五朵金花"	农家乐	城市近郊	低层政府+企业+集体	当地农民	一村一品,具有文化底蕴	需要提高农民素质	郫县农科村,怀柔区北宅村
云凌合作社	花卉规模种植	城市远郊	低层政府	农户+企业	服务于花卉基地,企业和农户有需求	需要进一步规范	怀柔葡萄果蔬合作社

这五种都市型现代农业实例,在各自的发展过程中各具特色。蟹岛从一开始就发现钓蟹比钓鱼对于游客更有吸引力,并用服务业来支撑附加值较低的种植业和养殖业,用种植业和养殖业的产品来支持服务业。互润则是从建立自己的营销网络开始,涉足生产

后又研发高科技食品,从生产专利蜂蜜产品,到规模扩大后的产学研一体化。除在怀柔、亦庄建有基地外,还带动其他省份(如江苏),并且开始涉足观光休闲农业,建立市民农园,成为体验经济的实践者。小汤山在为入园农业企业提供服务的同时,用高新技术引来参观者,先参观,后服务,由此带动了服务业的发展。"五朵金花"整村开发,一村一品,结合当地产业传统,挖掘川蜀大地文化底蕴,满足了成都人休闲的城市生活需要。花卉合作社建立在当地深厚的花卉产业的基础之上,鲜花基地的企业和花农也有强烈的组织化需求,合作社成员秉承平等互利的原则加入合作社。

第四节 我国都市型现代农业发展中存在的问题及其对策

一、我国都市型现代农业发展中存在的问题

(一)认识误区与重视不足

对都市型现代农业的主观认识存在误区。现有的都市型现代农业理论,大多以都市的发展需要为中心,认为都市型现代农业是服从、附属于都市的农业,这在实践中表现为强调它对城市副食品供应保障、城市生态屏障的作用,忽视了郊区自我发展的规律和要求。我国政府对农业的投资总量逐年大幅度增长,但从农业投资占全社会固定资产投资的比例看,比重却在下降。目前,我国农业科研经费占农业总产值的比重不到0.1%,农业技术推广费用占农业总产值的比重不到0.2%,不仅低于发达国家水平,也低于发展中国家的平均水平。科技投入不足,加之市场体系不完善,以及农业资源的流动性较差,在这种条件下,要进一步发展以知识、技术和产业化为特征的都市型现代农业,难度可想而知。

(二)市场扭曲与功能错位

高新技术是都市型现代农业发展的必然要求,但不是本质特性。如今,全国各地兴建农业高科技园区,将都市型现代农业的经济导向功能放在首位进行招商引资,但这并不是市场机制、竞争优势的体现。在都市型现代农业的发展过程中,农业产品生产的经济功能不是主要功能,农业开发区的建设应该是生态、经济、文化等多种功能并重,有时甚至经济功能应让位于示范性功能和生态保障与文化传播等社会功能。实践中,并没有几个真正具有巨大经济和社会效益的都市型现代农业高科技园区,相反,这往往会导致农业经营中的短期行为,如经营者忽视农业基础的长期投入、快速耗尽土地肥力等,甚至出现类似广州"庄园"的投资诈骗现象。这在某种程度上造成了都市型现代农业的市场扭曲,脱离了我国的现实需要。在主导功能的发挥上,许多城市一味地将旅游观光休闲功能作为发展重点。无论从自然资源基础还是从城市居民持续性消费需求来看,

目前我国能够实现这种功能的地区并不多，旅游观光、休闲农业收入在农业收入中的比例也不可能超过农产品经济功能所带来的收入，旅游观光、休闲农业不可能成为都市型现代农业的主体。因此，目前我国对都市型现代农业的功能定位上存在错位现象。

（三）发展资源有局限性

第一，都市型现代农业的发展缺乏土地。城市化的发展和城市的扩张是以未利用地和农用地转换为城市建设用地为特征的。因此，城市土地利用规划往往不会预留都市型现代农业用地，导致许多自给型的都市型现代农业用地都属于非法用地。第二，都市型现代农业基础设施不足，尤其是水源不足。政府在投资基础设施建设时，往往会优先发展人口密度较高的地区，导致分布在人口密度较低地区的都市型现代农业，在道路、交通、能源等基础设施方面的缺失。第三，都市型现代农业的有效人才供给不足，科技推广难。农村的科技人员特别是会计师、农艺师等实用人才短缺，许多农民竞争意识、法制意识过于淡漠，这些都导致了都市型现代农业所需劳动力得不到有效供给。第四，缺乏有效的市场机制和充足的资本供应。一方面，在现有的农村土地制度下，没有形成土地或土地使用权市场，农业经营领域的自由竞争和破产兼并机制几乎不存在，使具有规模效益的都市型现代农业难以在竞争中形成。另一方面，现行信贷制度的垄断性、僵化性和歧视性，限制着对都市型现代农业发展的资本供应，使其发展起步困难。原有的农村金融（信用社）经营水平不高，服务落后，信用担保机制不健全，难以满足农村地区发展都市型现代农业的金融需求。

（四）缺乏规划和扶持

目前，我国都市型现代农业缺乏统一规划，统筹不足，表现为种植业结构雷同，聚集开办各种观光农园，把农业观光区变成度假区；园区缺少规划设计，园区建设和布局杂乱，园区间协调性差，配套缺乏以及没有整体性等。目前，我国还没有一个专门的部门对都市型现代农业进行监督和管理，职责不清和监管不力的现状，使得都市农村的发展和运营混乱。此外，农民的组织化程度较低，农产品产销脱节，农民专业合作化经济组织不健全，在培训和推广、信贷、市场销售及建立小企业等方面缺乏政府的扶持和指导，尤其是缺乏针对适合都市条件下的农业生产技术的指导。

二、发展我国都市型现代农业的对策

（一）加强政府规划与扶持

目前，我国的都市型现代农业还处在发展初期，需要政府的引导与规划。实行行政干预与超前引导相结合、利益牵动和积极引导相结合、完善运行机制与强化约束机制相结合的办法，抓好龙头企业，发挥其联动效应，带动农民进行生产经营。同时，也可用政策宣传、信息服务等手段加强引导，使农民自觉参与到都市型现代农业的运作中来。另外，都市型现代农业中对道路、灌溉设施、水资源等共有财产的要求较高，而农户作

第六章 都市型现代农业在中国的实践

为理性经济人,在追求个人利润最大化的同时,造成这些产品配置低效率。这就要求政府对都市型现代农业微观主体进行卡尔多补偿,弥补社会效益和私人效益之差,把都市型现代农业与工业反哺农业结合起来,加快农村和农业基础设施建设,增加对农业发展的投入和扶持。

(二) 建立多元化的投资、融资体系

都市型现代农业是资本有机构成较高的产业,单靠农民很难完成资本积累的过程,需要动员各方力量,建立起政府投入为先导、企业和农民投入为主体、信贷投入为驱动力、外资投入为补充的多元化投资、融资体系。政府支农资金在增加总量的同时,应进一步优化资金投入使用结构。制定优惠政策,鼓励社会资金参与都市型现代农业的开发,鼓励个人投资,高校和科研院所以技术入股。与此同时,进一步扩大对外开放力度,吸引外商独资或合资参与建设,大力吸引外国资金、技术和人才,积极促进投资的多元化。金融部门可会同有关部门制定信贷资金支持都市型现代农业的具体办法,如建立企业信用互助联户担保体系,解决都市型现代农业运转、发展所需资金。

(三) 完善都市型现代农业的高新技术产业化机制

在都市型现代农业经营过程中,有关部门应进一步完善产业化利益调节机制,探索在龙头企业、基地和农户之间形成"利益均沾,风险共担"的利益共同体机制和办法,保护农民利益。健全产业化经营的约束监督机制,强化合同监督,规范产业化各市场主体的经营行为。构建都市型现代农业科技创新体系,包括高效的科研机制、科技推广机制、科技产业化运行机制和风险控制机制等。建立政府支持与市场导向相结合、技术供给与需求双向互动、农科教结合、科技链和产业链联动的农业技术创新模式;同时,组建各种技术创新组织,加快创新成果实用化、产业化。

(四) 实现多功能经营模式

过于偏重观光旅游功能的运营模式,设施人工化、活动商业化、游客周期化情况较为突出,不利于都市型现代农业的持续发展。在都市型现代农业的发展中,应鼓励发展以生产功能为主、兼生态、科教、服务、就业等功能为一体的模式。例如,可采取以农业资源高效利用和农业生态环境保护为目的,综合应用种子工程、平衡施肥工程、精确灌溉技术等高科技的精准农业模式。围绕都市型现代农业的多功能性进行农业经营模式的转换,一是要改善种植业的内容和结构,着重土地的可持续发展。二是突出资源禀赋优势,整合各区域间都市型现代农业发展战略,合成为一个有机的统一体。三是要加快农业关联部门的发展步伐。加强农业信息化建设,建设起覆盖全国的、信息面广和辐射能力强的都市型现代农业信息系统;发展农产品加工配送中心,提升产销地农副产品批发市场。

都市型现代农业的理论与实践

(五) 发展合作经济组织

合作制经济是加快发展都市型现代农业的重要途径，是农业现代化建设的重要内容。合作社按产业化组织生产，引导农民进入市场。目前，要在不动摇家庭联产承包责任制的前提下，坚持"自愿、互利、民主、服务"的原则，组织农民参与兴办各种类型的合作经济组织。一方面以现有的龙头企业为依托，吸收农民入股、入社，组成与龙头企业连心、连利、连风险的合作经济组织；另一方面以供销社为依托，加强专业合作社建设，建立新型的合作关系。

第五节 未来我国都市型现代农业的发展

城市化水平的提高使得城市逐步远离乡村、远离农业、远离自然，而乡村和农业又是城市赖以生存和可持续发展的基础。如果没有现代化的、环境友好的、生态景观优美的农业和乡村，城市的生存和发展就必然缺乏活力，并不可持续。因此，随着我国国民经济的进一步发展，未来都市现代农业如何发展，以适应城市化的进程，实现城乡和谐发展，共同增长，是我们应该密切关注和思考的问题。

一、未来的都市型现代农业将凸现其环境生态功能

城市化水平的不断提高和不断提升的城市人居生态环境质量的客观需求，使得人们开始重新审视都市周边的农业在整个城市系统以及生态环境中的重要作用，联合国粮食与农业组织的专家们呼吁，要把过去那种单纯地把农业生态系统看做是生产农产品的单一功能，转变为生产食品、保护环境、保护人类健康、保障可持续发展的多功能实体；把保护土壤生物多样性和提高农业生态系统质量，作为全球环境保护、食物安全、可持续发展的基础。现代农业必须为人类发展的多方面需求提供服务，这要求农业具有经济产出功能的同时，具备充分的社会功能、生态功能，成为一种多功能的、综合性产出的农业，最终实现农业的生产、经济、环境、社会等功能的协调发展，以及生产效益、经济效益、社会效益和环境效益的共同提升。

现代经济、社会发展对农业功能拓展的客观需求，使得发达国家大城市周围的农业逐渐由过去单纯向城市供应食物，转变为集生产、生态、休闲、娱乐、旅游为一体的多功能农业，充分发挥了农业的生产、生态和生活功能，使都市现代农业不仅为居民提供更多新鲜、安全、优质的食品，以满足不同层次市民的需求；还通过充分发挥农业在生态系统中的能动作用，重建人与自然、都市与农业的和谐。同时，在都市型现代农业区开辟绿地、市民农园、花卉公园、教育公园等，发挥高质量的生活服务功能，让市民能够在回归自然中放松紧张的心情，获得新的生活空间。

因此，都市型现代农业的建设，就是要将农业建设成为城市生态屏障的一个组成部分，进一步与城市经济和生态系统紧密融合，为城市经济、社会的可持续发展提供有效的保障，保持城市和乡村生产、生活、生态之间的平衡与协调，为城乡居民构筑良好的人居空间，创造良好的生态环境。

不管是从国际大城市生态环境建设的趋势，还是从大城市经济、社会发展的现实需要来看，建设可持续、环境友好农业，必须贯串都市现代化农业建设的"主线"。随着社会经济的发展，城市生态环境压力将会不断加剧，通常城市中心城区的建筑密度很高，一般难以提供大型绿化空间改善生态环境。如果仅靠大面积植树造林和建设绿地来调节改善气候环境，不仅需要巨额投资，而且需要大量维护和培植费用；而规划良好的都市现代化农业生产，不仅可以对城市的生态环境产生重要的影响，而且会大大降低环境改善的费用。因此，都市型现代农业生产要与草坪、绿化、人工园林、森林、生态果园等共同构成城市生态体系的重要组成部分，真正成为城市"有生命的基础设施"。

二、生态休闲产业将成为都市型现代农业中的主导产业

随着经济的发展和人民收入水平、生活质量的提高，休闲度假将是人们消除工作、生活压力，缓解疲劳、放松身心的最佳选择。

农业旅游观光功能对于都市型现代农业的发展具有重要的意义，这一功能为城郊农业提供了一个新的发展模式。它把农业与城市中其他产业有机地联系到一起，有利于城区向农村的渗透和农村的城市化进程，原有的城郊界限将变得模糊，有利于消除城乡分割、对立的状态，使城乡关系变得协调和融合。一方面满足了城市居民对农业旅游的消费需求；另一方面成为农业经济增长的一个新亮点，大幅度提高了农民的收入。

农业生产除了农产品产出以外，还包含历史、文化、景观、自然等大量可以被挖掘的潜在经济功能，良好的农业生态景观可以成为市民光顾与休闲的场地，满足人们回归自然、怀旧、休闲参与、认知教育等需求，让市民走近田野、回归自然，成为休闲度假的良好选择。因此，农业生态休闲将在都市现代农业中占有越来越重要的地位，甚至成为其主业之一，它的发展对都市农业的意义还不仅在于其产业自身的发展壮大，更重要的是将会给都市现代农业中的其他行业带来产业融合的积极效果，兴起一个由农业"体验经济"为主导的新型产业。

农业生态休闲产业是一个有巨大经济潜力和就业空间的产业，它以农业生态景观、特色产业、乡村文化和农耕文明为依托，满足城市居民观光、品尝、休闲、猎奇、娱乐、参与、体验、购物、度假等需求。它既是对农业经济潜力的深度挖掘，也是一个系列旅游产品开发的过程，成为一种第一、第二、第三产业交叉融合的新兴产业。法国的农业"绿色度假"，每年可以给农民带来近110亿欧元的收益，相当于全国旅游收入的1/4；荷兰仅花卉产业旅游（阿什米尔和库肯霍夫）每年的门票收入就达1000万~1200万欧元；日本每年有超过5亿人次的农业休闲、观光、体验和旅游的市民，相关消费额超过50亿美元；台湾省每年观光休闲农业吸引的游客超过525万人次，创造园区农产品及周边休闲产业约10亿元台币（约合2.5亿元人民币）的商机。生态休闲农业的发

都市型现代农业的理论与实践

展将农产品生产、加工、园区经营管理、餐饮、住宿、休闲、教育、会展、交通、乡土特产、农业特色休闲旅游工艺品、讲解导游等相互穿插融合,形成农业与商业融合、农业与服务业融合、农业与教育业融合、农业与特产加工业融合等多产业的交织。

发展都市型现代农业生态休闲旅游,关键是要有独特的创意和明确的主题。要系统整合现代化农业园区、水产品养殖区、蔬菜与粮油生产区,以及农产品企业的农业自然、生态和产业景观,形成景观综合产业带。农业生态旅游休闲项目的开发,要采取系列化、板块集成的方式进行,组成回归自然生态系列、怀旧休闲参与系列、认知教育系列、乡土风情饮食系列等系列主题板块,并根据市场细分,为不同需要的消费者设计符合他们要求的农业生态休闲旅游行程。

三、都市型现代农业将最终形成"从田间到餐桌"的产业模式

都市型现代农业由于地处都市周边,具备优越的市场、资本、技术、管理和人才优势。因此,随着经济的发展和科技的进步,都市型现代农业的经营模式必将率先向现代企业经营转变。一是都市型现代农业的多层次分工与专业化将随着其现代化的进程而加深,农业作业环节的专业化分工逐步细化,农产品生产、加工、营销将逐步走向作业专业化、部门专业化、区域专业化,并最终形成"从田间到餐桌"的现代化产业模式。

农产品生产作业专业化,意味着农产品的生产环节如种(苗)培育、各具体田间管理直至收获将根据专业化的要求分工,不再由一个家庭或者生产单位全部承担完成,而只是专业化地承担其中某一个生产环节。如形成专业的种(苗)培育、栽插,田间管理和收获等,以达到提高生产效率、降低生产成本、提高农产品质量和安全的效果。更主要的是通过专业化的管理,降低农业风险,减少盲目的农业投入。

农产品产业部门专业化,意味着通过分工形成相对独立的农业生产管理。农业技术推广与使用,农产品销售、运输、加工和仓储,农资产品供应,农业贷款融资和农业保险等组织或企业,以企业化的管理方式将农产品经营由过去的一个生产单元单独完成变为多个生产单元分工合作,形成专业化的农业生产企业和农业产业工人。

农产品区域专业化,就是要建成专业化的种植业、养殖业、水产业,果、林、蔬菜和花卉等区域,形成规模化的生产场所和集散地,降低生产费用、营销成本,增加农民收入,形成规模效应,有效提高农产品的市场竞争能力。

就我国目前都市型现代农业产业化来看,发展过程中存在不少问题,特别是龙头企业,大都仍然处于传统经营方式的范畴,通常以加工企业为主体。据统计,以加工企业为龙头的农业产业化组织比例占60%~70%,这并无不妥,但在现实中,加工企业存在产品比较单一、生产集中度低、质量控制难度大、易受市场波动的影响等,外向型农产品加工企业还存在较大的连带性风险。例如,2002年初欧盟因从我国进口的鸡肉、兔肉和冻虾等中检出有200毫克/千克的氯霉素残留,全面停止从我国进口食源性动物产品,其他的畜产品出口加工企业由此受到牵连而损失惨重。关联产业间的联系(合作)不够紧密、产品单一、地域触角不够广泛、产业规模偏小是制约今后都市型现代农业产

业化健康发展的瓶颈。要突破上述瓶颈，就必须转变过去那种"种—养—加"或"产—加—销"一体化的思维，在更广阔的经营领域内形成一体化经营的格局，将产业链条进一步拉长，经营空间进一步扩大，利润增长点进一步多元化，经营风险进一步缩小，建设以农产品供应链为特征的农业产业化经营组织是实现这种转变的有效途径。

在经济发达国家，由农产品供应链而形成了大范围的、广泛而多元化的农产品生产经营合作，农户与企业间、企业与企业间的合作非常紧密，是一种纵横交叉的综合性合作。既有横向的生产合作又有纵向的经营合作；既有具有产权联系的合作，如参股、合并、收购、重组等，又有非产权联系的合作，如在契约形式下的各种生产、购销和服务合作等。这两种合作通常交织在一起，形成一种多元化合作的格局，超越了地区的范围甚至国界，农业产业化企业逐步走向集中化、大型化。例如，荷兰的纽特可（Nutreco）公司原本是一个制造鱼饲料的企业，通过构建农产品供应链，现已成为一个饲料生产、水产和畜禽苗种生产、水产养殖、畜禽养殖、远洋捕捞、肉类与食品加工、食品销售为产业纽带的大型跨国公司，年销售收入达到22亿欧元。

与农业生产相关的产前、产中、产后的一系列产业和经营被整合到农产品供应链之中，形成一种以农产品生产为服务对象，将以此衍生的众多行业通过农产品供应链加以连接，成为一个系统化的大生产经营模式。这不仅提高农产品的竞争能力，而且会推动农业技术产业、农产品加工业、农产品连锁营销业、物流业、信息技术在农业产业中的应用等的发展，为农业产业化经营开拓一个崭新的天地和巨大的赢利空间。

在以农产品供应链为特征的农业产业化经营组织运营过程中，供应链上的核心企业可以对供应链功能进行系统整合，建立成员企业间的战略合作伙伴关系，协同运作管理，各个节点企业通过技术交流与协作、资源优化配置、非核心业务外包，集中力量从事其核心业务，充分发挥专业优势和核心能力，实现优势互补与资源共享，创造竞争的整体优势。通过信息系统的引入，有效实现信息共享，提高信息流的快捷性、精确性，有效减少信息交换不充分带来的"牛鞭效应"，减少重复、浪费与不确定性，降低库存总量，创造竞争的成本优势。通过链上成员的优化组合，减少产品分销，加快客户反应速度。这些优势的形成，有力地强化了企业的生存、赢利和竞争能力，使这一农产品经营模式成为现代农业产业化的国际趋势。

要把都市现代农业建设成为一种符合国际农产品生产经营趋势的新型产业，就需要以农产品供应链的理念和模式来构建新型的"大"农业产业体系，跳出"农业圈"的传统模式，走进"产业链"的新天地，用农产品供应链将都市型现代农业紧密地捆绑起来，以多层次的分工与专业化为基础，形成"从田间到餐桌"的现代化产业模式，实现农业由传统的原料产业向现代消费品产业转轨。

四、技术领先将是未来都市型现代农业发展的明显特征

都市现代农业与城市其他产业在资金、技术、土地等资源上存在着激烈的竞争，获利能力是产业能否生存的关键。城市土地单位价值高，资金平均利润水平高，人才流动性大，都市型现代农业要获得发展，必须在经济效益上具备吸纳这些资源的能力。因

都市型现代农业的理论与实践

此，占用土地少，单位土地报酬率高，高投入、高回报、工厂化生产的项目必然是经营者的优先选择，而一些占地面积大，单位产出水平低的常规农业生产项目必然被淘汰。如有机农业、观光农业等在都市区域将大有前途，而水稻、棉花、油菜等将会萎缩。另外，由于花草树木等对都市环境美化的特殊作用，其在都市型现代农业中的比重会大大提高。

都市型现代农业必须提高土地和劳动的生产力水平，向集约化、规模化、可持续性方向发展。因此，它必将进一步利用科学技术和工业化成果，开发先进技术，提高农业生产的资本、技术集约度，并采用与资本、技术集约相适应的现代管理方式，在更大程度上克服地域上的分散性与耕地规模对农业扩张的制约。同时，现代高新技术的采用还能扩展农业活动的领域和空间，使其向平面、空间多维发展。如农用工业技术的进步将推动农业生产的工业化、设施化、集约化，农业活动的微观管理也将走向企业化、专业化。都市型现代农业将成为一种既与传统农业密切联系，又有重大区别的新生产方式，传统农业的分散性、季节性等将因高新技术的采用而大大削弱。都市型现代农业将更注重人类创造潜力的发挥，并开发多种适用型技术来保护环境。

所以，都市型现代农业必须体现综合技术水平领先的特征，即保持农业生物技术进步、农业设施技术进步和农产品加工技术进步的领先步伐，以产业融合、经济一体化的高度整体推进都市型现代农业的技术进步。采用新经济时代的技术与经营理念，在已有的信息平台基础上，加快实现农业的信息化、智能化，重点采用和推广促进环境友好的农业技术，实现农业的环境友好化、可持续化，运用国际化趋势的农产品经营理念和方式，建设以农产品供应链为纽带的农产品食品一体化经营，将都市型现代农业现代化从一个带有一定行政色彩的政策行为，逐步转变成为有效率的自主的市场行为。

要充分利用大城市"窗口"的双向展示作用，将都市的农业资源作为吸纳、传播和扩散现代农业科技的有效载体，开展以高、新、特为标志的农业技术贸易，积极引进国外名、特、优、新的品种，并加以繁育、推广以及选育、改造等，变生产优势为科技优势，提高都市型现代农业的科技含量和经济效益。要依托都市的科技优势，结合当前农业基地和现代化园区的建设，向全国展示农业新品种、新技术、新设施（备）及其产品等高技术含量的农业成果，利用大都市教育资源、农业科技人才密集，农业现代化设施先进的优势，将农业技术贸易与农业职业培训教育有机地结合起来，形成一种农业科教产业，成为科教兴市的组成部分之一。

农业生产产前、产后涉及大量产业，大都市可以考虑结合都市型现代农业的建设，发展科技含量较高的农业生产资料产业，如优质或专用复合肥料、生物农药、饲料添加剂、生物制剂（疫苗和酶制剂）、食品添加剂以及与都市型现代农业配套的装备、设施等，形成一个与都市型现代化农业配套的、有优势的农业技术产品基地。

五、未来的都市型现代农业将成为城乡一体化的组成要素

由于长期以来的发展不平衡，我国的农村与城市形成了截然不同的二元结构，互相

脱节，缺少有机的联系，城市的发达未能起到带动落后农村的作用，严重影响了我国的整体发展。随着发展的需要，须大力建设方便快捷的交通、通讯网络，加强城市与农村的联系，加快建设步伐，以大中城市为中心辐射发展，将农村集镇发展为卫星城镇，通过快捷的交通、通讯网络将城市与农村联结成一个整体。以城市的资金、技术、市场等为龙头，带动农村乡镇企业、个体企业、农业生产、养殖业等的发展，推动农村工业化，使城乡相互促进，共同发展。要提高农产品价格，缩小工农业产品的剪刀差，逐步缩小城乡差别、工农差别，改革户籍管理制度，消除不合理的二元结构，实现城乡一体化，使工农业共同走向繁荣，推动整个社会文明的发展。

都市型现代农业的发展有助于通过"产业联动、城乡联动、建设联动"的方式建设新农村，使新农村的建设与城市经济、社会、文化和产业发展实现有机融合，有效消除城乡二元结构，实现城乡和谐发展。

都市型现代农业的建设将使都市周边农村形成新的农村产业，如农产品供应链、系列农业生态休闲旅游等，这使得都市周边农村逐步由"生产"农业向"经营"农业转型，把都市型现代农业作为综合产业经营的基础平台，在这个基础平台上，其潜在经济要素将可能被深度挖掘，以此来拓展农民的就业空间，有效提高农民收入，使新农村建设同时成为开拓农业新产业的新机遇。

都市型现代农业的发展使我们有可能真正在城乡一体化过程中实行统筹协调、分类指导，按照垂直分工、错位发展的要求，对城区、郊区实行科学的区域功能定位。根据城市现代化和经济发展需要，规划城市和新郊区发展蓝图，联动规划建设项目、产业序列、文化和精神文明建设。在新农村的建设中探索城市产业与新农村建设有机互动的途径，把单向的"以工补农、以工助农"转变为双向的"工农互进、工农一体、协同发展"。

都市型现代农业的发展使我们有可能真正使新农村的建设与整个城市的建设联动发展，实行基础建设、文化建设、形态建设和生态建设联动。在基础建设上，一体化考虑城乡基础设施建设。在文化建设上，推动优质的社会事业资源向郊区转移。在城市形象建设上，根据现代化大都市的要求设计新农村的建筑和整体形象。在环境生态建设上，把新农村作为都市环境生态的重要组成部分，围绕人与自然和谐发展的目标，整体性考虑城乡环境生态建设。

都市型现代农业的发展可以借助于经济发达的大都市，形成现代化的都市乡村，城乡良性互动，由此将城乡差异消于无痕；可以使新农村建设与农业产业建设互动，以农业产业建设带动新农村建设，以新农村建设促进农业产业积聚，保证农民就业与收入水平同步提高；可以与发展生态经济、循环经济紧密挂钩，形成良好的都市生态环境；在走向现代化的同时，保护和传承传统农耕与民俗文化，并创造符合都市精神的现代农村新文明。

第六节 21世纪中国农业发展的新趋势

中国农业发展的基本特点，体现了新世纪我国农业现代化的发展方向，即把传统农业转变成为市场化、知识化、生态化、集约化和社会化的现代农业。这些发展的新动向表明，21世纪的中国农业的发展将出现新的趋势。

一、探索基因农业

知识经济时代，生物技术得到广泛应用。DNA重组技术、克隆技术、新的尖端生物技术应用与发展，给人类带来无限的憧憬。生物技术突破了动物、植物和微生物之间与物种之间的界限，实现了基因的界间转移，极大地拓宽了生物界种质优势的利用。由于基因工程技术的发展，农业生物技术发生了根本性的变化。如果把基因工程技术有选择地加以使用，对特定基因进行激活或控制，或用新方法进行转换，就可以生产出全新、安全的食品。人们不仅可以利用基因工程技术改良现有的农作物品种，而且可以根据自己的意愿创造新的动植物品种，尤其是优良家畜的繁殖，将为养殖业带来革命性的变革。目前，亩产吨粮的"超级稻"和日增重1千克的"超级猪"正在培育之中。近年来，我国在转基因抗虫、抗病毒和品质改良农作物与林木方面，对转基因棉花、大豆马铃薯、烟草、玉米、花生、菠菜、甜椒、小麦等进行田间试验。其中，抗叶病毒的转基因烟草已大面积生产，抗棉铃虫的转基因棉花已进入大面积应用示范阶段，取得了可喜的成绩。随着农业生物技术的迅速发展，基因农业必然成为现代农业发展的新增长点。

二、推广生态农业

我国农业部等7部委在《关于加快发展生态农业的报告》中指出："我国生态农业是按照生态学和生态经济学原理，应用系统工程方法，把传统农业技术和现代先进农业技术相结合，充分利用当地自然和社会资源优势，因地制宜地规划、设计和组织实施的综合农业体系。它以发展大农业为出发点，按照整体协调的原则，实行农、林、水、牧、副、渔统筹规划，协调发展，并使各业互相支持，相得益彰，促进农业生态系统物质、能量的多层次利用和良性循环，从而实现农业持续、快速、健康发展。"这是对我国生态农业概念的基本内涵、特点和目标的概括，也是对学术界创立的具有中国特色的生态农业理论的总结。《中国21世纪议程》总结了20世纪80年代以来我国发展生态农业的经验，明确指出："生态农业作为一种可持续农业模式，也正在逐步试验推广，目前试验已从生态农业户、村、乡发展到生态农业县。"因此，中国生态农业和国际可持续农业是一致的。各地生态农业建设经验证明，它是具有中国特色的农业可持续发展模式，为 21 世纪中国农业与农村现代化建设发展开辟了新途径。因此，在 21 世纪，必须把全面加强生态农业建设放在农业经济发展和农村生态环境建设的优先地位，开辟我国更大范围内建设生态农业的新局面。

三、发展"白色农业"

白色农业是利用至今尚未为人类充分开发利用的微生物资源宝库，应用科技进行开发，创建微生物工业型的新型农业。传统农业以太阳为直接能源，利用绿色植物的光合作用生产人类食物、动物饲料。与传统的"绿色农业"相比，其基本形态和生产模式都截然不同。"白色农业"依靠人工能源，不受气候和季节的限制，可常年在工厂进行大规模生产。因此，发展微生物工程科学，创建节土、节水、不污染环境、资源可循环利用的工业型"白色农业"，是农业持续发展的重要途径。目前，我国的"白色农业"正在兴起，微生物肥料生产已成气候，生产厂家达 2000 多家，年产量约 50 万吨。微生物饲料研究出现突破，一种新型的秸秆发酵剂已研制成功。微生物工业是节省土地型的工厂化生产，一座占地不多的年产 10 万吨胞蛋白的微生物工厂，相当于 180 万亩耕地生产的大豆蛋白质，或 3 亿亩草原饲养牛的动物蛋白。可见，发展"白色农业"大有可为。

四、重视海洋农业

海洋农业是一种利用海洋这一巨大的资源宝库，发展以海洋捕捞、海洋养殖为重点的新型农业。海洋约占地球表面积的 71%，是巨大的资源宝库。可加工成人类食物的近海藻类植物，年产量相当于目前世界小麦总产量的 15 倍以上。如果把藻类植物和浮游生物纳入食物范围，海洋可养活约 300 亿人。海洋生物产品含有各种营养物质，种类齐全，极易被人体吸收，生物利用率高，味道鲜美，是人类的优质食物。因此，像对待地力一样提高"海力"，促进水产养殖向集约化、农牧化方向发展，营造"海洋农场"、"海洋牧场"、"海洋林场"，开发海洋生物资源。

目前，发展海洋农业已成为 21 世纪农业发展的重要方向，是实现经济、社会可持续发展的重要途径。我国作为世界第 9 位海洋大国，有 37 万平方公里领海、300 多万平方公里的可管辖海域面积，1.8 万公里的大陆海岸线，仅大陆海岸线 200 米以内的浅海就可以开发出 20 多亿亩，海洋资源非常丰富。我们还可以向远海、远洋进军，合理捕捞。目前，我国海洋农牧化技术的开发与应用尚处于初级阶段，海洋农业发展潜力巨大，前景广阔。在海洋开发方面，应该把发展海洋农业放在重中之重的地位。

五、倡导都市型现代农业

都市型现代农业是城市第一产业发展的高级阶段，是以资本和技术投入为主的，知识化、集约化、多功能型的综合高效农业。它从城市第一产业内部结构上更加突出农业的休闲功能、文化功能和经济功能，是对原有城郊农业副食品生产基地功能的提升和拓展。1935年，日本学者青鹿四郎在《农业经济地理》一书中首先提出都市农业的术语；1977年，美国农业经济学家艾伦·尼斯在《日本农业模式》一文中明确提出了都市型现代农业的概念，都市型现代农业正式成为一种经济理论流行于国际经济学界。我国都市型现代农业的提出与实践始于20世纪90年代初，长江三角洲、珠江三角洲、环渤海湾等发达地区都市型现代农业的崛起，已显示出现代化农业的雏形。上海是我国第一个将都市型现代农业列入2010年国民经济发展规划的城市。北京市明确提出要以现代农业作为都市经济新增长点，强化其食品供应、生态屏障、科技示范、休闲观光等功能，使京郊农业成为农业现代化的先导力量。深圳适应建设国际化大都市的需要，目前观光农业、高科技农业建设已初见端倪。我国东部及中部部分省会和沿海地区大中城市，应用高科技发展高效农业，也成为都市型现代农业的一个走向，如无锡太湖生态农园、福州海峡的旅游农园等。沈阳、武汉、广州、天津等大城市也正在发展多功能产业化经营，为发展都市型现代农业创造了客观条件。

六、开发观光旅游农业

观光旅游农业是一种以农业和农村为载体的新型旅游业，有狭义和广义两种含义。狭义的仅指用来满足旅游者观光需求的农业；广义的观光农业涵盖"休闲农业"、"观赏农业"、"农村旅游"等不同概念，是指在充分利用现有农村空间、农业自然资源和农村人文资源的基础上，通过以旅游内涵为主题的规划、设计与施工，把农业建设、科学管理、农艺展示、农产品加工、农村空间出让及旅游者的广泛参与融为一体，使旅游者充分领略现代新型农业艺术及生态农业的大自然情趣的新型旅游业。早在19世纪30年代，欧洲就产生了农业旅游的萌芽。我国的观光农业是在20世纪80年代末90年代初才兴起，它首先诞生于沿海一些经济发展较快的地区以及大中城市和著名景区的周边地带。其类型有观光农园、休闲农场和市民农园。我国作为农业大国，发展观光农业，转变传统的农业生产格局，加快耕作管理的科学化、技术化，发展绿色产品和特色作物的生产，能够满足人们对无公害食品的需求，提高农产品的市场竞争力，获得农业、旅游的双重效益。

七、建立网上农业

在知识经济时代，农业各个方面的信息进入电脑网络。气候、土壤、水与物种等环境资源信息，生产资料供求信息，农产品生产、流通、价格信息，科技、教育、政策法规等信息，通过计算机联网，成为人类共享资源。中国农业信息网站已于1998年开通，主要栏目有科技教育信息网、畜牧兽医信息网、菜篮子信息网、花卉信息网、包装信息网、果业信息网、农业产品资讯、供求热线、气象信息、农业信息等。越来越多的农民已经发现，互联网用途广泛，使用方便。例如，河南、山东的农民种植的苹果、花生等农副产品，不但通过网络打开销路，产品还漂洋过海卖到国外。信息网络化使农业生产

第六章 都市型现代农业在中国的实践

经营突破地域限制而走向国际化成为可能。例如，湖北省黄冈市正在兴起"电脑农业"热潮，全市农民通过上网销售板栗、茶叶、蔬菜等农副产品20大类40多个品种，销售数量达到2亿千克，销售收入近10亿元。

八、开拓太空农业

随着航天技术的发展，科学家开始利用太空这一特殊的环境研究和培育农作物新品种，具有一定规模的太空农业和太空农业科学可望诞生。把太空技术和农业技术有机结合起来就是太空农业技术。运用太空科技进行生物育种就是太空育种技术，它开辟了有效培育新品种及特异种质资源的新途径，为人类进入太空农业时代展示了广阔的前景。近年来，我国把水稻、番茄等的种子送入太空，出现了显著变异，如稻穗变长、籽粒变大、抗逆性增强等，这有助于加速品种选育进程，丰富种质资源。通过在10多个省市进行了太空甜椒、太空番茄、太空黄瓜、太空玉米等品种的大面积示范试验，取得了令人满意的效果。可见，太空农业有着广阔的发展前景。

九、实施精准农业

精准农业是在现代信息技术、生物技术、工程技术等一系列高新技术最新成就基础上发展起来的一种重要的现代农业生产形式，其核心技术是地理信息系统、全球定位系统、遥感技术和计算机自动控制技术。我国农业仍属于高耗低效型农业，农田灌溉水的有效利用率只有30%~40%（发达国家达50%~70%），化肥当年利用率仅30%。因此，发展节水、节肥的精准农业将是今后我国农业发展的重要方向。尤其在面临着水资源短缺和用水浪费的双重危机情况下，发展节水型农业，建立节水型农村经济体系，在设施农业发展较快的地区，研究、推广适合我国特点的精准设施农业技术，对增加农产品产量、提高农产品品质，节约水、肥资源，保护农业生态环境具有重要作用。同农业发达国家相比，我国农业集约化总体水平较低，但一些重点粮棉生产基地，如黑龙江大型国营农场、新疆建设兵团农场等土地经营规模大、农业机械化程度高、农业生产基础较好，职工素质较高的地区或生产单位，已具备进行现代精准农业生产实践的条件。

十、盛行优质农业

优质农业是以经济上有效、技术上先进、环境上可持续的方式生产优质农产品的一种农业形态。它包括两个方面：一是农产品的优质化；二是农产品的生产及流通过程的标准化、规范化和合理化。当今社会，绿色无污染食品已是人们的需求，优质粮食、农产品是人们追求的物质生活不可分割的一部分。我国是一个农业大国，农业经济的发展和农产品的质量直接影响着人民的生活质量与身体素质，并影响着我国粮食的世界贸易和在世界农业中的地位。所以，发展优质农业，提高农业与农村经济发展的质量和效益，这是我国加入WTO后增强农业的国际竞争力的迫切需要，也是新世纪增加农民收入的必由之路。

要发展优质农业，就必须在良好的生态系统中或在较好的生态环境中，现代科技和生产技术较完善的结合，才能很好地进行。我国农业有悠久历史、丰富的农业生产经验，良好的生态建设的环境和优越的发展绿色农业的基础。也就是说，中国已具备了发展质量型农业的条件。先走质量型农业与数量型农业相结合的道路，再由点到面循序渐进地发展优质农业，这是发展有中国特色的农业经济的一个重要步骤，也是强国富民的一个重要战略。

第七章　都市型现代农业的发展规划

第一节　都市型现代农业发展规划的指导思想与发展目标

一、都市型现代农业发展规划的指导思想

都市型现代农业的发展要以"邓小平理论"和"三个代表"重要思想为指导，用科学发展观统领都市型现代农业的发展，充分发挥工业化、城市化、市场化对农业的带动作用；以"绿色、生态、优质、高效"为目标，以服务城市、富裕农民、繁荣经济、优化生态为核心，坚持"工业反哺农业、城市支持农村"的方针，大力发展以设施农业、生态农业、休闲农业为载体的，具有高效生态特征的现代农业，促进产业结构升级与转型，进一步提高农业综合生产能力和市场竞争力，推动第一、第二、第三产业融合与互动发展，实现城乡经济社会协调发展。

二、都市型现代农业发展规划的发展目标

都市型现代农业发展规划的发展目标，包括经济目标、社会目标、生态目标三大类。以建设都市型现代农业为目标，以"城市群、产业区、物流网、农业园、生态区"为发展平台，坚持城乡统筹发展方略，充分发挥区域的区位优势和农业资源优势，努力实现农业功能多元化、结构高级化、技术高新化和经营产业化。

（一）经济目标

根据都市型现代农业的特征和总体要求，以服务城市、提升农业为目标，遵循价值规律，依靠科技进步，按照农业标准化生产的要求和无公害、绿色、有机农产品生产的技术规程，从生产、加工、包装、运输到销售实行全程质量控制，以大农业的观点，合理开发利用各种农业资源，围绕优势产业，全面提高农产品质量，从整体上提高以经济效益为中心的农业综合效益。

（二）社会目标

休闲观光农业是旅游业向现代农业自然延伸和有机结合的必然产物，是发展都市型现代农业的重要组成部分。依托区域内的山、海、滩、岛、湖等自然风貌和底蕴深厚的农业文化，建设一批集度假、餐饮、观赏、娱乐为一体，融现代农业、乡土风情、娱乐休闲、文化教育和农事体验于一身的休闲观光农业景区，提供良好的工作、生活环境，以满足城市居民渴望回归自然，享受宁静、安逸生活的心理，促进人与自然、农村与城市和谐发展。

（三）生态目标

结合地理位置，以生态学原理为指导，遵循农业循环经济"减量化、再利用、资源化"的基本原则和理念，大力发展绿色生态农业，因地制宜推广不同类型的绿色生态农业模式，建立节地、节水、节肥、节药的农业生产方式，广泛使用有机肥、生物农药，重点发展种养结合的农业循环经济，使有限的农业资源得到循环利用和多次增值，形成资源循环利用、产品优质安全的绿色生态农业模式。

第二节 都市型现代农业发展规划的基本内容

一、都市型现代农业发展规划的原则和依据

（一）都市型现代农业发展规划的原则

制订都市型现代农业发展规划的原则，有以下几个方面。
(1) 坚持市场导向的原则。
(2) 坚持总体规划、分步实施、量力而行的原则。
(3) 坚持突出重点、注重实效、便于操作的原则。
(4) 坚持原有产业基础与今后的发展方向大体一致的原则。
(5) 需要解决的关键问题与未来的建设途径相一致的原则。
(6) 依托现有资源、因地制宜、发挥比较优势的原则。
(7) 以促进协调发展为目标，经济、社会、生态效益兼顾的原则。

（二）都市型现代农业发展规划的依据

制订都市型现代农业发展规划的依据，有以下几个方面。
(1)《中华人民共和国农业法》。
(2)《中华人民共和国环境保护法》。

第七章 都市型现代农业的发展规划

(3)《基本农田保护条例》。
(4) 中共中央、国务院有关农业、农村经济发展的政策性文件。

二、都市型现代农业发展规划的总体思路

要紧紧抓住机遇，充分利用当地人文、自然、社会、区位等多种资源，按照"创新、转型、拓展、提升"的总体要求，推进以农业功能拓展和产业转型升级为特征的立体式、战略性调整，强化农业、农村公共服务，坚持"六大发展方略"，重点围绕"四大定位"，积极实施"三大战略"，切实转变农业经济增长方式，努力构建都市型现代农业发展新格局。

（一）坚持"六大发展方略"

1. 用可持续发展的观念统领农业

要树立现代农业循环经济思想，坚持农业可持续发展观，兼顾当前与未来发展的"双重需求"，进一步加强对水、土等农业资源的有效利用与管理，统筹安排城乡产业布局，切实转变农业增长方式，构造循环农业生产模式，减少和防止对生态环境的污染和破坏，逐步实现资源利用的减量化与再利用。

2. 用产业联动思路延伸农业

要围绕发展都市型现代农业这一历史命题，突破传统农业单一农产品生产功能的束缚，强化服务城市功能，努力向效益、生态、休闲农业拓展，使农业从主要为城市提供鲜活农产品和初级加工品的产品农业，向绿色安全农业、休闲观光农业、生态农业转变，成为具有生产、观光、旅游、休闲乃至教育等多功能融合的都市型现代农业，以及城市产业体系、社会体系和生态系统的有机组成部分。

3. 用城乡一体化理念推进农业

以城市消费需求为导向，城乡统筹发展为主线，通过"以城带乡、以工补农"，进一步深化城乡一体化配套改革，积极打造"一体化"，有效促进农村经济与城市经济的互动、协调发展，努力消除城乡二元结构，使农业成为现代城市发展中的一个重要的功能区块和产业，最终实现城乡经济、社会、文化、生态的全面、协调和可持续发展。

4. 用机制与体制创新提升农业

积极鼓励社会资本介入农业，以市场配置农业资源，发展壮大农村合作组织为切入点，变革传统农业经营组织体制，着力培育新型农业产业组织形式，不断提高农民组织化程度，建立开放进取、充满活力的新型农业机制与体制，聚集先进农业生产要素，释放和形成新的生产力，不断增强农业活力。

5. 用现代科技武装农业

紧紧依托农业高新技术园区平台，突出农业科技创新，把科研和应用放在突出的位置，加强关键技术的攻关和集成转化、推广应用，积极发展设施农业、生态农业、精品农业，全面提高农产品质量、档次；大力加强农村基础教育和农业科技培训，努力提高

都市型现代农业的理论与实践

农村劳动力科技文化素质和就业技能,为发展都市型现代农业提供全面的科技与人才支撑。

6. 用"走出去、引进来"战略拓展农业

要突破传统地域界限,加快"腾笼换鸟",把农业融入大市场,不仅要注重开发利用本地资源,更要注重开发利用外地资源。鼓励各类农业企业、专业大户,实现农业的外向扩展,以赢得更大的发展空间;同时,实施"引进来"战略,吸引科技、信息、资金、人才、资源,借梯登高,构筑农业接轨内外的平台,实现共赢。

(二)重点围绕"四大定位"

1. 特色优势农产品产业区

牢牢把握产业梯度转移、主动融合、差异化竞争的趋势,以提升特色优势农产品竞争力,建设特色优势农产品产业化基地,以服务城市为目标,强化产品的优势集成、资源重组与产业整合,做大特色,做强优势,联动发展农产品加工业、流通业,形成产品之间、产业之间特色优势鲜明、竞争有序、层次分明的高效农产品产业体系。

2. 外向型农业发展的领航区

积极实施"走出去、引进来"战略,全面参与国际资金、技术、人才等资源要素的交流与合作,趋利避害,有选择地参与国际农产品市场竞争。大力引进外来资本、先进技术与设备;立足国内、国际两大资源与市场,积极参与经济全球化带来的农业分工与协作,发展一批具有比较优势和特色的创汇农业生产基地,培育一批规模大、实力强的加工型、营销型龙头企业,创建一批具有国际知名度的农产品品牌。加速农业向外向型、国际化方向发展,不断提升农业外向度。

3. 高效生态农业的示范区

注重和依靠科技进步,努力抓住高效生态农业的关键技术和关键产业,积极推广高效生态农业种养模式,扩大绿色有机农产品生产基地的规模,为市场提供优质、安全农产品;合理布局城市片林、城市绿地和绿色交通走廊,改善城市生态环境;积极开展农业面源污染治理、小流域综合治理以及规模养殖场污染治理等生态工程建设,提高生态农业建设的整体水平。

4. 新农村建设的先行区

进一步巩固农业在整个社会经济发展中的基础地位,协调第一、第二、第三产业发展,统筹城乡发展,建立起农业产业化与工业化、城镇化联动发展的运行机制与格局,带动区域经济协调发展。立足农村,围绕新农村建设的目标,加大农业与农村投入力度,加快农业朝着生态化、外向化、精品化方向发展,不断提高农业的市场竞争力;注重协调发展,区域分工,搞好第一、第二、第三产业的发展布局,不断提高农村的综合经济实力;注重环境生态化和农民知识化改造,努力推进农村各项社会事业的发展,提高农民的生产、生活环境和精神文明程度。

（三）积极实施"三大战略"

1. 品牌战略

大力推进农产品品牌建设，做大做强特色农业产业。要以现有特色产业为基础，以技术为支撑，以市场为导向，突出重点，以产业育品牌，以品牌拓市场。要牢固树立"质量第一、品牌至上"观念，大力宣传和自觉维护品牌的形象，采用品牌产品推介会、展销会、产品标识、统一包装等形式宣传品牌，壮大品牌声势；加强行业品牌有效整合、保护与宣传。

2. 科技兴农战略

科学技术是第一生产力，在竞争日益激烈的市场环境下，农业产业的发展必须有先进技术的支撑。要按照"自主创新、重点跨越、支撑发展、引领未来"的方针，紧紧依托科研院所的科技力量，围绕农业科技示范园区建设，积极引进人才、先进适用技术、新品种和新工艺，提高农业产业化水平，推进科技自主创新、成果转化和推广服务，提高农产品的科技含量和市场竞争力。

3. 产业化强农战略

农业产业化经营是市场经济条件下实现农业增效、农民增收，实现传统农业向现代农业转变的有效路径，要以推进农业产业化为切入点，突破传统农业经营理念的束缚，强化政府服务，培育经营主体，打造核心产业，做强龙头企业，拓展产业空间，提升合作组织，建设现代物流，全面推进农业产业化，构建现代农业新格局。

三、都市型现代农业发展规划的项目分类

由于存在地区特点和经济发展上的差异，都市型现代农业发展规划项目，有以下不同的种类：种植业、林果业、养殖业、水产养殖业、加工农业、产业化农业、生态农业、观光农业、科技园区等。在具体制订规划的过程中，应依据各类项目的不同性质，对其进行功能定位，并创建不同的规模和形式。

四、都市型现代农业发展规划的基本步骤

制订都市型现代农业发展规划的基本步骤，包括以下6个方面。
（1）与规划方沟通，初步了解对未来都市型现代农业发展的要求。
（2）对拟规划地区的基本情况进行总体调查和分析。
（3）现场调查研究，并与行政管理部门和实际的经营者面谈。
（4）确定项目规划基本方案。
（5）制订具体的实施方案。
（6）项目实施效果评估及总结。

都市型现代农业的理论与实践

五、都市型现代农业发展规划的重点步骤

(一) 基本情况分析

应从地区和项目区 2 个层面进行以下基本情况分析。

1. 自然资源与环境条件

(1) 地理位置与区位条件：包括地理坐标（经纬度）、毗邻城市与地区（是否毗邻大中城市、城市规模等）、交通条件（是否具备铁路、公路、航运条件，各类交通线路等级，距离远近等）、与中心城市的距离、项目区四至等。

(2) 地形地貌情况：包括山区、平原、高原、盆地、丘陵等。

(3) 土地资源情况：包括土壤综合生产能力、土地面积、土地利用状况和农业用地状况等。

土壤综合生产能力：包括农田基础生产能力、土壤肥力状况、土壤障碍因素、土壤等级、各种元素含量、土壤性状（土体构成、土壤容重、孔隙度）等。

土地面积：指辖区总面积。

土地利用状况：是指辖区内农业用地、工矿业用地、城镇建设用地、村镇建设用地、未利用土地等的具体数量和比例。

农业用地状况：是指辖区内农业用地中耕地面积、林地面积、园地面积、水域面积、绿化隔离带面积、其他农业用地面积的具体数量和比例。

(4) 气候资源情况：包括气候类型、年降水量及月均分布、年均气温、有效积温、无霜期、年均光辐射总量、年均日照时数及平均日照率等。

(5) 生态环境情况：包括绿化面积、林木覆盖率、生物多样性（动、植物资源）、水环境指数、空气质量指数、生活垃圾无害化处理率以及资源化利用率等。

(6) 水资源状况：是指地下水、地表水的数量和分布情况，以及年均降水量情况。

2. 社会经济条件

(1) 人口状况：包括人口总量、性别比例、年龄构成、农业人口和非农业人口的比率、人口的受教育程度、劳动力就业状况、农业技术人员数量等。

(2) 收入状况：包括地区国内生产总值、农林牧渔业总产值、城镇家庭总收入、城镇家庭可支配收入、农村居民总收入、农民纯收入等。

地区国内生产总值：是指按市场价格计算的一个地区所有常住单位，在一定时期内生产活动的最终成果。它有价值形态、收入形态和产品形态 3 种表现形态。从价值形态看，它是所有常住单位在一定时期内生产的全部货物和服务价值超过同期投入的全部非固定资产货物和服务价值的差额，即所有常住单位的增加值之和；从收入形态看，它是所有常住单位在一定时期内创造并分配给常住单位和非常住单位的初次收入之和；从产品形态看，它是所有常住单位在一定时期内最终使用的货物和服务价值减去货物和服务进口价值的差额。

农林牧渔业总产值：是指以货币表现的农、林、牧、渔业全部产品和对农、林、

牧、渔业生产活动进行的各种支持性服务活动的价值总量，它反映一定时期内农、林、牧、渔业生产总规模和总成果。计算方法通常是按农、林、牧、渔业产品及其副产品的产量分别乘以各自单位产品价格求得；少数生产周期较长，当年没有产品或产品产量不易统计的，则采用间接方法计算其产值；然后将农、林、牧、渔业产品产值及农、林、牧、渔服务的产值相加即为农林牧渔业总产值。

城镇家庭总收入：指城镇家庭成员得到的工薪收入、经营净收入、财产险收入、转移性收入之和，不包括出售财物收入和借贷收入。

城镇家庭可支配收入：指家庭成员得到可用于最终消费支出和其他非义务性支出以及储蓄的总和，即居民家庭可以用来自由支配的收入。它是家庭总收入扣除交纳的所得税、个人交纳的社会保障支出，以及记账补贴后的收入。

农村居民总收入：指调查期内农村住户和住户成员从各种渠道得到的收入总和。按其收入的性质，可分为工资性收入、家庭经营收入、财产性收入和转移性收入。工资性收入是指农村住户成员受雇于单位或个人，靠出卖劳动力而获得的收入；家庭经营收入是指农村住户以家庭为生产经营单位进行生产和管理而获得的收入；财产性收入是指金融资产或有形非生产性资产的所有者，向其他机构单位提供资金或将有形非生产性资产供其支配，作为回报而从中获得的收入；转移性收入是指农村住户和住户成员无须付出任何对应物而获得的货物、服务、资金或资产所有权等，不包括无偿提供的用于固定资产形成的资金，一般情况下，是指农村住户在二次分配中的所有收入。

农民纯收入：指农村住户当年从各个来源得到的收入相应地扣除所发生的费用后的收入总和。它主要用于再生产投入和当年生活消费支出，也可以用于储蓄和各种非义务性支出。"农民人均纯收入"是按人口平均的纯收入，能反映一个地区或一个农村居民的平均收入水平。

（3）产业分布情况：第一产业是指农业、林业、畜牧业、渔业。第二产业是指采矿业、制造业、电力、煤气及水的生产和供应业、建筑业。第三产业是指除第一、第二产业以外的其他行业。产业分布情况是指第一、第二、第三产业的分布比例情况。

（4）基础设施建设情况：包括道路建设、交通、电力供应、通讯设施等。

（5）农业科技发展水平：主要是指良种覆盖率、农业科技贡献率、农业科技成果转化率等。

（6）人文历史条件：主要是指当地的历史文化依存、人文传统、乡村生活习俗等。

3. 农业及农村发展状况

（1）农业产业结构：指种植业、养殖业、林果业、水产养殖业等各行业比例结构。

（2）种植业内部结构：指在种植业内部粮食作物、经济作物、饲料作物的分布比例。

（3）农产品加工业发展情况：指农产品加工业产值、农产品加工率等。

（4）农业产业发展状况：指种植业、林果业、畜牧业、水产养殖业等农业主导产业及其龙头企业发展情况，比如生产规模、产品产量、销售数量、盈利状况等。

4. 政府政策及发展规划

它对一个地区的发展或一个项目的实施有着直接的影响。主要包括以下内容：①国

都市型现代农业的理论与实践

民经济和社会发展规划。②工农业发展规划。③土地利用规划。④农村城镇化建设规划。⑤农村环境保护要求、生态建设。

（二）优劣趋势分析

综合资源与环境、市场、组织和管理、科教、人才、信息、资金等要素，利用优劣趋势分析法来综合分析所规划项目的优势与劣势、外部环境的机会与潜在威胁，是制订发展规划的重要环节。

优劣趋势分析法是一种能够比较客观而准确地分析和研究一个单位现实情况的分析方法。从整体上看，它分为两部分：第一部分为优势和劣势，主要用来分析内部环境条件；第二部分为机会和威胁，主要用来分析外部环境条件。

内部环境因素包括优势因素和劣势因素，既包括积极因素，也包括消极因素，都属于主动因素，在调查分析这些因素时，不仅要考虑到历史与现状，更要考虑到未来的发展。优势包括有利的竞争态势、充足的财政来源、良好的经济基础、雄厚的技术力量、优良的产品品质、既有的市场份额、人力资源优势等。劣势包括资金短缺、经济发展的瓶颈、人力资源劣势、管理水平较差、竞争力不足等。

外部环境因素包括机会因素和威胁因素，它们是外部环境对未来的发展直接产生影响的有利因素和不利因素，属于客观因素。机会分析是分析外部有利因素，包括新产品的出现、新市场的产生、新需求的产生、外国贸易壁垒的解除、竞争对手的失误等。威胁分析是分析外部的不利因素，包括出现新的竞争对手、替代产品增多、市场紧缩、行业政策变化、经济衰退、客户需求改变、出现突发事件等。

通过优劣趋势分析，可以找出对自己有利的、值得发扬的因素，以及对自己不利的、要避开的因素，发现存在的问题，找出解决的方法，明确未来的发展方向。根据这个分析，可以将问题按轻重缓急分类，明确哪些是目前急需解决的，哪些是可以稍缓再解决的问题，哪些属于战略目标上的障碍，哪些属于战术上的障碍。最后，还要将这些研究对象一一列举出来，依照矩阵形式排列，用系统分析的思想，把各种因素相互匹配起来加以分析，从中得出带有一定决策性的结论，以有利于做正确决策和规划。

优劣趋势分析法的具体思路如下：首先，在某些领域内可能会面临来自竞争者的威胁，或者在变化的环境中，有一种不利的趋势，在这些领域趋势中，会有哪些劣势，如何把这些劣势消除；其次，一定有某些机会存在，发挥自身的优势，利用这些机会；再次，在某些领域中可能存在着潜在的机会，努力把这些领域中的劣势加以改进，以争取这些机会；最后，对目前有优势的领域进行监控，以便在潜在威胁可能出现的时候不会措手不及。

（三）市场分析

1. 现有市场

现有市场主要包括两部分内容。第一部分是产品市场份额分析，包括产品外销率、产品商品率、市场占有率等。第二部分是品牌优势分析，包括唯一性特色产品的品种和数量、名优特新产品的品种和数量、有机产品的品种和数量、绿色产品的品种和数量、无公害产品的品种和数量等。

2. 潜在市场

首先是国内外产品市场前景分析，主要包括产品本身的市场、上游产品市场、下游产品市场、产品的人均消费量等。其次是客源分析，主要包括人口总量及未来的增长态势、年龄分布情况、性别比例情况、城乡居民收入现状、未来的增减变化趋势等。

（四）规划方案设计

规划方案设计的内容，主要包括建设内容、建设地点选择（区域布局）、技术路线及技术依托、建设规模及效果、建设进度安排等。

（五）规划资金筹措安排

主要包括自有资金安排、财政拨款安排、多渠道融资安排等。

第三节　都市型现代农业项目的投入产出分析

都市型现代农业的投入光靠政府不行，要积极创造条件，吸收社会各界力量对农业现代化建设的投入。要提倡多种方式投入，不仅要重视资金投入，也要重视科技投入和农业劳动者的教育投资。投入要因地制宜，针对农业和农村经济发展中迫切要解决的问题。同时，还要注重不同要素投入的组合，实现要素投入的最佳组合，避免造成资源浪费。

农业现代化建设要讲求效益，重视提高农民的收入水平，实现共同富裕，这是农业现代化建设的基本目标。

都市型现代农业项目的投入产出分析，主要是经济、社会和生态方面的分析。

一、经济方面的投入产出分析

（一）财务估算

财务估算包括销售收入估算、其他各项收入估算、成本费用（直接生产成本、财务费用、市场费用）估算、产品销售估算、城市维护建设费用估算等。

（二）财务效益评价

财务效益评价，首先是项目损益分析，具体要对可分配利润、未分配利润、成本利润率进行分析。其次，要进行项目盈利能力分析，具体要分析内部收益率、投资回收期等。最后，要进行项目风险分析，主要是进行敏感性分析等。

都市型现代农业的理论与实践

二、社会方面的投入产出分析

社会效益评估，首先是技术贡献评估，即评估高新技术普及率、劳动生产率、土地产出率、资源有效利用率等。其次，要进行产品贡献评估，即评估增加的产品品种、产量增幅、质量提升等。再次，要评估就业贡献情况，即带动当地农民就业人数、促进农民向非农产业转移的人数等。最后，要评估农民增收情况，包括项目区域内农民增收情况、辐射区域内农民人均收入增幅情况等。

三、生态方面的投入产出分析

生态效益评估，一是要评估土壤肥力情况，主要包括有机肥施用量、化学农药及除草剂使用情况等。二是要评估生物防治技术应用率的提高情况。三是要评估洁净生产情况，即实施洁净生产的范围、农业生产废弃物处理达标率提高情况等。四是要评估农产品质量安全认证情况，包括有机食品、绿色食品、无公害农产品占全部农产品的比率情况。五是还要对生态环境的总体改善情况进行综合评估。

第四节　我国都市型现代农业规划案例

一、北京市关于加快发展都市型现代农业的指导意见

北京市为进一步推动全市农业的全面升级，大幅提升农业的市场竞争力，深度开发和拓展农业的新功能，增进产业融合，促进农业提质增效、农民增收，适应城乡互动发展，构建和谐社会，根据首都功能定位，结合北京市经济社会发展实际，提出加快发展都市型现代农业的指导意见。

（一）发展都市型现代农业的必然性和必要性

都市型现代农业是指在北京市依托都市的辐射，按照都市的需求，运用现代化手段，建设融生产性、生活性、生态性于一体的现代化大农业系统。

北京市农业发展定位于都市型现代农业，是北京经济社会发展现阶段的客观要求。北京农业正处在非常重要的历史性转型期，由城郊型农业向都市型现代农业转变十分必要，发展都市型现代农业是首都农业发展方向的必然选择。

从外部环境看，北京作为全国最大、最密集的消费市场之一，具有消费群体规模大、消费层次多、消费需求变化快、消费质量高等特点，要求农业为市民提供多元化的服务。随着城市化进程加快和第二、第三产业迅速发展，科学高效利用各种资源是首都

第七章 都市型现代农业的发展规划

农业的巨大优势。北京集聚了大量的科技、金融和人才等各种社会资源，成为巨大的能量集合体，对郊区经济社会发展具有强大的辐射和带动作用。首都生态建设和环境保护工作已经成为城市可持续发展的重要任务，农业的环境贡献功能需要进一步彰显。北京山区面积占到全市总面积的 62%，其生态价值、社会价值和经济价值都需要我们开发利用，放眼未来，丰富的山区资源将为都市型现代农业的发展提供较大的发展空间。

从农民增收的实际要求看，由于受生产资源的制约，农业发展已经不能单纯通过数量规模的扩张满足农民增收的愿望，要充分发挥农业对郊区农民增收的作用，促进城乡协调发展，就必须进一步根据首都经济社会发展变化，拓展农业发展空间，运用现代化手段，加快结构调整和功能转变，推进农业现代化，促进农业提质增效，带动农民增收。

当前，社会各界高度重视"三农"工作，全社会已逐步形成城乡统筹发展的合力，北京的经济发展具备了城市支持农村、工业反哺农业的条件，部分区县已围绕建设都市型现代农业进行了积极探索和有益实践，因此，北京农业适时转型，借势推动都市型现代农业发展的条件已经基本成熟。

（二）发展都市型现代农业的指导思想、发展目标和原则

1．指导思想

发展都市型现代农业的指导思想是认真贯彻党的十六大精神，以服务城市、改善生态和增加农民收入为宗旨，以市场为导向，以实施"221 行动计划"为具体抓手，围绕农业生产、生活和生态功能，拓展农业发展空间，调整农业产业结构和布局，运用现代科技手段武装农业，通过城乡优势互补、产业相互融合，提高农业发展水平，提升农业的生产、生活、生态服务能力。

2．发展目标

（1）总体目标。一是实现郊区农业单一功能向多功能转变。加快和实现农业由单一生产型向生产、生活和生态型多功能转变，使农业发展和城市发展相互依托，共同发展。二是实现城郊型农业向都市型现代化农业转变。运用现代手段提升农业的综合生产能力，提升农业的现代化水平。三是实现郊区农业由粗放型向集约型农业转变。优化配置生产要素，提高劳动生产率和资源利用率，鼓励内涵式可持续发展。加快郊区农业向组织化、专业化、标准化转变。四是实现注重生产向注重市场领域转变，由过去单一关注生产、以产定销的生产方式，向以市场需求为导向，以销定产的方式转变。通过四个转变，使北京郊区农业的生产力水平和现代化程度位居我国前列，使郊区农业和城市发展相互融合、相互依托、和谐发展。

（2）具体目标。到"十一五"期末，实现以下目标：①进一步提高郊区农业的生产功能。结合区域优势，确定区域布局主导产业，通过规划和调整，提高郊区农业产业的规模化和专业化水平；通过完善基础设施和加大科技支撑，提高农业生产的现代化装备水平和产出水平；通过推行标准化生产、质量体系和产品认证以及监督检测，建立起相对完善的农产品安全生产体系，提高农产品的安全无害化水平；通过发展龙头企业和农民专业经济合作组织，提高郊区农业的产业化经营水平。以名、特、优、新为重点，

都市型现代农业的理论与实践

培育出一批满足多层次和个性化需求的唯一性特色产品,提高郊区农业市场化服务水平。②进一步开发和保护郊区农业的生态功能。进一步加强郊区农业环境保护和农业生态建设。开发和推广应用相关农业生态的技术和设备,初步建立起涵养能力较强、生态景观优美、空气水源清洁、高效节能节水,以及农业废弃物得到有效治理利用、生态服务价值较高的农业生态体系,实现农业和首都经济社会的可持续发展。③加快拓展郊区农业的生活功能。以服务城市为导向,面向消费市场日益多样化,特别是高端消费市场的新需求,使农业在满足消费者物质需求的同时,不断满足消费者的精神需求。加快开发以旅游休闲观光和农产品展示交易为主的生活功能,建设一批基础设施完善、生活功能相对齐备、经营模式多样、服务水平较高的农业休闲观光园区。④再经过五到十年的努力,最终形成以农业和农村产业为基础、以城市为依托、整体现代化水平较高的集生产、生活和生态功能于一体的可持续发展的现代化大农业系统。使郊区广大农村发展成为生产发展、生活宽裕、乡风文明、村容整洁、管理民主的社会主义新农村。

3. 发展原则

(1) 坚持以市场为导向原则。要充分发挥市场需求的导向作用,转变观念、转变方式,发展适销对路的产品和产业,培育特色唯一性产品,打造品牌,提高农产品的商品化水平。

(2) 坚持产业化经营原则。运用现代的手段,武装农业生产各个环节。拓展农业生产的产业链,促进产业融合,切实加大第一产业向第二、第三产业的延伸力度,提升农业的产业化、现代化、社会化、组织化水平。

(3) 坚持突出区域比较优势原则。根据北京城市总体发展规划和各区(县)功能定位,结合本地区自然禀赋优势,以摸清资源底牌为基础,发展适合本地区的优势特色主导产业。

(4) 坚持可持续发展原则。按照建设宜居城市和举办绿色奥运的要求,优化资源配置,发展集约型农业,推进循环经济发展,实现农业的可持续发展。

(5) 坚持对外开放原则。立足首都,以利益共享为纽带,充分利用国内国外两种资源、两个市场,加强对外交流与合作,特别是要加强同周边地区的合作,推动郊区农业快速发展。

(6) 坚持经济、社会和生态效益并重的原则。在追求农业经济效益的同时,要注重社会和生态效益。在保证农民增加收入和企业获得合理利润的基础上,实现良好的社会效益和生态效益。

(三) 都市型现代农业的发展布局和主要模式

根据北京大都市及其延伸地带不同地域的资源状况和功能特点,北京都市型现代农业总体发展布局可以概括为五个发展圈。

一是以景观农业和会展农业为主的城市农业发展圈,主要是四个城区和部分城近郊区,重点发展以城市绿地、园林景观、楼宇居室美化以及农产品展示交易等为主要内容的景观农业和会展农业。

二是以精品农业和休闲农业为主的近郊农业发展圈,主要是六环路以内的城近郊区，具有离城市近的区位优势，以直接为城市消费服务为目标，重点发展园区农业、体验农业、科普农业和精品农业，即高科技示范园区、旅游休闲观光园区、精品农业园区、农产品交易市场和配送中心等产业形式，为市民提供调节城市生活节奏的休闲生活空间。

三是以规模化的产品农业和加工农业为主的远郊平原农业发展圈，主要是远郊平原及浅山区，重点发展以规模化、专业化、区域化、标准化为目标的大宗农产品生产和加工为主要内容的产品农业和加工农业。

四是以特色农业和生态农业为主的山区生态涵养发展圈，主要是郊区北部、西部和西南部山区，要积极挖掘山区独有的资源潜力，发展以特色唯一性农产品培育、山区民俗旅游、生态游等为主要内容的特色农业、生态农业和休闲农业。

五是以与外埠基地横向联系的合作农业发展圈，依托北京的市场优势，本着优势互补和区域合作的原则，积极与外埠发展区域合作农业。

（四）都市型现代农业的建设重点

1. 调整优化农业产业布局和结构

各区（县）要根据资源和市场需求两张底牌的实际情况，结合本区（县）功能定位，按照全市都市型现代农业总体规划布局的要求，研究确定各自的优势产业，制订区域产业发展规划，进一步调整和优化农业产业布局和结构，加快优势产业向优势区域集中，形成与本地资源和功能相适应的规模化、区域化产业格局，建设一批优势主导产业带，打造一批市场竞争力强的优质产品。

2. 大力发展观光休闲农业

各区（县）要按照城乡互动、产业融合的要求，结合本地资源和功能定位，大力开发郊区农业的生活服务功能。近郊区要凭借贴近城区、交通便利、经济实力强和科技资源雄厚的优势，重点发展集景观、科技和休闲为主的园区农业。远郊区（县）要积极鼓励发展融教育、体验、观光和生产于一体的旅游观光农业。要充分利用山区自然风光、自然景观和民风民俗优势，大力发展集农业生产、自然风光、历史文化、休闲旅游于一体的休闲观光农业。

3. 突出发展唯一性特色优质农产品

要适应首都消费市场大、消费层次多、消费水平高的特点，瞄准中高端消费市场，大力创造唯一性特色农产品，进一步加快实施农产品品牌战略，提升郊区农产品的质量和水平。着力培育一批唯一性特色农产品，满足多层次、个性化的消费需求，增加农产品附加值。

4. 切实提高农业综合生产能力

一是进一步加强农业配套基础设施建设，改善农业生产条件，提高农业减灾、防灾能力。二是要加快设施农业建设，继续鼓励发展日光温室、联栋温室、大棚、养殖小区、规模化养殖场等设施农业，推进农业集约化生产经营。三是加快农业机械化，突出抓好重点农时、重点作物和关键环节的农业机械以及先进实用农业机械化技术的推广应

都市型现代农业的理论与实践

用，提高劳动生产效率。四是面向国内外两种资源和两个市场，加强与国内外的交流与合作，实施引进来和走出去战略，积极引进新产品、新技术，大力发展出口创汇农业，加快北京农业国际化步伐。

5. 全面提升农产品品质和质量

各区（县）要加强以质量为核心的安全农产品生产体系建设，通过大力推广优良品种，强化对生产全过程的标准化管理，进一步推进农业标准化工作，加快农业标准化生产基地建设。积极推进标准化工作由生产领域向加工和流通领域延伸。加快建立和完善市、区（县）两级产品质量检测体系和监督检测制度以及产品质量跟踪、追溯制度。加强 ISO9000、ISO14000、HACCP 等管理体系认证以及无公害农产品、绿色农产品、有机农产品等产品的认定和管理工作，积极推进绿色和有机农产品生产。要全面加强动物卫生安全体系建设，强化对养殖、屠宰、运输、市场各环节的监管。

6. 有效提高农业产业化和组织化水平

各级政府要加快体制和机制创新，大力推进农业产业化。本着扶优扶强的原则，着力培育出一批生产规模大、经营机制好、科技含量高、加工产品精、辐射区域广的龙头加工企业，积极引导龙头企业和农户采取股份制、股份合作制等多种利益联结方式，建立健全平等互利、风险共担的一体化经营机制。积极培育和发展以农产品销售、农业生产资料采购和农业科技服务为主的各类专业协会和农民专业经济合作组织。

7. 健全农业现代流通体系

大力推进农业市场化建设。结合首都发展规划，进一步加快完善以农产品批发市场为中心，以集贸市场、零售经营门店、各类专营店和超市柜台为基础，以现代物流配送、连锁经营和电子商务等多种营销方式为手段的农产品现代化流通体系。

8. 积极推进农业生态环境建设

要高度重视郊区农业在自然生态中的基础功能和作用，加快建设与首都经济社会发展相适应的农业生态系统。一是大力开展绿化美化。进一步调整种植业内部结构，对郊区农田逐步实行园艺化管理，通过发展设施农业和绿化农业，减少裸露农田和扬尘；进一步加强城郊园林和绿地建设，要将郊区不适宜种植农作物的荒滩、荒地纳入绿化美化用地规划。二是减少农业生产排污和治污。进一步加快规模畜禽场粪污治理，减少畜禽养殖对周边大气环境和地下水源造成的污染；加快发展种养连动的生态型生产方式，大力发展循环经济。三是规范农业投入品使用。积极鼓励加工生产和科学使用有机肥，减少化肥用量，培肥地力，降低污染；加强生物天敌保护，鼓励动植物病虫害生物防治，减少农药使用。四是要重点加强山区生态环境建设，改善山区自然植被，保护生物多样性。五是要大力发展节约农业。在全市范围内大力推广节水型灌溉技术，彻底改变传统灌溉方式，有效节约水资源；大力开发和广泛利用太阳能、生物质能、风能等可再生能源，推广节能农业。

9. 构建农业社会化服务体系

首先，要创新机制，本着公益性和经营性服务分开的原则，积极推进农业技术推广机构改革，进一步强化政府农技推广部门的公益性服务职能。其次，鼓励和支持科技人员、科研推广机构以及经营性服务机构开展有偿社会化服务。最后,鼓励和支持龙头企业与农民专业合作经济组织开展行业内部的产前、产中和产后系列化服务。通过多种途径和形式,逐步建立健全高效和富有活力的新型农业社会化服务体系。

10. 提高农业科技和信息化水平

大力开展科技攻关,重点组织开展带有全局性、基础性、关键性的动植物育种技术、病虫害防治、节水节能农业、改土培肥、健康养殖配套技术,以及水土保持、植被绿化覆盖等涉及农业增产增效和农业生态环境建设等重大科技攻关,为现代化农业生产提供强大技术支持;大力推广农业科学技术,要充分发挥各级农业技术推广部门的作用,深入推广和普及农业实用技术;大力推进科技应用,要以科技项目为载体,加快农业科技成果和先进技术的应用;大力开展科技培训,要采取多部门、多途径、多形式的科技培训工作,提高郊区广大农民科学文化素质;大力推进农业信息化建设,积极推广电视、电话和电脑"三电合一"的信息服务模式,并重点建立健全农产品市场预警监测系统,开发信息资源,延伸服务网络,做好信息发布工作,为农民提供更加便捷、有效的信息服务。

(五) 推进都市型现代农业的保障措施

1. 建立组织协调工作制度

发展都市型农业是一项涉及领域宽、涉及部门多的系统工作,具有一定的超前性,建设任务十分艰巨。各级政府部门必须站在统筹城乡的全局的高度,全面加强指导,组织广大干部群众扎扎实实把各项工作落在实处。市、区县各相关部门要结合本部门的职能,通力合作,密切配合,形成合力,多层面地推进北京都市型现代农业的发展。为此,市、区县都要建立由主管部门牵头,相关部门参加的都市型现代农业联席会议制度,定期召开会议,沟通情况,解决都市型现代农业发展中的问题。

2. 创新都市型现代农业发展机制

紧紧围绕发展都市型现代农业,研究与之相适应的各项配套制度。一是进一步加快土地确权,完善土地流转制度,为推进农业规模化、集约化经营创造有利条件。二是建立和实施都市型现代农业评价指标体系,通过试行和进一步完善后,用于评估本市都市型现代农业的发展。三是完善农业多元化投融资办法,充分吸引社会资金投资郊区农业,形成政府、农民和社会共同投资郊区农业的格局,实现投资主体多元化。

3. 加强农业科技支撑体系建设

围绕都市型现代农业发展的需要,加强基础性研究和实用技术的推广与应用,加大人才引进和培训的力度,发挥科技是第一生产力的作用。要按照市场化原则,进一步整合资源,把政府的资金支持与首都的科技资源优势结合起来,采取政府购买科技服务的方式,形成资金支撑与科技支撑的有机结合。集中采购一批科技含量高、对都市型现代农业建设推动作用大的专利和重大科技成果,加快科技成果转化,组织对都市型现代农业重点领域进行科技攻关。

4. 建立都市型现代农业发展的政策支持体系

围绕都市型现代农业发展的重点,加大政府财政资金的投入,研究制定促进农业综合生产能力的提高、鼓励特色唯一性农产品培育、农业产业化经营、农产品无公害生产体系建设、农业科技开发利用、山区小流域治理等系列政策,通过重点项目来整合各部门的力量,集成资金,形成合力。建立都市型现代农业产前、产中、产后服务的政策保障体系。探索政策性农业保险和由政府、企业及农户三方共同构成的风险互助等农业风险保障机制,确保都市型现代农业的稳步发展。

二、南京市都市型现代农业"十一五"发展规划

为了加快建设南京都市型现代农业,南京市制订"十一五"期间都市型现代农业发展规划。

(一) 发展基础与环境

1. 发展基础

都市型现代农业是现代农业的一种模式。南京市于1996年提出发展都市型现代农业,经过十年发展,特别是"十五"期间,调整农业结构,拓展农业功能,发展特色农业、绿色农业、旅游农业、品牌农业和外向农业等,农业得到了稳定、持续、健康发展,总体上完成了城郊型农业向都市型农业的过渡,呈现出都市型现代农业的新格局。

2. 发展环境

新农村建设为农业发展提供了良好的机遇;城市化、工业化进程加快为农业发展提供了有利条件;空间和压力为农业发展提供了巨大潜力。

(二) 指导思想与目标

1. 指导思想

以邓小平理论和"三个代表"重要思想为指导,全面贯彻落实科学发展观,围绕都市型现代农业目标,深入推进功能调整,大力发展高效生态农业,实施品牌战略,加快科技进步,强化公共服务能力建设,按照"产业高效、功能合理、生产安全和装备先进"的要求,建设高效农业、旅游农业、设施农业、安全农业、品牌农业等,实现功能多元化、农业产业化、产品品牌化、装备现代化、服务社会化,推动农业现代化建设,保障农业增效和农民增收,建设社会主义新农村,为和谐社会建设服务。

2. 功能定位

"十一五"期间,南京都市型现代农业体现以下四大功能:

(1) 经济功能。经济功能同农业效益和农民收益息息相关,是今后一段时期农业的首要功能。要深化农业结构战略性调整,大力发展高效农业,提高农业生产力、农业效益和农民收入,同时推进农业产业化,扩大农业的开放度,改善农业装备,不断提高农业的现代化水平。

(2) 生态功能。随着经济发展和社会进步,农业生态功能日益凸现。按照"东部城市绿色中心"要求,继续推进"绿色南京"建设,增加资源总量,提高森林覆盖率,

第七章 都市型现代农业的发展规划

为农业可持续发展和城市化进展提供生态支撑。发展农业循环经济，控制农业污染，实施清洁能源，改善农村生活环境。同时，保护野生动物资源，维护生物的多样性，促进人与自然的和谐。

（3）生活功能。主要是满足城乡居民生活需求和提高人民生活质量。加快农业由数量型向质量型转变，确保提供优质、安全的农产品。加快农业深度开发，开拓农业旅游市场，大力发展旅游农业，以满足人们回归自然和休闲观光的需要。

（4）服务功能。主要有农技、农资、物流等服务，促进农业与第二、第三产业的协调发展，以满足农业多种功能需要。建立和完善动物兽医卫生服务、植物病虫害防治、森林防火、信息服务和法制保障等公益性服务，保障农业健康发展，维护公共安全，为产业发展和社会公共安全服务。挖掘农业文化内涵，广泛利用农业和农村人文资源，开展多种文化服务，丰富城乡居民的文化生活，为农民和市民精神生活提供服务。

3．总体目标

到 2010 年，农业总产值突破 210 亿元，较"十五"末增长 40%，农业服务性收入达到 100 亿元。农产品出口值较"十五"末翻一番。主导产业的产值占农业总产值 90% 以上，无公害农产品生产面积占食用农产品生产面积的 80% 以上，亩均效益 2000 元以上的高效农业面积占全市种养面积的 40% 以上，形成生产、生活、生态和服务功能相互促进、和谐发展的局面，实现"高效农业全省一流，旅游农业全国名城，东部城市绿化中心和质量安全社会公认"四大目标，初步建成南京都市型现代农业的品牌。

4．产业布局

根据南京的地形特点和经济区域发展规律，全市农业总体上实行区域布局、基地定位、圈点结合，因地制宜，分层次、分类型推进。近郊主要是休闲、生态产业区和大型农副产品交易市场，中郊主要是农产品加工和设施农业区，远郊主要是规模种植业和养殖业区。近郊控制畜牧业发展，绕城公路以内，不再发展新的养殖项目，原有的养殖业逐步退出。

加快丘陵山区的开发利用，重点扩大苗木花卉、果树、茶叶等经济林果种植，积极推广"一镇一品"、"一县一业"。地势平坦、土壤条件好的圩区，主要用于粮油和蔬菜生产，以建立高效生产基地，保持粮食、油料和蔬菜的稳定生产。沿江、沿湖、沿河地区着力发展水产和水禽养殖，在保护水环境的同时，充分利用水资源。在化工区和不适宜种植食用农产品的地区，营造生态防护林；在生态脆弱区和生态敏感区，建立生态公益林；在城郊规划和建设一批郊野公园与人居森林。

（三）主要任务与措施

1．确保四项基本任务

（1）拓宽增收渠道，确保农民增收。提高农业生产力，进一步调整结构，增加产量，提高粮食生产的比较效益，提高纯农户和种粮农民的积极性，发展蔬菜、园艺、畜牧、水产等高效产业，增加生产性收入。拓展增收空间，根据本地资源优势和农民的特长，开发多功能农业，大力发展休闲观光和农业服务业。提高农民素质，坚持农民培

都市型现代农业的理论与实践

训，增强农民创业的本领，促进劳动力转移，增加农民务工收入，尤其要鼓励和扶持大户经营，培养农民老板，以大户带农户，以创业促增收。

（2）加快科技创新和推广，全面提高农业技术水平。加强农业重大技术的转化和运用，着重是地力培养、高效栽培、疾病防控、健康养殖、质量安全、生物能源、农产品加工等重大技术新成果的推广使用。建立新型的农业技术推广体系，对公益性职能和经营性职能进行分类管理，探索农技推广社会化服务的新机制。深入实施农业"三项更新和推广工程"，加快品种、技术、知识的更新步伐，加快农业发展新模式的推广，有效实施科技入户工程，鼓励社会农业科技力量参与农技推广服务，建立基层稳定有效的农技推广服务体系。

（3）转变增长方式，实现可持续发展。加强资源和生态环境的保护与科学利用，重点是土地资源、水资源、森林资源、农业野生资源。因地制宜推广种植业、养殖业清洁生产和环境整治模式，治理农田污染，建立农业资源和环境资源监测预警系统，建立不同类型的可持续发展模式，促进农业增长方式转变。大力发展农业循环经济，强化耕地质量管理，推广节约型生产技术，实施测土配方施肥。发展集约、生态生产模式，推广畜禽标准化养殖小区，秸秆氨化，加强畜禽粪便处理，大力普及沼气，重点普及沼气池与改厨、改厕、改圈相结合的模式，促进村容村貌的整治。

（4）提高农业综合生产能力，稳定发展粮食生产。着力引进新品种，加快高产优良品种的选育，集成推广高产高效技术、模式和良种良法，提高农业产出率，实现高产高效。实施高产粮田重点保护，完善农田基本建设设施，提高抗灾能力，为提高单产和品质提供技术支撑。

2. 发展五大农业

"十一五"期间，在统筹农业发展的同时，集中力量发展高效农业、旅游农业、设施农业、安全农业、品牌农业等"五大农业"。

（1）高效农业。以蔬菜、园艺、畜牧、水产、种源产业为重点，通过招标、贴息和龙头企业带动，全面推进镇（街）、县（区）的特色生产和适度规模，做大经济总量。积极发展有机米、富硒米产业，提高粮食生产的比较效益。大力发展乳品、黑莓、酱菜、畜禽产品和优质米等加工，进一步提高产品的附加值。加大农产品促销力度，扩大螃蟹、蔬菜等出口，提升产业档次。全市每年新增亩均效益2000元以上的高效农业面积15万亩以上。至2010年，全市高效农业面积达到170万亩。

（2）旅游农业。坚持规划引导、理性开发。充分合理地利用南京市域范围内的山水资源、人文景观、乡村文化、农业园区和特色农产品，通过政府引导、企业运作、农民参与，进一步整合资源、集群发展。不断提高景区、景点开发和管理水平，增强接待容量和能力。精心打造农业嘉年华，不断放大品牌效应，做成农业旅游的著名品牌。以本地为主，细分旅游市场，瞄准市场定位，做好市场促销，到"十一五"末，农业旅游总人数达到500万人次，总收入达到15亿元，在农业产业中占有重要份额。

（3）设施农业。设施农业既是高效农业的一种形式，又是现代农业的重要标志，重点是蔬菜、园艺、畜牧和水产等产业，发展广大农民建得起、用得上的温室和大棚。针对不同的设施类型，采取政府鼓励、政策引导、资金扶持的办法，动员农业企业和广

第七章 都市型现代农业的发展规划

大农民建设施、租设施、用设施。"十一五"末，全市设施农业面积达到30万亩，新增15万亩。

（4）安全农业。执行和制定农产品质量安全标准，进一步完善质量安全监督检验机构和机制，建立健全农产品认证制度和农产品市场准入与产地准出制度，始终保持农产品检测合格率在全国的先进行列。农业资源和生态环境安全是可持续发展的前提条件，林业资源保护是工作的难点和重点，要严格执法，加强保护，合理使用。加强环境监测，净化水体，培育沃土。同时，保护好野生动物和稀有野生植物资源。

（5）品牌农业。"十一五"期间，着重在地产农产品中创省以上名牌，力争"十一五"末全市拥有市级名牌80个、省级名牌20个、国家级名牌3个，并有产值超5亿元的产品和超10亿元的产业。把"绿色南京"建成生态建设的品牌；把旅游农业建成产业发展的品牌；把设施农业建成高效农业的品牌；把农业执法"双走进"（走进社区和走进乡村）建成农林法制工作的品牌；把村级动物防疫员、农业技术员和森林护林员以及农民老板网等"三员一网"建成公益性服务体系的品牌。

3. 做强六大主导产业

（1）特色蔬菜。重点发展鲜食叶菜和芦蒿、食用菌等特色蔬菜，常年保持20万亩叶菜基地。大力扶持大棚蔬菜和水生蔬菜，继续发展八卦洲芦蒿、马集水芹和高淳食用菌、六合无公害蔬菜和溧水有机蔬菜，提高绿色蔬菜和有机蔬菜的生产能力。发展蔬菜加工，支持发展金陵酱菜、"小菜一碟"等蔬菜加工业。重点支持设施蔬菜，每年新增设施蔬菜面积1万~2万亩，常年性蔬菜中设施面积占25%。培育产品品牌，扩大蔬菜出口。

（2）苗木花卉。大力鼓励建设苗木基地，进一步扩大浦口、宁丹路沿线、溧水等地苗木生产规模，重点引进和扶持观赏苗木新品种，提高苗木附加值；支持发展以盆栽花卉为主的地产名花生产基地建设。在浦口、江宁、溧水等重点生产区建立苗木花卉产地交易市场，把南京建设成为华东地区苗木花卉重要的生产和交易中心。到"十一五"末，全市苗木花卉面积达到35万亩，实现苗木花卉销售产值15亿元。

（3）优质畜禽。以奶牛、波杂山羊、优质地方家禽、优质瘦肉型猪为重点，大力发展种源型养殖业；推进集约化生产，发展适度规模养殖，建设生态养殖小区；建设江宁奶牛、湖熟与和凤肉鸭、竹镇肉羊、东沟肉鸽、石桥草鸡、永宁和桠溪肉鹅、团结圩蛋鸭、永阳獭兔等养殖示范园（场），以龙头企业和名牌产品为主推力，发展产品深加工，提高综合效益。到"十一五"末，全市优质瘦肉型猪出栏比重达60%，山羊杂交改良面达50%，平均单产达7000千克的产奶牛比重达60%，优质地方家禽比例达60%。

（4）特种水产。大力发展螃蟹、青虾、珍珠和优质特色鱼类养殖，围绕增大规格、优化品质、扩大出口和提高效益的要求，建设和完善河蟹、青虾原（良）种场及种质资源库，强化对河蟹、青虾等品种更新、选育和提纯复壮；扩大养殖规模，推广高产、健康养殖模式，着力构建"四带"，即沿固城湖、石臼湖的圩区河蟹养殖产业带，沿句容河、滁河的圩区青虾养殖产业带，沿滁河圩区的珍珠养殖带，沿江滩涂江鲜养殖产业带。同时，大力发展休闲渔业。到"十一五"末，力争螃蟹销售产值达到10亿元，青虾产值达到 5 亿元。

（5）农业旅游。按照观光体验、休闲娱乐和度假疗养三种类型，继续扶持重点农业节庆活动，建设一批农业旅游重点景区、农家乐村、农业美食村（店）和休闲农庄，形成环城旅游农业圈、宁丹路休闲农业带、浦乌路旅游农庄带、金江公路农民文化（农家美食）带、傅家边梅文化主题园区、桠溪生态旅游区。建设农业嘉年华公园，形成南京旅游农业的骨干旅游产品。

（6）种苗产业。整合全市种子生产企业，扩大种子市场，扶持红太阳、明天种业、南京温氏等龙头种苗企业做大做强，使南京市成为国内一流的种苗生产和交易中心。加大河蟹、青虾、特色鱼、波尔羊、优质家禽等良种的培育与开发力度，完善良繁体系，与科研院所合作，建设一批有影响的良种繁育基地。

4. 建设十大产业基地

十大产业基地有高淳特种水产基地，高淳、溧水水禽基地，溧水黑莓基地，江宁奶业加工基地，栖霞芦蒿生产基地，浦口苗木花卉基地，六合、浦口畜禽规模化养殖基地，江宁西甜瓜基地，六合蔬菜基地，江宁、六合优质水稻生产基地。

5. 实施十大建设工程

十大建设工程有水稻和蔬菜标准化示范区建设工程，"绿色南京"建设工程，名牌产品建设工程，农业旅游建设工程，现代农业园区建设工程，设施农业建设工程，"三新"推广工程，公共服务能力建设工程，服务业建设工程，新农村建设工程。

（四）组织协调与保障

1. 全面确立都市型现代农业的理念

树立城乡一体的理念，坚持城乡统筹发展，促进"以城带乡、以工促农"；树立品牌意识，实施品牌战略，用工业、商业、市场等手段管理和发展农业；充分利用南京的多种优势，用综合的办法发展农业，树立农业功能多元化的理念，注重新型功能的发挥，走南京特色的农业发展之路。

2. 建立健全农业发展制度

实行基本农田保护制度，建立土地节约利用机制。处理好耕地保护和建设用地的关系，提高土地使用效益。大力推进农民合作制、经纪人、中介等制度，确立农民市场主体地位。推进农业产业化经营，发展订单农业，建立农民与龙头企业利益共享机制和制度。用制度保发展，用制度促发展。

3. 逐步完善各项农业政策

按照统筹城乡经济发展的要求，认真贯彻"多予、少取、放活"的方针，全面落实国家粮食直补、良种补贴、农机具补贴等各项惠农政策，不断加大农业补贴力度；进一步完善"绿色南京"建设、优新品种引进和推广补贴政策，保持既定政策的连续性和稳定性，调动和保护各类主体的生产积极性；围绕新农村建设和都市型现代农业发展，积极研究和制定新的农业发展政策，包括旅游农业、设施农业、园区建设、大户服务和农业保险政策等，切实放活农民，搞活农业，保护农民利益，促进农民增收。

4. 着力加强农业法制建设

按照《行政许可法》和国务院《全面推进依法行政实施纲要》的要求，提高依法治农、护农的自觉性；加快制定与都市型现代农业发展相适应、与国家法律相配套的农业法律法规体系，完善农产品质量安全和公益性服务体系建设等地方性配套法规。清理和修订不符合农业发展要求的各项规章；加强执法队伍建设，理顺行政执法体制，推进农业综合执法，规范执法行为，提高执法水平；加大对农业生产资料的打假力度，实施农资事故源头监控，净化农资市场，切实为农业生产保驾护航；搞好"五五"普法，强化农业法律、法规宣传，营造依法治农的良好氛围。

5. 建立健全多元化的农业投资机制

按政策规定，不断增加财政支农资金的投入，用改革的办法用好财政支农资金，积极发挥财政资金的导向作用，放大效应；积极开展招商引资，吸引工商资本、民间资本和外商资本投资农业。同时，鼓励发展农村金融服务，支持农业经济项目申请银行信贷，鼓励发展多种形式的农业信贷担保机构，增强对农业企业和农民的贷款扶持。支持农业企业和农民自主创业，建立投资的损益和风险分析机制，保证农业有效投入和效益增长。

6. 不断提高农机装备水平

全面贯彻落实《中华人民共和国农业机械化促进法》，增加农机装备投入，促使全市农机装备逐步从机具数量普及阶段向质量和技术提高阶段迈进，从单项分段作业为主向联合作业和复式作业方向发展，从低性能向高性能转变；从农田作业为主向多种作业并重发展，引进和推广先进、高效、适用的新技术、新机具、新模式，不断优化农机化发展的结构和布局，逐步形成合理、高效、低耗的机具结构与配置；引入市场竞争机制，着力实施农机专业服务大户培育，建立健全农机社会化服务体系，创新服务模式，完善服务机制，推进农业机械化由产中环节向产前、产后延伸。

7. 加强对都市型现代农业建设的组织领导

结合本地实际，充分发挥规划、管理、协调、服务的职能，切实把发展都市型现代农业纳入本地区国民经济和社会发展的重要内容。及时制订本地区都市型现代农业发展规划，做好市级规划与区县规划的衔接。要把发展目标分解为具体的年度目标，采取有效措施，分阶段、有步骤地抓好规划的落实。要转变作风，深入基层，加强调查研究，对都市型现代农业建设中出现的重大问题，特别是都市型现代农业建设中的热点、难点和重点问题，要统筹解决。加强政府部门的协调，确保全市都市型现代农业总体规划的顺利实施和目标任务的圆满完成。

三、武汉市都市型现代农业发展规划（2006—2020）

武汉市为实现全市经济社会的全面、协调、可持续发展，加快构建和谐社会和建设社会主义新农村步伐，按照中央统筹城乡发展要求，制订2006—2020年都市型现代农业发展规划。

(一) 武汉市都市型现代农业发展现状与基础条件

1. 规划背景

都市型现代农业是指在工业化高度发展的大都市及其周边地区,依托大都市的资金、科技、信息和市场优势,与大都市发展紧密融合的一种集经济、社会、生态效益于一体的现代新型农业。20世纪90年代初,我国东部发达地区的部分特大城市在国内率先开始了建设都市型现代农业的实践。21世纪初,武汉市开始进行建设都市型现代农业的探索。从城市发展定位来看,今后15年武汉市要以"中部崛起的重要战略支点"为总体发展目标,建成经济实力雄厚、产业结构优化、基础设施完善、生态环境良好、居民生活富足、区域城乡一体的现代化大都市。为此,立足武汉,面向武汉城市圈,辐射中部地区,走向全国,建设与武汉大都市发展目标相配套、具有国内先进水平的都市型现代农业,是新时期武汉市农业发展战略定位的必然选择。

2. 发展现状

经过近几年的努力,武汉市都市型现代农业发展已呈现出良好势头。新型农业蓬勃发展,园区建设方兴未艾,产业化经营稳步推进,生态环境建设势头良好。

3. 建设都市型现代农业的基础条件

建设都市型现代农业的基础条件:自然资源丰富,区位优势明显,市场潜力巨大,科技实力雄厚,农业投入力度不断加大。但武汉市都市型现代农业的发展也存在着一些制约因素:一是农业经营规模普遍过小;二是农村生态环境建设任务艰巨;三是农村基础设施建设滞后;四是城乡二元结构矛盾仍较突出。

(二) 武汉市都市型现代农业发展的总体构想

1. 指导思想

围绕建设社会主义新农村、基本实现农业和农村现代化的总目标,全面贯彻落实科学发展观,统筹城乡经济社会发展,按照工业反哺农业、城市支持农村的原则,依托城市的资金、科技、人才、信息和市场优势,突出特色、规模、品牌、效益四个环节,积极发展特色种植业、先进园艺业、集约畜牧业、高效水产业、发达的农产品加工业和生态旅游观光业,大力推进农业产业升级,综合开发农业的经济、生态与社会功能,建设与特大城市发展相协调、具有鲜明地域特色的都市型现代农业体系。

2. 发展原则

(1) 以人为本的原则。把实现好、发展好广大农民的根本利益作为都市型现代农业建设的基本出发点和落脚点,努力增加农民收入,大力发展农村教育、卫生、文化、社会保障等社会事业,实现经济和社会事业的全面、和谐发展。

(2) 城乡互动原则。坚持工业反哺农业、城市支持农村的方针,进一步加大对农村经济社会发展的投入力度,充分发挥工业对农业、城市对农村的支持和带动作用,积极引导城市的资金、技术、人才等生产要素向农村扩散、渗透和辐射。

(3) 可持续发展原则。既解决当前农业发展和农民增收问题,又着眼于农业的长远发展，有效利用、配置、保护农业资源，改善农业生产条件，实现农业发展与资源开发、环境保护的有效统一，坚持生态优先，大力发展资源节约型、环境友好型农业，在生态环境建设中保护、发展生产力，保持农业经济效益、社会效益和生态效益的统一。

（4）科技先导的原则。充分利用武汉市的科技优势，加强农业科研与应用，增强科技成果转化能力，加速农业实用技术和高新技术的推广应用，努力转变农业生产经营方式，提高农业科技进步贡献率和农业技术装备水平，发挥科技在都市型现代农业发展中的先导作用。

（5）循序渐进的原则。从武汉市农村生产力发展水平、资源状况、城乡一体化进程、城市功能拓展的实际出发，正确处理好当前和长远的关系，既不能急于求成，也不能无所作为，坚持先易后难，梯度推进。

3. 功能定位

根据当前武汉市经济社会整体发展水平及资源条件，武汉市都市型现代农业应具备以下五大功能：

（1）产业经济功能。进一步深化农业结构战略性调整，加快第一、第二、第三产业的相互渗透和融合，实行基地化种（养）、标准化生产、企业化经营、产业化开发，不断延长农业产业链，提高农产品附加值，既满足城市居民消费需求，又实现农业增产、农民增收。同时，对农业的生产、生态、旅游等功能进行综合开发，增加农民就业，提高总体效益，形成都市型现代农业经济的重要增长点。

（2）生态平衡功能。通过造林绿化、建设稻田与水生菜湿地、发展避灾农业、控制农业污染源等多种方式，充分发挥都市型现代农业在净化空气、涵养水源、调节气候和减轻城市"热岛效应"等方面的作用，促进生态平衡；同时，借助严格的规划管理，切实利用、保护好城郊的河流、湖泊、水库、森林、湿地等生态资源，使武汉的天更蓝、水更清、地更绿、环境更美。

（3）观光休闲功能。充分利用武汉市城郊山水资源丰富，自然与人文景观众多，休闲山庄、休闲农舍与高科技园区发展迅速的有利条件，结合农业生产、农村文化和农家生活，大力发展旅游、休闲、观光农业，让市民在宁静、清新和优美的田园风光中观光休闲，享受农家乐趣，体验回归大自然的情致，提高生活品位，实现人与自然和谐发展。

（4）文化科普功能。以满足城市居民精神文化生活及青少年了解农业知识的要求为目标，赋予都市型现代农业一定的文化内涵，使其承担起相应的文化科普功能。例如，开放部分高科技农业示范园、设施农业项目和农业庄园，为学生和市民亲近自然、接触农业文化、了解农艺知识等提供基地和平台。

（5）辐射示范功能。充分发挥武汉市科技、人才优势，强力推进农业科技与管理创新，积极推进信息技术、生物技术、工程技术等高新技术在农业上的推广应用。大力发展农产品加工业和流通业，输出先进的农业经营管理理念和科技成果，向武汉城市圈内的城市展示武汉市农业的新品种、新技术、新设施，充分发挥武汉市都市型现代农业的示范带动作用。

4. 发展目标

以市场为导向,以结构调整为主线,以科技为支撑,以农民增收为目标,大力发展优势特色产业,努力改善城乡生态环境。到2010年,基本形成产业特色明显、优质高效和持续增长的都市型现代农业框架,使武汉市成为中部地区主要的农业物流信息流、农产品加工、种子种苗繁育和农业科技示范中心;到2020年,基本建成与武汉大都市相配套,人与自然和谐发展,以市场化、规模化、产业化、科技化为主要标志,集经济、社会、生态效益于一体,华中一流、国内先进的都市型现代农业体系。

(三) 武汉都市型现代农业的基本布局

根据武汉市城市发展总体规划要求,按照都市型现代农业功能定位和发展原则,结合武汉市城郊各地的资源条件、产业基础和经济社会发展水平,武汉市都市型现代农业的基本布局规划为"六大区域、四大中心、两大体系",发挥武汉市的水资源优势,做足水文章(水生菜、水产养殖、水禽、水上休闲娱乐),形成生态成带、产业成块、基地成片、辐射成圈的都市型现代农业新格局。

1. 六大区域

六大区域包括武湖—双柳高科技农业示范区、东西湖现代设施农业区、蔡甸—汉南特色绿色食品农业区、洪山—江夏北部绿色园艺区、江夏中南部名特水产养殖区、黄陂—新洲中北部集约种养区。

2. 四大中心

充分发挥武汉市的资金、技术、市场优势,凸显武汉市都市型现代农业对武汉城市圈的辐射带动作用,使武汉市成为武汉城市圈乃至华中地区的农业物流信息流集散、农产品加工、种子种苗繁育和农业科技示范四大中心。

3. 两大体系

(1) 森林生态体系。围绕改善市域生态环境、构建城市生态屏障的总体目标,加快建立城市森林生态体系。

(2) 旅游休闲农业体系。充分利用和保护武汉市城郊山水资源与人文景观,以骨干旅游景区建设为重点,以休闲农舍、休闲山庄、农业科技园区为基础,逐步形成点、线、面结合的旅游休闲农业体系。

(四) "十一五"武汉市都市型现代农业建设重点及支撑项目

1. 建设重点

推进生态环境建设,实现农业可持续发展。发展农产品加工业,推进农业产业化经营。推进农业机械化,提升农业装备水平。推进农业标准化生产,确保农产品质量安全。发展旅游休闲农业,拓展农民增收空间。推进农村"家园建设行动计划",建设社会主义新农村。

2. 支撑项目

依托现有基础条件，着力做大、做强一批农业项目，使之成为领跑武汉市都市型现代农业的龙头，如农业科技园区项目、九峰城市森林保护区项目、文化旅游度假项目、产业基地项目、优势农产品基地农机化项目、优势农产品加工项目。

（五）发展都市型现代农业的保障措施

1. 优化农业发展环境，形成多元投入机制

按照统筹城乡经济社会发展的要求，优化市、区财政支出结构，逐步提高支农支出比例，确保财政每年对农业总投入的增长幅度高于财政经常性收入的增长幅度。根据中央有关精神，尽快出台将一部分土地出让金用于农业土地开发的管理和监督办法。逐步提高农业科技三项经费支出额度，适时建立政策性农业风险保障资金，逐步建立政府支持、市场化运作、农业企业和农户广泛参加的农业保险保障体系，进一步降低农业生产经营风险。积极发展形式多样、产权多元的农业贷款担保机构，鼓励现有商业性担保机构开展农村信贷担保业务，引导商业银行和农村信用社增加对农村经济发展的信贷投入。紧紧抓住国内外资金向中西部地区梯度转移的机遇，创造良好的投资环境，鼓励国外资本、民营资本和工商资本以协作、参股、合作、独资等多种形式参与武汉市都市型现代农业建设，形成多元化的投入机制。

2. 加强农村基础设施建设，提高农业综合生产能力

按照全面规划、统筹兼顾、突出重点、综合治理的原则，大力开展农田水利基本建设，力争在2010年以前，完成市郊大中型排涝泵站和155千瓦以上骨干排灌机站的更新改造，继续抓好水库整险加固，积极推进大中型灌区的续建配套及维修改造。加强小型农田水利工程建设，全市农田灌溉排涝保证率由现在的80%提高到90%以上，灌溉水利用系数由现在的0.5提高到0.65以上。加强农村通村公路和次级公路路网建设，进一步做好农村自然村水泥路建设工作，从2006年起，力争到2010年，实现自然村基本通水泥路。大力推行农业机械化，健全农机社会化服务体系，平原地区要基本消灭牛耕现象。逐步实行城乡基础设施建设同步规划、同步推进，推动现代交通、通讯、供电、供排水系统向农村延伸覆盖。

3. 构建农业科技创新体系，增加农业科技含量

以提高农产品市场竞争力为中心，加快农业科技创新体系建设，加快农业新品种、新技术、新设备、新材料的推广应用，重点围绕蔬菜、水产、奶业、家禽等优势主导产业，加强新品种的选育、引进、示范和推广应用，努力改善品种和产品结构，力争在每一个万亩连片的优势农产品基地建立一个农业专家大院。充分利用武汉市科研机构、大专院校实力强大的有利条件，积极引导农业产业化龙头企业建立以企业为主体，产、学、研相结合的技术创新体系，为农产品及其加工品的提级上档提供强有力的技术支撑。进一步加强农业科技园区建设，通过适当的政策引导，全面提升农业科技示范园区的创新、推广、孵化和窗口示范功能，逐步将农业科技示范园区建成现代农业科技的辐射源和孵化器。

都市型现代农业的理论与实践

大力推进农科教结合,通过实施星火富民、绿色证书等工程,努力转变农业增长方式,切实提高农民依靠科技增收的能力。大力推进农业信息"进村入户",从2005年起,每年安排500个以上的行政村连通因特网,到2008年,全面完成农村数据通讯网络铺设工作。尽快完善上连国家、省、市,下连乡、村、专业批发市场、龙头企业、专业大户,纵横贯通的农村信息服务网络平台,实现全市农村信息网络站联网运行和信息联网发布。加快建设武汉市农业科技服务热线系统、农业信息资源数据库系统、智能化农业专家系统,积极支持大型农产品中心批发市场建立电子商务交易平台。

4. 大力推动农村富余劳动力转移,加快农民非农化进程

积极引导乡镇民营企业将农产品加工业作为主要发展方向,通过引进、改造、重组等多种方式,扶持发展一批农产品加工企业。以开发区建设为龙头,进一步加快区级经济发展,坚持差异化发展战略,引导各工业园区找准产业定位,形成产业特色,以项目为中心,逐步将各自的优势产业发展成产业集群。大力发展农村第三产业,在继续抓好交通运输、商业和饮食服务等传统服务业的同时,着力发展通讯、金融、保险、旅游和信息服务等新型服务业。大力推进农村劳动力转移培训,在继续办好各种职业技术学校的同时,积极整合社会教育培训资源,开展以提高农业劳动者综合素质和职业技能为重点的职业培训,使武汉市农村劳务输出类型逐步从体能型向技能型、智能型转变。畅通农民进城务工的信息渠道,大力发展农村劳动力派遣服务组织,加强劳务协作,逐步形成稳定的定向输出机制。建立覆盖城乡的就业管理服务组织体系,改善农民进城就业环境,取消农民进城就业限制,完善保障农民进城就业合法权益的政策措施。"十一五"期间,全市新增转移农村劳动力30万人,农村劳动力在第一产业就业的比例降低到30%以下。

5. 继续推进农村各项改革,强化农业法制建设

在稳定家庭承包经营制度的前提下,按照"依法、自愿、有偿"的原则,积极探索租赁经营、土地入股等多种形式,引导农村土地承包经营权的合理流转,促进农业适度规模经营和土地资源的有效利用。加快土地征用制度改革,在土地征占过程中,把解决农民就业和社会保障问题放在突出位置,优先考虑,给予被征地农民以公平合理的补偿,切实解决好农民的退路和出路问题,逐步建立"减少农民、富裕农民"的长效机制。按照因地制宜、突出重点、探索创新的要求,积极推进以乡镇机构、农村义务教育、区乡财政管理体制、国有农场改革为主要内容的农村综合改革,为武汉市都市型现代农业建设提供有效的体制保障。依法治农,强化农业法制建设,进一步加强农村法制宣传教育,使农村干部群众知法、守法、用法。加快构建农业综合执法、农业法律监督和农民合法权益保护体系。

6. 切实加强领导,确保都市型现代农业建设目标的实现

各级党委和政府要按照中央关于统筹城乡经济社会发展和构建和谐社会的要求,把发展都市型现代农业纳入经济社会发展总体规划中,因地制宜出台和落实扶持都市型现代农业发展的投入政策、产业扶持政策和农村就业政策,进一步转变政府职能,加强对发展都市型现代农业的综合协调和宏观调控。各有关部门要结合自身工作职能,采取切

第七章 都市型现代农业的发展规划

实有效措施，分阶段、有步骤地抓好本规划的落实；各区要结合各自实际，制定本地区发展都市型现代农业的具体实施意见，通过引导、管理、服务，把都市型现代农业建设的各项任务真正落到实处，确保武汉市都市型现代农业建设目标顺利实现。

四、石家庄市都市型现代农业发展指导意见

石家庄市为适应新的形势变化，加快推动传统农业向现代农业、城郊农业向都市型现代农业的转变，制定石家庄市都市型现代农业发展指导意见。

（一）发展思路和主要目标

1. 指导思想

全面贯彻落实科学发展观，紧紧围绕统筹城乡发展的总体目标，依托省会，发挥优势，整合资源，突出特色，重点建设集高效、生态、安全、观光、休闲、旅游等为一体的都市型现代农业示范园区，大力发展高效设施农业、绿色生态农业、特色种养农业、休闲观光农业、现代园区农业和农产品加工、物流产业，有效促进第一、第二、第三产业相结合，经济、社会、生态效益相统一，积极构建布局科学、规模适度、优势集中、效益显著的都市型现代农业新体系，倾力打造服务省会、致富农民、城乡一体、协调发展的都市型现代农业新格局。

2. 基本原则

（1）坚持规划引领。依据新的城市发展总体规划和土地利用规划，科学制订都市型现代农业发展规划，做到与城市规划相衔接，与城市建设相配套，与城市发展相匹配。

（2）坚持政策引导。通过制定更加灵活的支持政策，创造更加良好的发展环境，增强社会投资的吸引力和都市型现代农业的发展活力。

（3）坚持市场运作。以市场需求为导向，强化组织推动和政策扶持，培育发展新型农业市场主体，吸引资金、人才、技术等各种要素发展都市型现代农业。

（4）坚持项目支撑。进一步加大项目谋划、包装、跑办、招商力度，按项目运作、实施和管理，确保项目的质量和效益。

（5）坚持城乡统筹。贯彻工业反哺农业、城市支持农村的方针，进一步加大以城带乡、以工补农力度，积极推动城乡、区域经济互动，加快第一、第二、第三产业融合，实现产业互助共促、城乡统筹发展。

3. 功能定位

（1）经济功能。城郊区域是省会重要的"菜篮子"基地，直接为城市提供鲜活农产品，并为城乡提供就业机会。同时，通过优化农业资源和生产要素配置，调整产业结构，延长产业链条，提高农民收入。

（2）社会功能。都市型现代农业为城市居民提供接触自然、体验农业以及农业观光旅游的场所与机会，并通过建立科技、物流、会展等平台，为区域经济发展提供服

务，形成都市型现代农业经济新的增长点。

（3）生态功能。通过造林绿化、植树造景、建设水面湿地、生态果园等，打造"城市之肺"，营造绿色景观，增加城市绿地，改善城市的生态环境质量。

（4）辐射带动功能。依托城市强大的资本、科技、人才、信息和区位优势，与城市工商业、金融业融为一体，发展装备先进、科技含量高、发展理念新的现代农业，成为现代农业的展示窗口和示范基地，辐射带动周边区域农业发展。

4. 发展目标

通过3~5年的努力，把城郊区域建设成为省会最大的产销对接、质量安全的"菜篮子"基地，构建起林水相依、生态良好的城市森林体系，打造出一批各具特色、效益突出的都市型现代农业园区。通过深化农业结构调整，转变农业发展方式，使农业综合功能得到有效开发，农业综合生产能力得到明显提升，农业增效、农民增收效果更加显著，城乡统筹、协调发展作用更加彰显。

（二）总体布局

石家庄都市型现代农业规划发展的总体布局是重点建设一环两带，突出打造三大板块。

1. 一环两带

以石环公路为主线，以环省会绿化、石环公路绿化、城区与组团间隔离空间绿化、西山绿化、滹沱河绿化等为重点，构建环省会绿色屏障体系。沿滹沱河区域，以水为特色，依托滹沱河综合整治和景观建设，构建集旅游观光、休闲娱乐、文化科普等为一体的滹沱河特色农业开发带。沿西部山前区域，以山为特色，依托西部山前区域综合开发和绿化美化，构建集生态旅游、农事体验、餐饮娱乐等为一体的西部山前生态农业开发带。

2. 三大板块

省会西北部涉及新华区杜北、鹿泉大河、李村、正定曲阳桥、北早现等区域，以生态观光为主题，依托滹沱河综合整治工程、西北水系、南水北调工程、植物园、小壁林场、省会森林公园、中山湖公园等，重点发展生态绿化、苗木花卉、特色果蔬种植、水产养殖、森林旅游、生态采摘、垂钓观鸟、田园度假等项目，打造省会西北部现代生态农业板块。省会东北部涉及藁城岗上、九门、正定诸福屯等区域，以产业园区为主题，依托滹沱河综合整治工程、滨河新区、正定现代农业示范区、藁城滨河生态园、彩色植物生态园、国大温泉度假小镇、长安区休闲观光农业园区等，重点发展高效农业、精品果蔬、特色养殖以及现代农业示范展示、休闲度假、观光采摘、农事体验等项目，打造省会东北部现代园区农业板块。省会东南部涉及高新区郄马、栾城冶河、柳林屯、藁城丘头等区域，以高效设施为主题，依托初具规模的设施蔬菜、瓜果生产基地，集中连片发展日光温室，扩基地、上设施、创品牌、增效益，打造省会东南部现代设施农业板块。

第七章 都市型现代农业的发展规划

（三）发展重点

随着城市发展和规模扩张，传统种养业逐步退出城郊区域，培育壮大新型主导产业，实现粮退菜进、限牧增果，大力推进一产与三产相结合、现代农业与现代服务业相结合，重点发展六大都市型现代农业产业。

1．高效设施农业

大力发展以日光温室为主的设施农业，向规模化、设施化、标准化、优质化方向发展。城郊区域发挥区位优势，突出产业特色，以设施蔬菜、果木、花卉为主，分别集中连片建设新型日光温室生产园区；藁城、鹿泉、正定、栾城县（市）分别建设2~3个万亩蔬菜示范区、3~5个千亩设施蔬菜示范方，打造一批质量过硬、特色突出、有市场竞争力的蔬菜品牌；以此带动大棚菜和露地菜生产，实现温室、大中小棚、地膜、露地菜合理搭配、协调发展，做到周年正常生产、季节均衡供应，提高蔬菜生产的质量和效益。

2．绿色生态农业

围绕创建国家森林城市，构建完备的城市森林体系，加快实施石环公路绿化、西山生态林区绿化、滹沱河绿化、省会森林公园四大环城绿化工程和"一河两环"水系工程。沿石环公路两侧各建50米宽的绿化林带，植树20万株；沿滹沱河两岸发展速生丰产林及林下产业6万亩；沿西部山前大道两侧建设果品采摘、观光带5000亩。建设鹿泉上寨大枣采摘园、李村葡萄采摘园、藁城惠诚果蔬采摘园、栾城范台草莓采摘园、正定东里双黄桃采摘园等。

3．特色种养农业

市区三环内和组团县城周边控制新建规模养殖场并逐步取缔畜禽养殖，城郊区域全部取缔散养畜禽，适度发展特种养殖，规模建设特色种养园区。以西三教花卉市场搬迁改造为契机，规划建设省会大型的生产、销售、展示等为一体的综合性花卉市场和生产基地。以滹沱河上游区域的鹿泉大河、李村、正定北早现、新华杜北等107家池塘养殖场为依托，建设一批高标准的集渔业养殖、休闲垂钓、餐饮娱乐于一体的休闲鱼庄，规划占地8500余亩、水面5600亩。在正定县城南郊107国道两侧，建设占地1000余亩的观赏鱼产业基地项目。以鹿泉邓庄康泰中华鳖省级水产良种场为依托，规划建设2000亩中华鳖养殖、观光科技示范园区。

4．休闲观光农业

按照城乡互动、产业融合的要求，充分利用区域自然风光、自然景观和民风民俗优势，深度开发农业的生态、生活功能，规划建设一批集度假、餐饮、观赏、娱乐为一体的多功能特色休闲农庄，引导、培育、做大一批旅游产品，开办美食店、美食村、美食节等服务，融现代农业、乡土风情、娱乐休闲、文化教育和农事体验为一体，实现农业与旅游业的紧密结合，促进农业新兴旅游产业的做大做强。

5．现代园区农业

凭借贴近城区、交通便利、经济实力强和科技资源雄厚的优势，重点发展以现代科技和装备为支撑,以现代产业体系和经营模式为载体,集现代农业示范、科技成果展示、农产品供应配送、旅游观光休闲的综合性大型现代农业产业园区。重点在藁城岗上规划建设藁城现代农业产业园,在滹沱新区规划建设正定现代农业产业园,在高新区加快建设东佐现代农业示范园。

6. 农产品加工、物流产业

重点抓好藁城开发区食品园区、鹿泉乳业加工园区、正定板材加工园区、栾城食品加工园区建设,园区年新增投资额、产值分别达到20%以上。以四大园区为载体,初步建成以市区北部、西部乳业,东部、南部粮油,东北部板材为特色的都市圈农产品加工产业带,以及以石环公路南环沿线为主的农产品物流产业带和鹿泉大河农产品物流产业区。

(四)保障措施

1. 健全规划保障体系

在现有指导意见的基础上,聘请国内一流都市型现代农业规划设计单位,组织相关方面专家,研究制订具体的发展规划,合理划分发展区域,明确产业发展类型,确定不同阶段的发展重点、发展目标和工作措施。将都市型现代农业发展规划纳入全市经济社会发展总体规划,并与城市发展规划、土地利用规划相衔接,与统筹城乡发展规划、新民居建设规划相配套。确保规划的严肃性和稳定性,指导都市型现代农业快速推进、有序发展。

2. 健全投入保障体系

市、县财政设立都市型现代农业发展专项资金,进一步加大城乡统筹和财政支持力度。充分发挥政府资金投入的导向作用,重点对基础设施、生态建设、科研培训等方面加大投入。完善多元化投入机制,大力吸引工商、民间和其他社会资本投资开发都市型现代农业。整合农业发展资金,集中财力,重点支持都市型现代农业园区项目建设。创新项目运作机制,坚持市场化、产业化方向,明晰项目产权,落实项目主体,加快项目建设,提高项目效益。

3. 健全政策保障体系

按照依法、自愿、有偿的原则,积极探索租赁经营、土地入股等多种形式,建立健全土地承包经营权的流转机制,促进规模开发、集约发展。认真落实市政府《关于市级财政支持构建现代产业体系的意见》(石政发〔2009〕45号)和《关于加快农业产业化经营发展的实施意见》(石政函〔2010〕10号)有关规定,大力支持农业科技园区、农业产业化项目、农产品加工龙头企业、专业合作组织、规模生产基地建设和发展。制定落实信贷、税收等优惠政策措施,鼓励企业、社会、个体投资都市型现代农业建设。

五、重庆市都市型现代农业发展战略研究

重庆市按照胡锦涛总书记对重庆发展作出的"314"总体部署和市委、市政府构建

第七章 都市型现代农业的发展规划

"一圈两翼"的战略布局要求，抓住发展都市型现代农业的有利时机，从重庆市实际出发，积极探索和发展具有时代特征、中国特色、重庆特点的都市型现代农业。

(一) 重庆市都市型现代农业发展现状及面临的形势

1. 都市型现代农业的内涵与功能

都市型现代农业是都市和都市边缘农业，指的是大都市内或都市圈周围，利用城市间的间隙，包括耕地、山地、水面，从事种、养业等经济活动，为城市提供鲜活农产品、生态、旅游、休闲产品的现代农业。具有以下四大功能：一是经济功能。为满足都市消费需求而形成的融产、加、销、游于一体的新型产业体系。二是社会功能。为都市居民提供接触自然、体验农业的机会。三是生态功能。构建都市绿化隔离带，维护生态平衡，减轻城市环境污染。四是示范带动功能。依托大都市的科技、信息、经济和社会力量，提高农业现代化水平，成为现代高效农业的展示窗口和示范基地。根据都市型现代农业的内涵和功能，结合重庆市经济社会发展和区域布局现状，确定主城八区为都市型现代农业发展的核心圈，六大区域性中心城市为都市型现代农业发展的六个重要节点，并逐步向一小时经济圈拓展延伸，形成梯级推进的都市型现代农业发展体系。

2. 重庆市都市型现代农业发展现状

"十五"期间，市委、市政府高度重视农业农村经济发展，把农业农村放在经济社会发展工作的重中之重，不断加强对农业农村工作的领导，加大政策支持力度，采取了一系列重要举措，有力地促进了农业农村经济的发展，都市型现代农业发展明显提速，规划区内农业农村经济总体实力明显增强，为重庆市发展都市型现代农业奠定了坚实的基础。2005年，规划区农林牧渔总产值达250.7亿元，农业增加值达169.6亿元，分别比2000年增长36%、36.5%，分别占全市农林牧渔总产值的37.9%和农业增加值的36.6%；农、林、牧、渔及服务业结构由2000年的59.5:2.2:34.3:3.8:0.1调整为2005年的54.6:3.1:36.6:3.9:1.8。龙头企业总数突破450家，其中国家级龙头企业16家，占全市的84%；市级龙头企业51家，占全市的31%。农产品商品化率达到75%，粮油产品优质率达到50%。农民人均纯收入达到3321元，比2000年增长41%，比全市平均水平高512元；农村居民人均生活性消费支出达到2875元，比全市平均水平高1381元。农产品交易市场达1180个，其中约有半数批发市场用地面积达150亩以上。农业园区发展势头良好，农业产业、生产要素向园区聚集，初步形成具有一定规模的特色农产品基地、休闲观光旅游农业基地、农业科研试验示范基地、生态园林绿化基地。规划区内共有数千家农家乐和旅游农业景点，每年接待休闲旅游的人数超过千万人次，经济收入超过5亿元。

目前，重庆市农业正处在由传统农业向现代农业转变，城郊农业向都市型现代农业转型阶段，随着新型工业化、城镇化的建设进程加快，都市型现代农业发展步伐明显加快。但是，重庆市都市型现代农业与沿海发达地区相比，与邻近成都相比，在特色、规模、体系以及品牌等诸多方面都还存在着很大的差距，离中央要求重庆建成西部地区重要增长极、长江上游地区经济中心和统筹城乡发展的直辖市的期望还相差甚远。主要体现在产业特色不明显，结构趋同，重点不突出；农产品深加工产品不多，附加值不高，竞争力不强；产业化程度低，龙头企业规模小而少，带动力不强；缺乏统一规划、政策引导和整体指导，管理体制和机制不适应，农业社会化服务体系建设跟不上都市型现代农业发展的要求。

3. 重庆市都市型现代农业发展面临的形势

目前，重庆市已经初步进入工业化中期阶段，基本具备了"以工促农，以城带乡"的条件。第一，经济实力的增强，国家和市委、市政府对"三农"问题的高度重视，为都市型现代农业发展提供了良好的宏观环境；第二，消费市场需求巨大，发展空间广阔，构成了都市型现代农业发展的强大推动力；第三，科学技术力量较强，信息化程度较高，为都市型现代农业发展架构了良好的平台；第四，农村产业结构日趋合理，农业产业化经营加快，为都市型现代农业发展提供了市场化和产业化支撑；第五，区位、交通优势明显，自然条件独特，为观光与休闲农业的发展和农业功能的拓展提供了重要的承载地。同时，重庆市都市型现代农业发展也面临着用地受限、都市型现代农业领域人才素质不高、缺乏市场竞争力、农产品质量市场准入和监督机制不健全等诸多不利因素的挑战。

（二）重庆市都市型现代农业发展思路及目标

1. 发展思路

对于"十一五"规划，重庆市都市型现代农业总体发展思路是以邓小平理论和"三个代表"重要思想为指导，深入贯彻落实胡锦涛总书记"314"讲话精神，牢固树立科学发展观，坚持统筹城乡发展方略和"多予、少取、放活"的方针，以建设社会主义新农村为统领，以推进现代农业建设、提升产业能级为主线，以培育壮大龙头企业和提高农业组织化程度为关键，以服务城市、富裕农民、优化生态为核心，以深化改革开放为动力，以加快农业科技创新为支撑，以推进农业产业化经营为重点，以发展都市旅游、观光、体验农业为突破口，以建设标准化、专业化、规模化农产品基地为基础，围绕提高农业综合生产能力和市场竞争力、农业增效、农民增收，着力发展农产品精深加工，通过市场引导、龙头带动、农民参与、政策扶持、优化服务，着力构建全市农业发展的新型体系，努力实现城乡统筹、区域协调、社会和谐的繁荣局面。

2. 主要目标

重庆市都市型现代农业发展的总体目标是构建三大基地，即鲜活农产品供应及加工基地、配送基地、休闲旅游体验基地，在全市乃至西南地区率先实现农业现代化。到2010年都市型现代农业发展重点区域内农业增加值达到140亿元；旅游农业直接收入达到20亿元；农民人均纯收入达到6400元；科技进步贡献率达到63%；无公害农产品比重达到30%；人均公共绿地面积达到7.5平方米；城镇化率达到80%。

（三）重庆市都市型现代农业发展的对策及建议

1. 加强园区建设，充分发挥都市型现代农业的示范带动功能

要充分发挥农业科技园区集成农业技术、连接市场与农户、辐射农业科技信息和技术培训的作用，选择典型区域，建设基地成规模、产品有特色、示范内容多、带动能力强的现代农业科技示范园区，加大对农业园区水、电、气、路等公共设施的财政投入，为从事都市型现代农业生产、经营的市场主体搭建好利于他们成长的平台，使园区尽快发挥出都市型现代农业的示范带动功能。重点发展特色农业、生态农业、设施农业、旅游观光农业，大力开发生产休闲旅游特色食品。

2．扶持壮大龙头企业，延长都市型现代农业产业链条

按照"扶优、扶大、扶强"的原则，通过扶持、引进、重组等，培育壮大一批起点高、规模大、带动力强的龙头企业。充分发挥农业资源特色和优势，依托农产品生产基地，大力发展农产品精深加工，延长产业链条，提高农产品附加值和综合效益。积极支持发展一批具有国际市场竞争力的外向型龙头企业，充分发挥出龙头企业对产业基地的促进和带动作用。支持具有比较优势的龙头企业，以资本运营和优势品牌为纽带，盘活资本存量，整合资源要素，组建企业集团，推进优势产品向优势企业集中、优势企业向优势产业和优势区域聚集。大力实施农业产业化龙头企业"双十计划"行动，争取在5年内新培育10个以上年销售收入超过10亿元的骨干龙头企业。

3．规范市场秩序，推进农产品标准化建设

鼓励农业产业化龙头企业加强农产品标准化建设、规范化管理，培育2~3家大型企业集团和3~4家跨区域的大型农产品批发市场进入全国"双百市场工程"，建立3~5个农产品直销网络，支持3~5家农产品第三方物流和加工企业的物流条件升级。强化农产品生产企业的质量监督，严格实施食品质量安全生产市场准入制度，加大力度对肉制品、乳制品、饮料、罐头等10类食品实施 QS 准入认证，启动对蛋制品、水产加工品等新增13类食品生产的市场准入管理。加强农药残留检测、疫病检疫、运输污染等关键环节的控制，加快建设市级农产品质量安全监督检验中心和6个区域性中心城市重点区级监督检验站及其他县级质检站。全面推进和实行食品进货检验、索证索票、购销台账和质量追究制度。实施食品卫生监督量化分级管理，切实保障市场食品供应和食品安全。在居民密集区培育发展"放心食品店"，推进绿色消费品、绿色市场、绿色通道"三绿工程"建设。加快无公害农产品基地和无公害产品与绿色食品、有机食品的培育和认证工作，加强食品从业人员的健康体检和卫生知识、专业知识培训。

4．保护生态环境，增强都市旅游农业吸引力

坚持生态发展优先的原则，在优先保护好重庆现有的自然资源和生态环境的前提下，科学规划、合理开发旅游资源，向生态农业旅游的广度和深度进军，努力提升生态农业旅游的发展水平。结合规划区自然资源和人文景观，着力打造都市型现代农业旅游的知识性和娱乐性，尽力满足游客的物质、文化生活需求。通过建造生态主题的景观和生态美食园，提高都市旅游农业品质。与科研院所挂钩，应用现代科技手段，把与生态农业相关的、具有展示价值的、新颖的、国内外先进的项目进行配套组装，不断更新，从而达到具有竞争力和可持续发展的功能，使精彩纷呈的主题景区与特色生态农业融为一体。通过发展都市型现代农业旅游产业，使城市居民走进农业和农村，增加与农民的交流机会，促进城乡人们之间的相互了解和融合，构建和谐城乡，实现城乡协调发展。

都市型现代农业的理论与实践

5. 构建循环型都市型现代农业体系，实现可持续发展

把产业建设与生态环境保护有机结合起来，大力发展都市绿色经济，加大农业污染的综合防治力度，实现产业与生态环境建设同步发展的良好局面。利用生物技术、工程技术等高新技术手段，对各类农产品加工后的副产品及有机废弃物进行成分分析，开发新的产品，延伸产业链，反复加工、深度加工，不断增值、增效。建立和完善农业废物回收和利用通道，提高农业生产过程中废物循环利用水平，将废物的最终处理量降至最低。在农业生产过程中，大力推广清洁生产，实现生产过程污染减量化，资源的再使用和再循环利用，建立区域都市型现代农业循环经济圈。合理使用和保护资源，以实现农业清洁生产为核心，以建设绿色农产品基地为重点，开发利用替代技术、减量技术、再利用技术、资源化技术、系统化技术，构建循环型都市型现代农业生产经营体系。通过发展设施农业和生态农业，减少裸露农田和扬尘。进一步加强城郊园林和绿地建设。实施节水灌溉，发展旱作农业，推广喷灌技术，提高农业用水的利用率，最终实现都市型现代农业和环境建设的循环协调发展。

六、深圳市都市型现代农业发展"十一五"规划

（一）"十五"期间农林渔业发展状况及主要成就

"十五"计划是深圳进入新世纪的第一个农村经济发展五年计划。进入新世纪以来，深圳市农业在耕地锐减、环境恶化、农用水缺乏等逆境中探索出一条适合自身发展的新路子，通过重点发展科技含量高的种子种苗研发、生产，农业科技示范、推广，以及农业科普教育和休闲观光农业等，实现了全市农业的持续、快速、健康发展，都市型现代农业有了良好的发展势头，产业结构趋于优化，深圳市农业发展在整体上实现了"量"的增加和"质"的优化提高，为"十一五"期间深圳市农业进一步腾飞打下了良好基础。

（二）深圳都市型现代农业的发展条件

1. 宏观经济社会条件

（1）国际国内经济社会发展条件。科技革命、经济全球化与相应的结构调整，构成了21世纪经济发展的三大基本趋势。经济信息化、网络化带来了一种全新的经济资源的流动与组合方式。加入世界贸易组织意味着中国市场进一步对外开放，经济体制必须与国际接轨。此外，从粤港澳经济区发展态势看，广东经济的快速发展和结构转型，使之更好地融入港澳经济区域中。粤港澳经济合作的范围不断扩展，层次进一步提升，形成强劲的一体化经济区。

（2）深圳市经济社会发展条件。深圳经济特区已走过1/4世纪的历程。经过25年的建设和发展，深圳市由一个昔日贫穷落后的边陲小镇发展成为欣欣向荣的现代化城市，综合经济实力跃居全国大中城市前列，基本建立起社会主义市场经济体制，创造了罕见的工业化、城市化和现代化发展速度。深圳市的产业结构调整一直走在全国前列，

第七章 都市型现代农业的发展规划

高新技术产业的迅速崛起改变着原有产业的素质、结构与布局，推动了全市经济的持续增长与繁荣。过去5年，深圳市在区域经济中的地位稳步上升，综合竞争力、辐射力不断增强，城市功能进一步完善，人民生活稳步提高。从整体上看，深圳市已经走完了工业化和城市化的初期阶段，进入了工业化和城市化的中期阶段，即由以工业资本形成、产业规模扩张和大量人口非农化为主要特征的初级阶段，进入了以工业技术提升、产业结构调整和人口素质改善为主要特征的中级阶段。

2．自然条件

深圳市位于广东省南部，地处九龙半岛北部，东临大亚湾，南与香港毗邻，西连珠江口，北靠东莞市和惠州市。地处北回归线以南，属南亚热带季风气候区，四季温和，雨量充沛，但季节分配不均，干湿季分明；春秋季是季风转换季节，夏秋多台风。属低山丘陵滨海区，背山面海，岗峦起伏。地势东南高，西北低，地貌类型多样。山脉多属莲花山系，由七娘山、排牙山、梧桐山等构成海岸屏障。地表水资源比较充裕，水系可分为东江流域水系、珠江口水系和海湾水系。

3．经济社会条件

深圳市辖经济特区内南山、福田、罗湖、盐田四区及特区外龙岗、宝安两区。2005年末，深圳市常住人口827.75万人，其中户籍人口181.93万人。2005年，全市生产总值（GDP）为4926.9亿元，其中，农业增加值9.87亿元；全社会固定资产投资1176.13亿元；社会消费品零售总额1437.67亿元；实际外商直接投资金额29.69亿美元；地方财政一般预算收入412.38亿元。

（三）"十一五"发展指导思想、发展定位与目标

1．指导思想

以邓小平理论和"三个代表"重要思想为指导，以适应深圳城市化和建设国际性大都市为要求，以建设具有深圳特色的都市型现代农业体系为战略目标，立足自然资源和社会资源，依托城市优势和开放性市场，按照以人为本，用科学发展观的要求统筹全市都市型现代农业发展，以生态效益、社会效益和经济效益为目的，以建设科技型、高效型、安全型和生态型农业为主攻方向，以建设生态农业园区、加快城市林业发展、合理利用和治理保护海洋渔业资源为重点，以自主创新为动力，以科技投入和资金投入为依托，质量安全为基础，树立农业循环经济的发展理念，实现农业资源的节约、高效、循环利用，提高农业综合效率，优化农业投入结构，实现农业的可持续发展。

2．规划原则

（1）坚持以人为本，可持续循环发展原则。坚持科学发展观，遵循经济效益、生态效益和社会效益相统一的原则，处理好资源保护和开发利用的关系，加强农业基础设施建设和城市生态环境建设，实现农业与城市、人与自然的和谐发展，实现资源的永续利用和循环发展。

（2）坚持服务于国际化和城市化原则。依托城市生产要素的集聚和辐射效应，加快都市型现代农业发展；同时，都市型现代农业的发展要服务于深圳的城市化和国际

化，使都市型现代农业成为城市的有机组成部分。

（3）坚持市场导向和政府扶持相结合原则。农业因其弱质性、公益性，政府应给予一定扶持，但同时也必须加快农业的市场化进程，找准政府推动农业和市场牵动的最佳结合点，具体的生产由市场调节。

（4）坚持以龙头企业主导带动原则。深圳市都市型现代农业的发展必须坚持以企业为主体来进行发展，政府应在政策及资金上给予企业大力的扶持。

3．发展模式

深圳市都市型现代农业有别于国内其他发达地区的都市型现代农业。深圳市已于2004年底全面实现了农村城市化，目前已成为全国首个没有农村、没有农民建制的城市，此外，农业土地等资源也比较紧缺，这就决定了深圳不可能像其他地方还能保证有大片稳定的农业用地来进行农业生产。因此，深圳市的都市型现代农业不能套用其他地区都市型现代农业的发展模式，而应该发展具有"深圳特色"、符合深圳实际的都市型现代农业。

深圳市虽没有大规模的农业生产，但是作为一个农产品消费大市，深圳市都市型现代农业承担了向全市及香港市民提供优质安全农产品的任务。因此，都市型现代农业的发展不能像西方一些发达国家那样，把农业变成专供休闲、观光的旅游农业；也不能像以色列、荷兰那样发展大面积的温室大棚；同时，与日本的镶嵌式、插花型的农业也不尽相同。结合深圳的实际，深圳市都市型现代农业模式选择以社会效益、生态效益为主，兼顾经济效益的模式，在具体发展上应选择市内以农业（生态）园区为主，市外以农产品生产基地为主的发展模式，可称之为"园区型"都市型现代农业模式。

4．功能定位

由于都市圈所处区位环境的特殊性，在城市化和工业化快速发展的形势下，深圳市都市型现代农业的功能立足于自身资源的基础上，重新定位，放到粤港澳乃至泛珠三角地区来考虑。深圳市都市型现代农业在"十一五"期间具有五大功能：

（1）农产品安全保障功能。深圳市都市型现代农业应具有保障全市安全农产品供应和具备应付突发性公共危机（如SARS、禽流感、猪链球菌等）时的农产品安全保障功能。重点发展城市所需的无公害农产品生产，继续为市民提供安全、优质、无公害的农副产品。

（2）农业高新技术示范功能。深圳是我国改革开放的窗口，深圳市的目标是建设成为区域性金融、信息、商贸、运输、旅游中心以及高科技产业基地的现代化国际性大都市。因此，深圳市都市型现代农业的目标之一应是建设成为我国都市型现代农业的一个展示窗口，使之成为我国农业高新技术示范辐射基地之一。

深圳市都市型现代农业完全有基础和条件发挥其农业高新技术示范功能。深圳市经过多年的发展，涌现了一批如深圳农业现代化示范区及碧岭科技生态园等代表全市农业现代化建设水平的示范基地和全省乃至全国农业现代化建设的"窗口"。可以预见的是，"十一五"期间，随着各类农业（生态）园区建设进程的不断加快和一批农业高新技术项目的入园建设，必将对周边地区起到积极的示范、带动作用。

深圳市作为农业高新技术的示范基地要有两方面的功能，即利用深圳对外开放的窗口和现代农业（生态）园区这个载体，一方面引进国外先进的农业科技成果和技术，通过示范，对内地进行辐射；另一方面，把国内先进科研技术成果向国外展示。

（3）外向型功能。深圳市都市型现代农业是超地域和时空的无城乡边界的开放型农业，都市型现代农业必须与国外市场接轨。"十一五"期间，深圳市都市型现代农业要紧密抓住CEPA正式实施和泛珠三角"9+2"区域合作的契机，充分利用深圳特区对外开放和区位优势，实施"引进来"和"走出去"的战略。"引进来"，即加快农业对外开放步伐，加大开放的力度；"走出去"，即加快深圳农业走出国门的步伐，到国外建立基地、农业园区，发展远洋渔业，提高农业的外向度。

（4）观光、休闲、教育功能。深圳市都市型现代农业应适应都市人休闲、娱乐和体验等精神文化需求，不断拓展农业内涵，充分利用农业自身特点，为市民提供农业观光、旅游、休闲、度假、体验农业的场所，使市民享受农业文化的乐趣，使都市型现代农业逐步成为都市人观光、休闲、体验和接受农事教育的重要途径。

（5）城市生态屏障功能。深圳市都市型现代农业应运用农业循环经济的理念，走生态型农业的发展道路。应从保护和改善城市生态环境、提高环境的自净能力等角度出发，充分发挥都市型现代农业洁、净、绿的特点，建立人与自然、都市与农业高度和谐统一的生态环境。在城区开辟城市森林、公园绿地，建设环城绿带；在都市开辟旅游观光、休闲度假的胜地，以生态农业进一步净化深圳的水质、土壤和空气。

5．发展总体思路

深圳农业应充分利用区位、生态环境优势，整合农业资源和现有产业基础，发展具有深圳特色的都市型现代农业，充分挖掘现代农业的生活、生态功能，延长农业产业链。"十一五"期间，深圳市都市型现代农业发展的总体思路是"贯彻一个战略，采用二大理论，突出三大工程，实现四化五重点"。

（1）贯彻一个战略。一个战略指"两头在内，中间在外"的农业发展战略。即技术研发、市场营销在深圳，规模化生产基地在外地。

在技术研发中，以高新技术和实用技术为支撑，加快农业科技的引进、组装、集成、创新和转化，形成自主的研发成果和知识产权，不断促进农业产业的升级换代。在市场营销中，通过开拓国际、国内两个市场，培育强势产业，成为特色农产品市场经营的集散地，不断提高优势产品的市场竞争力。

规模化生产基地面向全国，以泛珠三角区域和省内为主，以为深圳市民提供安全优质农产品为主要目标。

（2）采用二大理论。二大理论指可持续发展理论和农业循环经济理论。深圳市都市型现代农业建设的土地和生态资源呈约束型，生态资源将越发珍贵。深圳市都市型现代农业的建设必须坚持以可持续发展理论和循环经济理论为指导，坚持保护和利用相结合，整合资源，走可持续发展道路。

按照"植物生产、动物转化、微生物还原"的农业循环经济理念，推广种地养地相结合的良好耕作制度，发展高效生态农业、循环型农业，科学合理利用农业资源，努力建设节约型农业生产体系。依法加强对农业生态环境的监督和保护，保障深圳市都市型现代农业的可持续发展。

（3）突出三大工程。三大工程指农产品基地建设工程、科技园区示范工程、海洋生物技术工程。

一是农产品基地建设工程。重点抓好蔬菜、生猪、水产品等主要农产品基地建设，包括市内基地和市外基地建设，确保全市主要农产品60%来自规模化基地。

二是科技园区示范工程。重点抓好高科技农业示范园、生态农业休闲观光园的建设，使农业（生态）园区成为展示深圳都市型现代农业的窗口。到2010年建成各类农业（生态）园区20个以上。

三是海洋生物技术工程。以东部海洋生物基地为依托，重点抓好海洋天然产物开发、利用提取等，包括海洋生物制药、海洋保健品、高分子材料及海洋生物活性物质开发。

（4）实现四化五重点。四化指都市型现代农业园区化、森林公园景观化、农业技术高新化、农产品质量安全化。

五重点指以发展无公害蔬菜、肉类、水产品等"菜篮子"工程为重点；以现代农业（生态）园发展为重点；以打造农业产业化重点龙头企业为重点；以农业高新科技发展为重点；以生态风景、森林公园林建设为重点。

6. 总体要求

深圳农业"十一五"期间要加快建设具有深圳特色的都市型现代农业，这是总目标和总任务，为了实现这一目标，必须加快实现六个转变：一是实现由重视农业的生产功能转变为重视农业的生态功能和社会功能；二是实现由确保农产品的有效供给转变为确保农产品的质量安全，着重发展安全优质农产品生产基地；三是实现城市林业由绿化型向高品位生态型的转变，为深圳创造更加优美的环境景观；四是实现由立足于深圳拓展农业空间转变为走出深圳寻求农业发展的更大空间；五是实现由"公司+农户"的产业化经营模式转变为"公司+科研+基地+市场"的发展模式；六是实现由大田加简易设施化的生产方式转变为工厂化、园区化、设施化的生产方式。

7. 发展目标

以率先基本实现农业现代化、适应深圳城市化、建设国际化城市为要求，以建设具有"深圳特色"的都市型现代农业为总目标，以农业（生态）园区、无公害农产品生产基地、观光农园为主要形式，以实现都市型现代农业的经济、社会、生态功能为发展方向，建成集科技研发示范、休闲观光、生态屏障和提供安全优质农产品等功能于一体的都市型现代农业体系。同时，努力构建人与自然的和谐关系，坚持可持续发展的生态平衡能力，对农业布局结构、产业结构和产品结构实施战略性调整，以农产品生产基地建设、高科技农业、农产品加工与流通发展为重点，形成农产品生产、加工、营销、服务以及质量安全体系相互配套的现代农业生产格局。

（四）总体发展规划

1. 农业总体布局

"十一五"期间，深圳市农业总体布局在空间上分为四大片区：东部生态农业区、

第七章 都市型现代农业的发展规划

西部农业高新技术产业区、沿海海洋高新技术产业区、中部总部农业区。

2．重点发展领域

"十一五"期间，深圳都市型现代农业重点发展六个方面：建设无公害农产品生产基地；打造农业科技园区；大力发展农产品加工业和流通业；建设以生态公益林为主的森林生态体系；发展生态旅游农业；建设完善的保障体系。

3．产业发展规划

（1）产业调整方向与思路。"十一五"期间，深圳市农业产业结构调整方向具体如下：充分发挥深圳市区位优势、资源优势、科技优势和对外开放的优势，紧紧围绕都市型现代农业发展目标，以建立良性的生态农业循环模式为主导思想，以生态农业、设施农业和旅游观光农业为主体，以农业科技创新为重点，突出发展种子种苗工程、绿色食品开发、农产品加工与流通，大力推行农业异地开发，从而形成种子种苗、花、果、菜、林、畜牧、水产、生态旅游八大产业相互促进、共同发展的都市型现代农业产业体系。八大产业规划的具体思路可概括为"加强和规范海水养殖，规范畜禽生产，突出种苗繁育，发展无公害蔬菜，提高水果效益，壮大花卉生产，打造城市林业，拓展观光农业"。

（2）种植业。"十一五"期间，种植业要大力突出种子种苗繁育、新品种引进驯化，建立种植业种质资源中心；加强农产品质量安全，全面推行无公害生产标准；重点发展高附加值产品。"十一五"期间，种植业发展总体思路是重点建设一批具有一定规模和科技含量的蔬菜、水果和花卉规模化生产基地，大力推广节地型、节水型、生态型和加工型项目，建设集创汇、生态、观光等于一体的现代综合种植业。

（3）畜牧业。加快品种更新改良，以引进、繁育、示范、推广畜禽良种为重点；巩固完善规模化养殖基地，控制零星养殖，积极发展异地养殖基地，大力推行无公害、标准化养殖；加强动物防疫、畜产品质量安全监督检测，强化疫病防治和饲料、兽药使用的监督管理，建立和完善动物质量安全保障体系；稳步发展饲料加工业，饲料生产和加工能力增强，安全优质饲料比重提高，建立资源节约型、环境友好型的现代畜牧业生产体系；实现畜牧业向集创汇型、生态型、规模化、基地化、企业化为一体的方向转化。

（4）海洋渔业。重点发展海水养殖、海洋生物技术开发、水产品深加工和人工鱼礁建设为主的海洋生态保护等新兴行业；利用浅海资源，发展鲍鱼、贝类、名贵海水鱼、对虾类为主的养殖业，发展"海洋蔬菜"的种植与深加工；建设海洋捕捞基地，拓展深海和远洋渔业；加快水产品加工和流通市场的建设，重点在水产品冷冻保鲜和深加工，构筑海洋农产品完善的"产+加+销"的产业化经营模式；通过加强配套法律法规建设、执法队伍建设、执法装备建设，推进海洋与渔业行政监督执法的改革，加强渔政执法和监管力度，保护海洋生态环境，促进海洋资源的合理开发和利用。

（5）林业。遵循"一圈、两翼"的总体布局，着力抓好四大工程，全面构建五大体系，加强林业系统建设，维护生态安全。建立以生态功能型林业为主体的林业体系，包括集景观功能、游憩功能于一体的森林生态系统，重点突出社会效益和生态效益。

（6）生态旅游农业。实施园区带动的原则，充分利用良好的生态环境、丰富的森林和海洋资源及优美的自然景观，建立包括观光、旅游、休闲为主题的生态农业旅游观光区。

（五）保障体系建设规划

1. 农产品标准化体系

发展都市型现代农业，农产品标准化体系是重要保障。农产品标准化体系建设应包括如下几个方面：一是健全农产品质量标准体系；二是建立健全优质农产品安全认证和标志制度；三是建立农产品加工制品质量标准；四是加强农业投入品和生态环境的监测。

2. 农产品流通体系

市场是连接产品生产和销售的桥梁。为实现农产品产销一体化，需要按照有形市场与无形市场相结合、硬件建设与软件建设相结合的原则，分类建设，有效调控。

（1）构建农产品流通体系。建设高层次的、辐射面广的农产品流通中心市场；对区域专业化生产显著，规模比较大的区域，建设、完善相应产品的产地集散市场；扶持流通企业和大户；配套农产品流通中心和农产品加工企业，营造畅顺的农产品流通机制，构建农产品流通体系。真正形成农产品流通企业的产业化、农产品流通的标准化、品牌化、规模化、网络化。

（2）网上流通。构建网上农产品流通平台，强化信息服务。建立权威的农产品信息网络，及时、准确地向企业和农业从业人员与交易者提供价格信息、生产信息、库存信息以及气候信息，提供中长期市场预测分析，及时向生产、加工、流通等各个环节提供市场、科技信息，提高信息的准确性、权威性，为我市农业企业、专业户提供网上交流、贸易平台。

3. 农业科技创新与应用推广体系

在政策措施上，应制定具体的政策与措施，鼓励农业科技的推广服务活动，对从事农业科技推广服务活动的集体与个人给予实质性的奖励，营造出良好的科技推广服务氛围。同时，政府在财政资金上，对维系农业科技推广服务体系正常运转给予大力支持与保障。在硬件建设上，应加大对农业科技推广服务的资金投入，建设良好的硬件平台，为农业科技推广服务提供良好的硬件环境与设施。在人才体系上，引进、构建一支具备现代农业知识与现代农业经营管理知识的专业人才团队，形成良好的农业科技推广服务人才体系。同时，制定相应的奖惩机制与人才流动机制。在农业产学研合作上，充分利用市属院校、科研机构的农业与生物科研力量，加强与国内外知名农业科研机构交流与合作，按照深圳市都市型现代农业发展的规划布局，形成多节点、网络化、分布式的农业科研模式。建设市级农业技术研发中心，启动农业科技孵化器建设，进一步加强农业科技工作和农业高新技术的开发应用。建立市、区二级农业科技试验示范基地。

4. 农产品质量安全监督体系

农产品质量安全管理工作量大，任务艰巨，责任重大，必须尽快完善农产品质量安全监督体系。"十一五"期间，要继续完善各级农产品检测机构的建设；健全完善区级农产品质量监测站；健全完善深圳市宝安区、龙岗区街道级农产品质量监测站；建立完善企业及工厂区食堂的自检体系。

5. 动植物疫情防治体系

"十一五"期间，要加快动植物防疫检疫监督体系建设，提高防控重大动植物疫病的能力，为农业可持续发展奠定坚实基础。根据深圳现有实际情况，应从以下几个方面全面加强动植物疫情防治体系建设。一是完善动物防疫体系建设和植物检疫机构的建设，加快建立和完善动植物疫情的监测预报和预警系统与应急反应机制，着力建立统一协调的指挥系统，在资源配置上向基层防疫倾斜，实行岗位准入制，建立起兽医公共卫生防控体系，探索建立动物及动物产品的生物安全评价机制。二是积极贯彻落实《动物防疫法》、《水生动物防疫工作实施意见》和《水产养殖质量管理规定》，完善相关配套法规。三是加强植物疫情防控和病虫害防治。四是完善市、区、街道三级动植物疫病诊断实验室。

6. 城市林业生态安全保障体系

"十一五"期间，在积极推进四大林业生态工程的同时，还必须构建完善的生态安全保障体系，夯实深圳市经济社会可持续发展的基石。例如，林火监控预警指挥体系建设，野生动植物保护与预警体系建设，病虫害及生态监测体系建设，林业科技及种质种苗服务体系建设，队伍建设与管理体系创新。

七、无锡市都市型现代农业发展规划纲要

为适应无锡市经济社会快速发展、工业化和城市化不断推进的新形势，按照中共十六届三中全会提出的"五个统筹"的发展要求和无锡市争创全省"两个率先"先导区、示范区的总体目标，无锡市制定都市型现代农业发展规划纲要。

（一）规划的背景和依据

1. 规划背景

都市型现代农业是工业化和城市化高度发展过程中，科学合理利用城市非建设用地而构筑的新型现代农业业态，是城市建设不可分割的重要组成部分。在20世纪60年代，都市型现代农业首先出现于欧、美、日等发达国家和地区，90年代初开始，我国上海、深圳、北京等地也相继开展了都市型现代农业的研究和规划建设。国内外的实践证明，工业化、城市化水平越高，越需要都市型现代农业的支撑，发挥其在生态保护、改善环境、农副产品供应等方面的不可替代作用，都市型现代农业已成为城市生态体系和基础设施建设的重要组成部分，其发展程度和水平也已成为衡量一个城市综合环境优劣的重要评价指标。

2. 现状分析

无锡地处我国北亚热带中部，长江三角洲太湖平原中心地区，经济发达，自然资源条件优越，素有"小上海"、"鱼米之乡"等美称。特别是近年来，经济社会迅速发展，

城市化水平不断提高，2003年全市人均GDP达5218美元，城市化率接近60%，总体上已处于工业化后期。但是，对照全面、协调、可持续发展的要求，尚存在不少结构性的矛盾，主要表现如下：一是人口密集，资源匮乏，生态负荷重，经济、人口、资源与环境协调发展的压力较大。据统计，无锡市人口密度每平方公里达924人，其中市区每平方公里达1560人；人均占有耕地仅0.56亩，其中市区只有0.32亩；每平方公里承载工业产值高达5820万元，对水体、空气等生态环境的压力巨大。二是第一、第二、第三产业的发展水平不协调，尤其是农业的现代化建设水平明显滞后，农业的经济、生态、社会等功能未得到足够重视和充分发挥。加上历年来，农业规划滞后于经济社会的发展，没有纳入经济社会和城市建设总体规划。农业基础设施建后被毁，造成浪费损失的现象时有发生，不利于农业的健康、稳定、持续发展。面对新的形势，从统筹城市与农村、工业与农业、人与自然、经济与生态协调发展的战略高度，加快都市型现代农业的规划建设，推进传统农业向都市型现代农业转变，提升农业发展水平，已显得十分必要和迫切。对于全面贯彻落实科学发展观，促进无锡市经济、社会、生态协调发展；对于建设现代化特大型生态湖滨城市，提升城市竞争力；对于全面建设小康社会，争创全省"两个率先"的先导区和示范区，都将显示出十分重要的作用。

3. 规划依据

本规划纲要依据《无锡市争创全省"两个率先"先导区和示范区行动纲要》、《无锡市城市发展总体规划》、《无锡市"十五"国民经济和社会发展计划纲要》和《无锡市城市土地利用总体规划》进行编制。

（二）规划的指导思想和原则

1. 指导思想

围绕建设特大城市、率先基本实现现代化的总要求，以服务城市、改善生态、提高效益为宗旨，依托城市在经济、科技、信息、人才等方面的优势，优化、整合农业区域资源，大力发展现代设施农业、优质高效农业、绿色生态农业、休闲观光农业和农副产品加工产业，综合开发农业的经济、生态与社会功能，建设与特大城市发展相协调，具有明显江南地域特色的都市型现代农业体系。

2. 规划原则

（1）先导示范原则。以争创"两个率先"的先导区和示范区为目标，立足高起点，力求体现农业现代化水平，使规划与全市经济社会发展水平相适应，与现代化特大型生态湖滨城市建设相协调。

（2）统筹发展原则。坚持以人为本和全面、协调、可持续发展的科学发展观，统筹城乡经济社会发展，统筹人与自然和谐发展，使农业与第二、第三产业、农村与城市、经济与生态相互促进、协调发展。

（3）产业优化原则。围绕区域经济和生态特点，以市场为导向，充分发挥农业资源、产业、技术、资金、人才等优势，优先发展具有区域特色和比较优势，对经济、生态有一定支撑，发展对农民增收有显著带动作用的优势产业和产品，大力推进农业产业化经营，形成科学合理的产业分工和产业布局。

(4) 科学合理原则。本规划依据无锡市城市总体规划，以市区为重点，包括锡山区、惠山区、滨湖区和新区。在市区非建设用地范围内，利用现代农业建设基础，合理划定区域，并与林业发展规划互相衔接。江阴、宜兴两市在本规划的指导下另行制订规划。都市型现代农业规划区外的基本农田同样要按照相关法律法规实行严格的保护。对现有水稻田的地块变更须严格审批，做到占补平衡。

3. 规划期限

规划期限为2004—2010年。

(三) 都市型现代农业的发展目标和功能定位

1. 发展目标

以现有产业为基础，在规划划定的区域范围内，按照生态、高效、集约、精准的要求，发展优质稻米、精细蔬菜、经济林果、特色养殖和加工产业，主要农副产品从生产、加工到营销实现全程标准化作业、无害化生产、产业化开发和信息化管理。到2010年，全市都市型现代农业总面积210万亩，占2003年底农用地面积的55%，其中，优质水稻、精细蔬菜、水产养殖和经济林果等分别达到80万亩、35万亩、35万亩和60万亩。合理布局畜禽养殖，规划建成若干个现代化的奶牛企业和生态型畜禽养殖场，作为鲜活畜禽产品和都市型现代农业有机肥料的生产供给基地。市区都市型现代农业总面积53万亩，占2003年底市区农用地面积的53%，占无锡市城市规划农村用地面积的75%。其中，规划发展优质水稻20万亩（锡山区13万亩、惠山区5万亩、滨湖区2万亩）、精细蔬菜8万亩（其中设施栽培面积占50%以上）、经济林果等20万亩、特种水产5万亩，建成现代化奶牛企业和生态养猪场各12个。粮食、果品、蔬菜的自给率在20%~30%，新鲜叶菜基本自给。都市型现代农业对城市的生态平衡贡献率达60%以上。

2. 功能定位

以优质稻米、精细蔬菜、经济林果和特色养殖等主要产业为基础，按照"服务城市、改善生态、优化环境、提高效益"的要求，综合开发农业的经济、生态和社会功能。

一是生态平衡功能。通过造林绿化、建设稻田湿地、生态果园等，打造"城市之肺"，发挥都市型现代农业在净化空气、涵养水源、调节气候和减轻城市"热岛效应"等方面的作用，促进生态平衡，使都市型现代农业成为城市生态体系的重要组成部分，成为无锡生态型湖滨城市的重要标志。

二是鲜活供应功能。发挥都市型现代农业融于城市、交通便利的优势，以现代生产技术，配套先进的保鲜、储藏、运输等设施装备，为城市提供优质、新鲜的粮油、蔬菜、果品、水产、畜、禽、蛋、奶等农副产品，保持主要农副产品一定比例的自给率，调节市场供应。

三是观光休闲功能。利用都市型现代农业的自然生态景观，开发农业特色旅游产业，丰富旅游资源，为城市居民观光、休闲、度假提供宁静、清新、优美的田园风景和生态环境。

四是文化科普功能。将都市型现代农业建设成为农耕文化与现代城市文明的宣传教育基地，让城市居民特别是青少年了解农业，体味耕耘的艰辛，增长知识，陶冶情操。

五是美化城市功能。营造粮、菜、林、果、花卉合理搭配，四季如画的江南农业景观与城市风光，使农村与城市相得益彰，使都市型现代农业成为重要的城市园林景观，美化城市环境，提升城市品位，增强竞争力。

六是产业经济功能。着力提高农副产品的生产、加工、营销等产业化水平，实行基地化种养、标准化生产、企业化经营、产业化开发，显著提高农业的产出水平。同时，对农业的生产、生活、生态、旅游等功能进行综合开发，拉长农业产业链，提高综合经济效益，使之成为现代都市经济的重要增长点，为农民增收发挥更多的作用。

（四）都市型现代农业的主要形态与规划布局

1．主要形态

以优质稻米、精细蔬菜、经济林果和特色养殖等产业为依托，以生态平衡、鲜活供应、观光休闲、文化科普、美化城市、产业经济等功能为基础，营造以下五种都市型现代农业形态：

一是生态景观型农业。以构筑生态良性循环系统，维护生态平衡，防止环境污染，优化、美化、净化城市环境为主要功能，为市民提供良好的工作、生活环境，优美的田园风光，清新的空气和舒适的休闲、观光场所，促进人与自然、农村与城市和谐发展。

二是体验参与型农业。融现代农业、乡土风情、娱乐休闲、文化教育和农事体验于一体，让市民和游客在接触自然、体验农艺中调节身心健康，享受田园之乐，丰富精神文化生活。

三是高科技设施型农业。应用工程技术、生物技术、信息技术以及农产品的保鲜、储藏、加工等现代科技与先进的农艺技术，建设资本、技术、设施高度密集的现代化、智能化、精准化高科技设施农业，实现农业生产的标准化、可控化和工业化，展示现代农业风采。

四是旅游度假型农业。依托自然山水，建设一批集度假、餐饮、观赏、娱乐为一体的多功能特色农艺园，实现农业与旅游业的紧密结合，满足与适应市民走出城市、回归自然，享受宁静安逸生活的心理和多层次、多元化的消费需求。

五是特色精品型农业。按照无公害、绿色、有机农产品（食品）生产技术规程（标准），从生产、加工、包装、运输到销售实行全程质量控制，组织生产富有地域特色的安全、营养、优质、鲜活农副产品，适应人民生活对食品消费要求不断提高的需要。

2．产业规划

以都市型现代农业规划划定的区域为基地，加快培育农业龙头企业，促进农副产品生产、加工、销售，同时加强农业旅游服务功能的开发，拉长农业产业链，提高农业综合效益，促进农民增收。

一是发展优势农产品产业。发掘地方传统特色农副产品生产潜力，积极引进优质新品种，突出品牌建设，集中培育"太湖明珠"大米、"久绿牌"蔬菜、"太湖翠竹"茶叶、"甘露牌"青鱼、"阳山牌"水蜜桃、大浮杨梅、鸿山葡萄等地方名牌，扩大无锡市都市型现代农业名、特、优、新农副产品的市场知名度。

二是发展农产品加工流通产业。坚持扶优扶强，重点扶持一批对农民增收具有显著带动作用的农副产品生产加工企业、销售批发市场、农产品专业合作组织和农民经纪人队伍。通过做大做强农业龙头企业、批发交易市场和合作经济组织，实现企业与基地、企业与农民的订单合作，形成农产品加工流通网络，使农副产品加工增值，及时走向市场，既畅通产品销售渠道，促进农业增效、农民增收，又更好地发挥都市型现代农业鲜活供应功能，服务于城市。

三是发展农业旅游产业。充分利用都市型现代农业的自然生态景观，配套建设一批旅游服务设施，发展集观光休闲、文化科普、体验参与、旅游度假等功能于一体的农业特色旅游产业，使农业与旅游服务业紧密结合，相互促进、相得益彰，提高农业附加值与综合效益。

3. 空间布局

全市都市型现代农业由一个体系、八大片区构成，包括城市绿地生态体系、市区六大都市型现代农业主题片区和江阴、宜兴市都市型现代农业综合片区。

(1) 城市绿地生态体系。与苏州、常州两市接壤处建市际生态隔离带，城市建成区外围建环城绿带，沿主干公路、主航河道和湖岸线建绿色通道防护林带，部分地区建大型生态片林，形成二环二带、二纵四横、十路十河的森林体系。全市林地面积达1150平方公里（170万亩），其中市区达225平方公里（48.7万亩），森林覆盖率达25%。列入都市型现代农业规划的20万亩，主要是生态和经济效益兼而有之的经济林果。

(2) 斗山高科技设施型农业片区。规划该片区锡北镇、东港镇境内3万亩优质稻米、0.5万亩精细蔬菜，东港镇境内和夹山东沿山地带0.5万亩经济林果。重点建设三大园区：一是在东港镇建设集自动化节水灌溉、精确化施肥、机械化作业等于一体的优质稻米产业化示范园；二是在锡北镇建设现代高科技设施蔬菜园；三是在锡北镇建设2个千头现代化奶牛养殖和乳品加工示范园。与扬名高科技蔬菜园、太湖都市型现代农业示范园、羊尖设施花卉园等一起，构筑现代设施农业高地。

(3) 吼山生态景观型农业片区。规划东半片4.5万亩优质稻米、0.5万亩经济林果和西半片2万亩精细蔬菜。通过发展成片的稻田湿地、蔬菜园艺、花卉苗木，结合城市隔离林带建设，营造优美宜人的绿色生态景观。重点在吼山沿山地区开发建设集生态、防护、观光、度假、居住于一体的生态景观长廊。

(4) 鸿山特色精品型农业片区。规划西半片5.5万亩优质稻米、南片0.5万亩经济林果和东半片0.5万亩精细蔬菜。重点建设鸿山精品葡萄、鹅湖特色水产养殖以及优质稻米、无公害蔬菜等农业精品园，形成瓜果飘香、稻黄蟹肥的多姿多彩农业景象。

(5) 阳山体验参与型农业片区。规划3万亩水蜜桃、1万亩优质稻米。建设万亩成片的水蜜桃风光带，并重点建设集休闲、观光、采摘、品尝、垂钓、教育于一体的体验参与型景观农艺园。

（6）洛社沿河生态型农业片区。规划精细蔬菜3万亩，优质稻米4万亩。在原石塘湾镇精细蔬菜区中部，重点建设现代高科技设施蔬菜园，在原洛社镇重点建成"生猪—水产—蔬菜—林木—家禽"生物链复合万头生态养猪场，与沿河自然景观和块状片林相配套，构建具有江南水乡特色的生态农业景观带。

（7）环太湖休闲度假型农业片区。规划精细蔬菜2万亩，优质稻米2万亩。以滨湖区沿湖乡镇为重点，建设集旅游、观赏、度假、餐饮、娱乐为一体的环太湖休闲度假型多功能农业园区。重点建设马山观赏鱼基地、滨湖镇观赏葡萄沟等特色景点，与龙寺生态园、太湖花卉园、九龙湾乡村家园、唯琼农家乐园等一起形成环太湖休闲度假农业带。

（8）江阴、宜兴市都市型现代农业片区。江阴市规划都市型现代农业总面积42万亩，其中，优质稻米20万亩，精细蔬菜12万亩，经济林果5万亩，沿江特种水产5万亩；宜兴市规划都市型现代农业总面积115万亩，其中，优质稻米40万亩，精细蔬菜15万亩，经济林果35万亩，沿滆湖特种水产25万亩。

（五）都市型现代农业基地建设要求

1. 优质水稻基地建设要求

（1）农田标准化。田块平整，格田成方，连片面积千亩以上，路渠全面硬质化、标准化，沿路两侧种植经济林果，形成农田林网。

（2）农艺科技化。应用工厂化育秧技术、良种良法配套技术、测土配方施肥技术、病虫草综合防治技术、节水灌溉技术等先进实用技术。

（3）作业机械化。运用先进的农业机械，实现耕种、植保、收获、加工等主要作业机械化。机库、仓库、维修保养设备配套齐全。

（4）水利现代化。沟、渠、桥、涵、闸、站等水利设施标准化、配套化，实行灌排分开，暗灌明排，建设汇流回水系统，实行节水灌溉。引进示范自动化节水灌溉技术与操作系统，从田间信息采集与传输、数据整理与分析到灌溉指令发布与实施，实行全程信息化调控、自动化操作、智能化管理。

（5）环境生态化。按照生态农业的要求，加强农业生态环境和投入品监控，推广秸秆综合利用技术和无公害生产技术，控制农业面源污染，保护农业生态环境，确保农产品质量安全。其中，在斗山、吼山、鸿山和洛社沿河片区建设高科技现代农业示范区1万亩。对播种、施肥、植保、灌溉等主要农艺措施实行智能化管理。配套建设太湖流域稻作文化展览馆，以及部分观光景点和休闲设施。

2. 精细蔬菜基地建设要求

（1）菜田标准化。土地平整，路渠硬质化，连片面积500亩以上，沿路两侧种植经济林果，形成林网化。

（2）作业机械化。配备大棚微耕机械、常温烟雾机、高性能机动植保机等先进实用农机设施，实现耕整、植保、运输机械化。

（3）水利现代化。配备喷灌、滴灌设备，建设汇流回水系统，推广应用节水灌溉技术。

（4）栽培设施化。建造连栋大棚1万亩；钢架单体大棚及钢架防虫网大棚4万亩，蔬菜设施栽培面积达50%以上。

（5）质量无害化。按照无公害生产技术规程，对菜地环境进行监测，加强农药、化肥、农膜等投入品管理和产品质量检测，配套蔬菜采后加工用房和设施设备，实行净菜上市。

（6）其他。在东港镇、洛社镇重点建设2000亩智能化高科技"温室工程"，并配套节能型低温保鲜贮存冷库等设施。

3．经济林果基地建设要求

（1）基地园林化。按照园林化标准进行设计，沟渠路配套，连片面积500亩以上。道路两侧设置藤本果品或花卉，形成绿色景观廊道；河道两侧栽植四季景观树种和花卉。区内结合地貌设置亭、台、楼、阁等园林景点，使果园具有生态园林特色。

（2）装备现代化。采用先进的农业机械，应用先进的节水灌溉技术，合理配置喷灌、滴灌和移动式浇灌设备，或自动控制灌溉系统，配套建设低温保鲜设施，实现中耕、开沟、修剪、植保、加工等主要作业机械化、智能化。

（3）园艺科技化。应用整枝、嫁接、套袋、花期调控、测土配方施肥、生物防治等先进实用技术。在阳山、鸿山和环太湖片区重点建设现代经济林果示范园，配备组培室、智能化玻璃温室和钢架连体大棚，设置品种母树园、优良品种繁育圃，建设可供游人观赏体验的果品采摘区及部分休闲设施。

4．畜禽养殖基地建设要求

（1）设施标准化。建设标准化畜禽舍，配套建设消毒隔离室、兽医室、配种冻精室、库房等设施，配备闭路电视监控系统。养猪基地规模在万头以上，养牛基地规模在500头以上。

（2）操作机械化。畜禽养殖场配备配方饲料加工设备；奶牛基地配置青贮饲料收获和粉碎、保鲜设备，以及自动化挤奶和冷贮设备。

（3）养殖生态化。建立健全检疫防疫安全系统，畜禽粪便采用现代先进技术实行无害化处理，实行全程清洁化、无害化、标准化生产。养殖基地周围建50米宽经济林隔离带，生产区与办公区、生活区合理分开。以洛社镇、锡北镇为重点，建设核心示范基地，建立智能化管理系统，从饲料配方、喂养管理、畜（禽）病防治、检疫防疫、挤奶加工到产品检测等实行全程信息化控制。

5．水产养殖基地建设要求

（1）渔区园艺化。鱼池连片面积300亩以上，实行水泥板护坡，灌排水系统配套，路、渠硬质化、标准化，路面两侧种植经济林果，养殖、办公、休闲、绿化、生活等功能区合理分隔。

（2）作业机械化。配备颗粒饲料机、自动投料机、鱼塘增氧机、灌排水智能控制系统、池塘清淤机等现代化设备。

（3）养殖生态化。露天鱼池设立水质净化池，种植水草，放养螺蛳，合理搭配养殖品种，实行复合型养殖，无害化排放。以马山为重点，建设核心示范区，配备部分设施渔业，配套水产养殖计算机综合控制系统，实现生产全过程的智能化管理。建设垂钓中心、自助餐馆、烧烤场等休闲设施。

（六）保障措施

1. 健全都市型现代农业的规划保障体系

将都市型现代农业规划纳入各级经济社会发展的总体规划，并使之与其他规划相衔接。对规划区内的农业用地要通过法定程序，实行更为严格的保护，不得随意侵占和改作他用，确保规划的严肃性和稳定性。规划区内的村庄民居和企业，要逐步调整，尽快实现区域内产业的成片布局。

2. 健全都市型现代农业的投入保障体系

建立都市型现代农业多元化投入机制，大力吸引工商、民间、外商资本投资开发都市型现代农业，多渠道筹集建设资金。根据本规划的目标任务，市区2004—2010年投入都市型现代农业的建设资金达100亿元以上。各级财政要统筹安排都市型现代农业建设引导资金，吸引社会资本向都市型现代农业项目聚集。整合农业发展资金，集中财力，支持都市型现代农业重点建设。创新运作机制，坚持走市场化、产业化道路，明晰项目产权，落实项目责任，优化项目内部运行机制。

3. 健全都市型现代农业的技术保障体系

实行农科教、产学研相结合，加大新品种、新技术的研究和示范、推广力度，重点在种子种苗、设施农业及配套技术、农产品精深加工、农业高新技术及其产业化等关键性、适用性技术上求突破，建设和培育一批体现都市型现代农业高新技术水平的园区和龙头企业，发挥示范带动作用。建立领导、专家和基地农户代表相结合的决策机制与项目首席专家负责制。积极发展以农技推广部门为主体，专业协会和农村专业合作经济组织为补充的新型农业服务组织，加大农民科技培训力度，努力为都市型现代农业发展提供强有力的技术支撑。

4. 健全都市型现代农业的组织保障体系

将都市型现代农业发展作为社会经济建设的重要内容，摆上各级政府重要议事日程，切实加强组织领导。层层建立由主要领导牵头，分管领导具体负责，农林、计委、财政、水利、农机、规划等相关部门负责人参与组成的领导小组，形成统一领导、分工负责、目标明确、协作配合、职责落实的工作机制。对都市型现代农业的重点项目、重点工程，实现目标管理，加大考核力度，落实奖惩措施。

八、淄博市都市型现代农业发展规划（2010—2015）

为加快推进都市型现代农业发展，促进农业发展方式转变和生态和谐宜居城市建设，努力构建城乡经济社会一体化发展新格局，根据淄博市委、市政府《关于加快发展都市型现代农业的意见》，结合《山东省农业功能区划方案》、《淄博市经济社会中长期发展规划》、《淄博市城市总体规划》、《淄博市土地利用总体规划》，制定本规划。

（一）发展都市型现代农业的总体思路和目标任务

1. 总体思路

围绕建设社会主义新农村、实现农业和农村现代化的总体目标，立足组群式城市实际，以农民增收为核心，全面贯彻落实科学发展观，坚持工业反哺农业、城市支持农村，统筹城乡经济社会发展，在都市城市化地区和周边间隙地带，依托城市的人才、科技、资金、信息和市场优势，突出"生态、安全、优质、集约、高效"五个要求，综合开发农业的经济、生态与社会等功能，加快实现路域美化、田野绿化、水系生态化、园艺标准化，形成与组群式城市相协调、具有鲜明地域特色的都市型现代农业体系，增创淄博农业发展新优势。

2. 工作原则

（1）坚持生态效益、景观效益、经济效益、社会效益并重原则。在提高农业效益、促进农民增收的同时，更加注重发挥都市型现代农业在改善城乡生态环境、增添城市景观、传承地域文化和教育示范等方面的作用。

（2）坚持市场运作与政府扶持相结合原则。以市场需求为导向，强化组织推动和政策扶持，培育发展新型农业市场主体，吸引人才、资金、技术等各种要素发展都市型现代农业。

（3）坚持可持续发展原则。在严格保护耕地和稳定粮食生产的基础上，正确处理自然资源开发与保护的关系，加强农业基础设施和农村生态环境建设，优化资源配置，发展循环经济，实现农村与城市、农业与非农产业、人与自然的协调发展。

（4）坚持重点突破原则。以中心城区为重点，突出发展花卉园艺产业，推动张店区、高新区都市型现代农业率先发展。充分发挥比较优势，促进次中心城区、中心镇、中心村因地制宜发展功能多样、业态丰富、产业融合的都市型现代农业综合体系。

3. 发展目标

以城乡和谐、产业融合、建设生态和谐宜居城市为目标，到2012年，基本完成由城郊农业向都市型现代农业的转型，形成以生态有机农业、休闲观光农业、高产高效农业为主体，集安全优质农产品生产、科研示范、休闲观光、景观绿化、生态涵养等功能于一体的都市型现代农业体系，基本实现农业由单一功能向多功能转变，由注重生产向注重市场转变，由粗放型向集约型转变，使城市建设增添新的景观，生态建设增加新的效应，农业发展拓展新的空间，农民增收开辟新的渠道。到2015年，全部完成中心城区所有山头、水系生态修复和景观绿化，以花卉苗木、智能温控、餐饮娱乐为主的园艺农业、设施农业、休闲农业占到中心城区农业用地的50%以上，建成绿色长廊1000公里，都市型现代农业的生态效益、景观效益、社会效益和经济效益全面彰显，整体发展水平走在全省、全国前列。

（1）生态功能目标。农业环境保护和农业生态建设进一步加强，基本建立起涵养能力较强、生态景观优美、空气水源清洁、高效节能节水和农业废弃物得到有效利用、生态服务价值较高的农业生态体系。到2012年，全市生态公益林面积达到175万亩，森林覆盖率达到35%以上；到2015年，全市生态公益林面积稳定在180万亩以上，森林覆盖率达到36%以上。

（2）景观功能目标。都市型现代农业在城市规划、建设、管理中得以充分展现，建成一批城市森林公园、城市公园绿地、沿路绿色长廊、沿水系景观休闲带和街头精品绿化点。到2012年，全市建成城市森林公园20个，城市绿地率达到37%以上；到2015年，全市建成城市森林公园23个，城市绿地率达到38%以上。

（3）经济功能目标。农业规模化、专业化、标准化水平明显提高，农田水利基础设施、农业机械装备和科技支撑水平大幅度提升，农产品安全生产体系健全落实，都市型现代农业综合发展水平明显提高。到2012年，全市农业增加值达到96亿元以上，农民人均纯收入达到1万元以上；到2015年，全市农业增加值达到108亿元以上，粮食总产量稳定在130万吨以上，农民人均纯收入达到12600元以上。

（4）社会功能目标。服务城市的能力明显增强，农业的科技转化、旅游观光、休闲娱乐、餐饮服务和农产品展示交易等功能得到有效开发，建成一批基础完善、功能齐备、服务规范的农业休闲观光园区。到2012年，全市农业社会服务人数占全部农业劳动力的比重显著提高，农业科技贡献率达到59%以上；到2015年，农业科技贡献率达到60%以上。

（二）都市型现代农业区域布局

按照《山东省农业功能区划方案》的要求，结合淄博市实际，全面发展现代精准农业，着力建设南部生态有机农业区、中部休闲观光农业区、北部高产高效农业区，统筹推进中心城区、次中心城区、中心镇、中心村都市型现代农业发展，拓展农业五大功能。

1. 三大都市型现代农业功能区布局

中心城区、次中心城区、中心镇、中心村围绕三大区域板块建设，确立主导产业和发展重点，形成区域板块发展的带动力量。

（1）南部生态有机农业区。主要包括沂源县、博山区和淄川区南部，处于山东省鲁中南山地丘陵农林复合生态调节功能区北部。该区主导功能和拓展方向是依托林果、蔬菜、中药材、畜牧业等农业资源优势，搞好生态保护，加快建设特色产业和特色流域，实现环境有特色、地方有特产、旅游成体系的发展目标。一是建设优质农产品基地。以发展绿色、有机农产品为重点，构建百万亩林果生态涵养农业区、淄河流域和太河库区有机农产品生产区，建成"名、特、优"牧、菜、果生产基地。二是进一步改善生态环境。大力发展生态林、经济林和生态养殖，对25°坡以上的20万亩坡耕地实施退耕还林，推广"畜—沼—果"生态农业模式，形成林牧良性循环。三是建设生态农业旅游景区和休闲度假胜地。依托特色产业和特色流域，发展果品采摘、山野采风等休闲产业。突出生态、饮食、民俗等地方特色，打造鲁山、姚家峪、五阳湖、梦泉山庄、沂河水景公园、胜利山公园等山区特色旅游度假胜地。

（2）中部休闲观光农业区。主要包括张店区、周村区、高新区和淄川区北部、桓台县南部，属于山东省胶济山前平原及城郊文化传承休闲功能区。该区主导功能和拓展方向是依托区位优势，提升自然与人文资源的利用效率，以都市文化为主线，以"山、水、园、林"为特色，以展示现代高科技农业和乡村文明为主要内容，构建中心城区半径15公里范围内的花卉苗木产业带和各类农业示范园，形成融都市文明与乡村文明于一体、特色鲜明、科技凸显、精品荟萃的休闲观光农业区。重点建设"二湖五带六山"休闲观光农业区，"二湖"指萌山湖、马踏湖；"五带"指孝妇河生态观光带、猪龙河景观绿化带、范阳河湿地保护带、张周路花卉苗木产业带、淄河景观绿化带；"六山"指玉皇山、炒米山、四宝山、凤凰山、萌山、葫芦山观光旅游农业。按照"政府引导，社会参与，市场运作"的发展方式，以生态建设带动旅游开发，以农业结构调整促进都市型现代农业发展，改善生态环境，提高农业效益。

（3）北部高产高效农业区。主要包括临淄区、高青县和桓台县，处于山东省鲁北低洼平原大宗农产品供给功能区。该区农业基础条件好，农艺水平高，是淄博市重要的粮食、棉花、蔬菜、水产、畜禽等农产品供给区，承载着全市粮食安全和畜牧、蔬菜等农产品供给功能。重点发展以精准种子工程、精准施肥、精准播种、精准灌溉、精准动态管理、精准收获为主要内容的精准农业，提高农业综合生产能力和产出效益。在临淄区、桓台县、高青县北部平原建设200万亩精准农业基地，其中100万亩粮食、60万亩蔬菜、20万亩棉花、20万亩速生林和100个标准化畜牧养殖小区。搞好农田综合整治，使北部平原成为"田成方、林成网，沟渠路桥涵闸、机电管井泵房齐配套"的高标准农田。

2．四级中心都市型现代农业发展布局

围绕中心城区、次中心城区、中心镇、中心村"四级中心"展开分层级产业布局和定位。各中心形成功能错位、产业协调、各具特色、优势互补的发展格局，各中心之间通过主要道路、水系构成的都市型现代农业长廊连接成绿不断线、景不断链、城乡联动、浑然一体的市域都市型现代农业整体布局。

（1）中心城区都市型现代农业发展重点。包括张店区、高新区。突出都市型现代农业的生态功能和生活功能，大力发展以城市绿化、居室美化、园林景观、休闲娱乐、产品展示等为主要内容的景观农业、休闲农业、会展农业，打造"城在绿中，人在城中，水绕城转"的中心城区面貌。

（2）次中心城区都市型现代农业发展重点。包括淄川区、博山区、周村区、临淄区四个区和桓台县、高青县、沂源县三个县。淄川区、博山区、周村区、临淄区重点发展园区农业、体验农业、科普农业、精品农业和休闲农业，与中心城区都市型现代农业形成功能互相补位、产业结构协调、景观错落有致、体系配套完善的互动格局。桓台县以发展精准农业为重点，加快培育一批国内一流的精准农业示范样板，整建制建成全国精准农业示范县。高青县充分利用黄河三角洲高效生态经济示范区发展优势，以黄河文明为依托，突出"北国水乡"特色，建设沿黄生态观光、大芦湖湿地、黄河大堤绿色长廊三大景观，适度开发艾里湖生态旅游区和大芦湖休闲度假区，打造黄河湿地公园，建成黄河三角洲生态农业示范县。沂源县加快城市园林绿化，完成沂河生态修复工程，构筑都市生态绿地网；依托"奥运果"品牌，建设"中华大果园"，开展农家乐、休闲

都市型现代农业的理论与实践

农庄、农业观光采摘等活动，建成都市"花果山"。

（3）中心镇都市型现代农业发展重点。立足区域特色，确定主导产品，合理划分功能区，大力发展"一镇一业"。壮大农业龙头企业，发展经济合作组织，建设农产品集散基地，增强农业服务功能，发挥连接城市和农村的纽带作用，带动乡村经济发展。

（4）中心村都市型现代农业发展重点。突出特色产业，大力发展"一村一品"。深度挖掘自然资源和人文资源，发展以特色唯一性农产品培育、民俗旅游、度假休闲等为主体的专业村、特色村。注重农业景观的保护，突出地域农村特色，丰富区域农业文化内涵。

3. 拓展农业五大功能

（1）开发生态功能，发展循环农业。重点抓好小流域治理和水资源保护，农业面源污染综合治理，以及生态公益林、农田防护林体系、农业基础设施建设；合理开发保护土地和水资源。以减量化、再利用、资源化为方向，大力发展农村户用沼气池，推广应用"畜—沼—果"、"畜—沼—菜"生产模式，积极开发利用太阳能，形成具有淄博特色的循环农业发展模式、技术体系、政策法规体系和运行管理机制。到2015年，基本建成循环农业示范市，突出生态环境改善，做足"绿"色文章。到2012年，北部平原实现高标准农田林网化，中心城区森林覆盖率达到30%以上，生态环境得到明显改善。到2015年，完成所有城镇、工业园区环形宽幅隔离林带建设，对所有旅游景点进行高标准绿化、美化。

（2）开发生产功能，发展高效农业。在城市周边地区和城市间隙地带，大力发展牧草种植、花卉苗木等园艺产业，到2012年，力争中心城区的园艺生产面积增加一倍以上。加快推进区域化种养、标准化生产、企业化经营、产业化开发，形成优势产品强、特色产品新、初级产品优、加工产品精的农产品生产格局。到2015年，粮食生产能力稳步提高，肉、蛋、奶、菜、果的供给能力明显增强，所有农产品全部达到无公害以上标准。

（3）开发生活功能，发展休闲农业。适应人们享受闲暇、贴近自然、接触农村的要求，规范发展林果采摘游、平原湿地游、近水垂钓游、森林公园游、近郊观光游、生态农庄游和创意农业游，在全市形成"春赏花、夏纳凉、秋采摘、全年农家乐"的休闲观光农业发展格局。到2012年，建成10个旅游强乡（镇）、15个旅游特色村、30个农业旅游示范点；到2015年，建成15个旅游强乡（镇）、30个旅游特色村、50个农业旅游示范点。

（4）开发示范功能，发展科技农业。以高新技术和先进实用技术为支撑，密切与高等院校的合作，将农业的栽培技术和工业设施标准化、工艺化的管理技术有效结合起来，发展农业科技园区和示范基地，加快技术集成和成果转化。加大资源整合力度，进一步提升齐城农业科技示范区、吉田观光园等农业科技园区的发展水平，培育一批新型农业科技示范乡镇、示范村和示范农户。继续实施科技入户工程，搞好农民培训，提高农民素质。

（5）开发文化功能，发展创意农业。按照《山东省农业功能区划方案》，张店区、淄川区、博山区、周村区和临淄区处于济青高速公路两侧文化传承与休闲农业线，高青县处于沿黄文化传承与休闲农业带。要充分利用"一带一线"的区位优势，以知识产权为先导，以农业企业为主体，以创意生产为核心，引导农业生产经营者将农产品与文化、艺术创意相结合，培育一批高文化品位、高知识化、高赢利性、高附加值的创意农产品，提升农产品的文化价值和经济价值。

（三）2010—2012年重点建设工程

坚持以项目建设推动都市型现代农业发展，重点抓好五大工程。

1. 都市型现代农业长廊工程

围绕主要道路、水系两侧进行绿化、美化。凡是地理条件具备的地方，全部规划建设林带，把公路、铁路、河流、沟渠两侧建成纵横交错、层次多样、结构合理、功能完备的绿色生态网络。林带规划宽度每侧5～10米，有条件的地区加宽到20米以上，城市规划区加宽到50米以上；县乡道路、乡村道路及其他河流支流、沟渠，每侧林带宽度按照3~5米进行规划设计；新建道路、新治理河道，实行道路建设、河道治理与林带建设统一规划，同步实施。到2012年，重点建设、提升309国道、张博路附线、张周路和济青高速、滨博高速、青兰高速淄博段以及淄河、范阳河、孝妇河、涝淄河等10条主要道路、水系的绿化美化水平，统一规划景观树种，统一绿化两侧山头，道路沿线全部实现秸秆综合利用，道路两侧可视范围内的农田重点发展兼具景观和经济、生态效益的农业项目，建成10条都市型现代农业长廊。

2. 水系生态工程

加快推进水系造林绿化、重点区域生态修复和湿地保护开发，加大水土保持和水资源保护力度，进一步改善水系环境，维护水系生态安全。一是全面完成孝妇河昌国路至梅家河桥段长10.3公里的河道提升改造工程，以河道为轴线进行生态护砌，新建岸墙，沿线绿化美化；建设3处生态植物园、5处特色文化主题河段、8个主要交通桥节点生态园林公园。二是加快治理提升中心城区涝淄河、东猪龙河、漫泗河及玉龙河沿岸环境质量，建设中水回用工程和生态引水工程，构建中心城区水清、岸绿、路畅、景美及循环利用的生态景观水系。三是大力实施太河、萌山生态区建设工程。太河生态区开展植树造林工程，加大一级地表水源地保护管理力度，严防水污染，为"引太入张"工程提供安全、可靠的水源保障。萌山生态区建设休闲示范基地，建成辐射力强的休闲娱乐区和近水宜居区。四是马踏湖湿地建设工程。通过芦苇复壮、藕田种植等人工干预措施，恢复马踏湖自然景观和湿地生态。五是发展淄河休闲观光农业带。根据淄河沿线的自然资源条件和地形特点，将农业资源开发纳入齐文化生态园总体规划中，做好都市型现代农业与齐文化旅游融合发展的文章。六是加快推进范阳河湿地公园建设工程。以孝妇河提升改造工程及范阳河疏浚治理项目为基础，抓好沿河河道整治和生态绿化景观建设，营造靓丽的城市景观水系和湿地游园风景线。

3. 森林公园工程

以森林风光与其他自然景观为主体，充实文化内涵，提升发展层次，建设集度假、餐饮、观赏为一体的休闲、旅游森林公园。一是鲁山国家森林公园。重点建设植物园、北坪、天云峰、鸣石崖、林海氧吧、东海六个小区，形成以避暑消夏度假为主体功能，观光、休闲、科普、写生等为辅助的精品度假旅游区。二是四宝山城市森林体育公园。建成以"梯田"田园风光和高品质天然产品为依托的大型观光农园和花山、黑铁山"三重文化"景区（民俗传统文化、抗战红色文化、生态修复文化），建设成片球类场地和其他休闲健身场地，打造四宝山地区"可行、可居、可养"的生态旅游业，成为国内一流的山地特色全民健身主题公园。三是炒米山森林休闲公园。重点建设彩叶植物观赏示范园、大型垂钓中心、齐文化园、百果采摘园、海棠园，以及老年人健身活动中心、儿童乐园等休闲娱乐项目。四是淄博新区绿化。在新区内的所有骨干道路、主河道两侧建设防护林带，形成环城、环企、环村生态片林；规划建设黄土崖生态植物园，培育花卉市场，带动园艺产业发展。

4. 科技示范园区工程

以市场为导向，以科技创新为动力，突出抓好齐城农业高新技术开发区、高新区现代农业科技示范园、山东现代农业科学院农业技术孵化园、淄博古城生态农业园、吉田农业观光示范园、玉黛湖农业高科技示范园、华煜玫瑰园、桃园科技花卉生态园、淄川区生态牡丹园、萌山湖荷花生态园、张周路现代农业科技生态园、沂源有机苹果园、高青县万亩桑园等示范园区建设，使之成为农业科技创新基地、农业科技成果转化基地、农业结构调整展示基地和招商引资平台。

5. 精品农业工程

进一步深化农业结构调整，建成一批粮、牧、菜、果农产品精品基地。规划期内，突出抓好桓台县35万亩精准粮食、临淄区20万亩绿色蔬菜、30万头优质生猪、沂源县70万亩优质果品、40万只山羊、博山区10万亩金银花、高青县1万亩有机大米、10万亩优质瓜菜、15万头优质肉牛、1000万只肉鸭养殖、淄川区10万亩有机食品、周村区30万平方米优质珍稀食用菌基地和全市10万亩林下养殖等13个精品农业基地建设，提升全市农产品供给能力。

（四）发展都市型现代农业的保障措施

1. 切实加强组织领导

坚持把"三农"工作作为全党工作重中之重的战略思想不动摇，从统筹城乡发展的全局出发，引领现代农业实现升级转型。健全组织领导体系，成立淄博市发展都市型现代农业工作领导小组，设立领导小组办公室，加强政策研究、组织协调和工作指导。各区县、高新区、市直有关部门也要立足各自职能，在发展都市型现代农业工作中确保领导力量到位、精力投入到位。加强督查考核，实行都市型现代农业重点项目建设督查调度制度，把都市型现代农业发展作为新农村建设工作的突出重点，纳入市委、市政府对区县、部门年度工作目标管理考核体系。

2. 强化农业基础支撑

加强农业基础设施建设，大力改善农业生产条件。将中心城区都市型现代农业示范园区的道路、水利、电力、通讯、供暖等纳入城市基础设施建设规划，统筹布局，高标准建设。加强农业装备支撑，加大农机具购置补贴力度，提高农业机械化水平。增强人工影响天气能力，提升气象服务水平。规范提升各类农业信息服务平台建设，加快构建互联互通的农村信息网络。健全农产品质量安全保障体系，严格执行质量安全监管行政问责和责任追溯制度。加快大型农产品批发市场升级改造，大力发展现代物流配送、连锁经营和电子商务等流通业态。

3. 深化农村改革

坚持市场化运作，建立财政基础性建设投资引导下的工商资本、金融资本、民间资本共同参与的多元化投资机制，鼓励工商企业创建都市型现代农业园区，鼓励农业合作组织或农民以土地、资金、技术等要素参股都市型现代农业龙头企业或园区建设。积极发展农民专业合作社，大力扶持重点龙头企业，努力壮大农业经营主体。在严格保护耕地的基础上，积极解决都市型现代农业建设用地问题。加快土地流转服务中心建设，加强对土地流转工作的规范管理和引导服务，在稳定土地承包关系、明确承包权属、严格土地流转程序的前提下，鼓励通过互换、租赁、转包、转让、入股等多种形式进行土地承包经营权流转，加快发展适度规模经营。

4. 健全工作推进机制

坚持部门联动、政策集成、资金聚焦、资源整合，强力推动都市型现代农业发展。完善工作协调机制，发改委、财政、农业、水利、旅游、林业、规划、土地、气象等部门，要加强沟通联系，密切协作配合，形成发展都市型现代农业的工作合力。实行市级领导联系、市直部门挂包都市型现代农业示范点制度。实施都市型现代农业园区项目化管理，每个区县和高新区集中策划一批都市型现代农业园区建设项目，集中人力、物力、财力，全力打造，率先突破。市财政每年筛选部分重点都市型现代农业园区、项目进行重点扶持。对都市型现代农业项目集中片区，允许成立专门管委会；对都市型现代农业重大建设项目，可组建专管办公室，做好统筹协调服务工作。

第八章 广州市都市型现代农业的发展

第一节 广州市都市型现代农业概况

广州市在大力建设国际化大都市的过程中,充分认识到都市型现代农业的重要性。2000年在研究制定城市总体发展战略规划时,明确提出构筑"山、水、城、田、海"的城市生态格局,规定在城市功能组团之间要有农田保护区、农业生态功能区、林业自然保护区与其他各种非建设用地,通过实施"青山绿地"、"蓝天碧海"工程,增强农村地区的城市生态功能。目前,广州市有公共生态山林460多万亩、农田保护区200多万亩,保证了农村与农业的可持续发展空间。

20世纪90年代末,广州市在分析广州农业发展现状和借鉴国内外发达国家和地区农业发展成功经验的基础上,认识到广州农业已具备都市型现代农业的特征,明确提出建设都市型现代农业"三个三"的总体思路,即在区域布局上逐步形成近、中、远郊三个圈层,在功能上逐步形成生产、生态、生活三维结构,在产品形态上逐步形成食品、工业原料和精神产品三元结构。近年来,进一步明确了广州市都市型现代农业的三大任务:带领200万农民致富,为1000万城市人口提供丰富优质的农产品,为城市创造优良的生态环境。广州农业一直坚持以城市为导向,充分发挥区域资源优势,因地制宜重点发展蔬菜、花卉、水果、畜牧、水产、观光休闲农业、加工与流通等。目前,已规划、建设了10个蔬菜基地、5个水产基地、8个水果基地、5个花卉标准化示范区和5000亩鲜切花生产基地,面积共达64.6万亩,它们是广州市都市型现代农业产业化的核心代表。

2005年,广州市全年都市型现代农业产销总收入693亿元,增长11.5%。市级以上农业龙头企业50家,其中国家级龙头企业3家、省级龙头企业8家、都市型现代农业示范区20个。全年农业产业化产值40.85亿元,增长11.3%;农业产业化规模达18.5%。从而推动了广州市农业从数量型向质量型、从城郊型向现代都市型的转变。

第八章 广州市都市型现代农业的发展

第二节 发展广州优势农业企业的对策

农业企业作为农业产业的细胞和载体,在实现农业现代化中发挥着重要作用。近年来,国内农业企业的迅猛发展,是改革开放的成果和农业产业化、现代化进程的标志之一,它逐渐冲击农业千家万户分散式的生产经营,并成为农业生产的主要组成部分。但是,由于农业的弱质性,政府怎样指导和支持农业企业的发展,是新时期农业工作的重要课题。广州地处华南,毗邻港澳,地理位置优越,拥有丰富的自然资源,经济基础、技术力量雄厚,作为改革开放最早的地区之一,农业企业"江高模式"的诞生地,广州的农业企业在广州市农业产业化经营上起着模范带头作用。目前,广州市有50家农业龙头企业,涵盖了广州市主要农业生产,如蔬菜、果树、稻米、花卉、水产、畜禽、茶叶、蜂产品、饲料等,无论从企业规模、管理模式,还是从技术水平、销售业绩上看,很大程度上代表了广州农业企业的发展状况。因此,以这些企业为要素,开展广州优势农业企业的分析研究,可以探索发展广州优势农业企业的对策。

一、研究方法和内容

为了能全面、客观地分析广州农业企业特别是农业龙头企业的状况,通过对农业龙头企业在生产加工能力、市场经营能力、管理水平能力、技术与创新能力四个方面的要素进行综合评价与农业竞争力比较,探索进一步发展广州优势农业企业的模式。

一是数据收集。对入选17个企业开展调研工作,以2004年为基数,分别对生产加工能力、生产规模和生产效益等多项指标要素进行收集、汇总、统计。

二是利用SPSS统计软件,应用相关分析、方差分析和因子分析,设计主成分因子要素指标及载荷阵,寻找影响企业竞争力的要素。

三是编制主成分指标要素的聚类趋势图,了解其共同特征和相似性程度。

二、优势农业企业的理论

(一)农业企业与优势农业企业

1. 农业企业的含义及其特征

农业企业是指使用一定生产要素,以企业经营方式为主,进行专业分工协作,为社会提供农业产品或相关服务的经济组织,包括种植、养殖、加工、流通、农业中介、农业信息和农业科技等企业。具体有以下的特征:

(1)农业企业是农业产品或服务的直接供给者。
(2)农业企业必须独立核算,自负盈亏,以获得利润为主要经营目的。

都市型现代农业的理论与实践

（3）农业企业拥有经营自主权，行使企业应有的职能，依法纳税。

（4）农业企业由于农业产业的弱质性，其运行和发展受更多因素的制约，在利润和前景上具有更多的不确定性。目前，不少发达国家都有较完善的农业扶持政策。

2. 优势农业企业含义及其特征

优势农业企业是具有持续竞争优势和较强的辐射带动作用的农业企业。应当具备以下特征：

（1）具有较大的生产经营规模和较强的辐射带动能力。能够促进和带动区域经济的发展，并在区域产业格局的形成过程中起示范作用。

（2）具有较强的市场开拓能力和持续的竞争优势。能够在一个或多个区域中占有一定的市场份额，是区域性的信息和价格形成的重要源头。

（3）应具备一定的技术创新能力，起到加速技术进步的作用。

（二）发展优势农业企业的实践

1. 发达国家发展优势农业企业的实践

美国、欧盟、加拿大、日本、韩国等发达国家和地区的农业是当今世界农业现代化先进水平的代表。他们在农业现代化发展的过程中，无论是人少地多的美国、加拿大，还是人多地少的日本、德国乃至韩国，无一例外地实现了企业化经营的战略；而企业作为产业的载体，在产业化经营中起着最基础的作用。例如，美国绝大多数农户就是企业，农户的主人就是农场主，或叫农业企业家。美国的农业企业体系的公式表达，不是我国常见的"企业+农户"，而是由一系列的企业组成，即"企业+企业"，只不过他们从事的经营环节不同。美国的农业企业（农场）大致分为只经营种植业或养殖业单一品种的专业型和经营多品种或种养结合的混合型两大类，以专业型为主，占95%以上，即美国不仅完成了农业企业化过程，而且实现了农业企业的专业化。

企业化的实现也使得一些发达国家发展优势农业企业的实践具有特殊性，在这些国家或地区，往往存在一些其他行业的企业向农业企业转型，而很多农业企业优势的形成也得益于此。例如，日本著名的"欧姆龙"电子设备公司的一家公司，在地广人稀的北海道千岁市建成了一占地7平方公里、总投资额24亿日元的现代化玻璃温室。该大型温室的日照、温度、湿度、供电、供气及灌水等设备全部由电脑控制，被人们称为"全自动蔬菜工厂"。当前，该温室中主要种植番茄，生产设计能力年产1400吨，全年销售额计划为7亿日元，其规模和现代化程度位居日本首位。该企业并不完全是一个农业企业，但这种方法依然值得借鉴，它具有一个很显著的特点，即将企业先前的优势转接到了农业，从而形成一种奇特农业企业难以模仿的优势。

结合以上的分析，总体来看，发达国家或地区已经基本实现了农业企业化进程，并正向专业化、集团化方向发展，在生产现代化、经营全球化方面具备明显的优势。

2. 国内发展优势农业企业的实践

伴随农业产业化、规模化、现代化的发展，从20世纪80年代起，企业化和公司的农业生产经营方式开始在我国农村出现，至今已探索出多种发展模式，并涌出许多农业企业的典型。

一是"农业企业+基地+农户"型。最早是广州的"江高模式",这种类型的企业最多。

二是区域企业化型。例如,广西玉林市农业企业化作为农业产业化、现代化的突破口,提出了抓农业就是抓农业企业,出台了《关于加快农业企业发展的决定》。

近年来,又出现了一些新的形式。例如,重庆市推出了"保险公司+龙头企业+农户"模式,并在烟叶产业上进行试点,其运行机制是被保险人是重庆烟叶公司,而非当地的农民,即由公司来承担保费。一旦发生灾害后,保险公司向烟叶公司理赔,烟叶公司再根据业已制定的理赔方式对农民进行补偿。从重庆的实践来看,农业龙头企业直接与保险公司进行对接,农民不用直接支付保费,能够吸引更多的农民加入到农产品基地生产中来。其优点在于解决了农业企业生产的原材料之忧,降低了企业的风险,从而能够更好地促进农业企业的发展。

由于我国地域辽阔,各地农村经济发展水平不一样,因此,各地农业企业的发展进程、发展方式也有所不同。但就农业企业数量而言,发展得较快是一个普遍的特点。我国的实践表明,农业企业这种发展模式广泛适合于全国各地农村,只要措施得当,农业企业可以得到快速发展。根据有关研究,当人均收入在2000元以上时,农民开始具有投资倾向,产生投资需求,农业企业会较多地出现。即由于农民的自觉参与,农民成了企业化经营的主体,农业企业化将发展得较快。在广州,随着"江高模式"的发展,农业集约化经营水平不断提高,近年尤以水产业发展最快,不少农户直接注册公司成为新一代的农业企业,大大促进了广州市水产业的发展。

总之,我国经济的发展存在很大的地域不平衡性,各地的农业企业化进程不一样,经济发展水平较低的地区农业企业化刚处于起步阶段,经济发展水平较高的地区则发展得较好,个别地区的已向区域化、专业化方向发展。总体而言,现阶段的农业企业化正处于由起步转向快速发展的时期。

三、广州农业企业的现状分析结果

选取17家具有广州农业产业优势的蔬菜、花卉、畜牧、水产等行业的企业作为研究对象,而分析评价指标是从企业生产加工能力、市场经营能力、管理效率水平、技术与创新能力等四个方面31个因素作为评价指标的测定,其分析结果如下。

(一) 相关分析及结果

经相关分析运算,各指标间达到0.05水平的相关性显著的指标有7个。

(1) 年销售额:与职工总人数、从事技术工作人数、技术人数总数、外来工人数、资产总额、固定资产、流动资产、成本费用、生产成本、销售成本、管理费用和出口销售额12个生产经营指标呈显著正相关。

(2) 年利润:与流动资产、流动资产比例等呈显著正相关,但与生产基地面积、贵重设备数量呈显著负相关。

(3) 出口销售额：与职工总人数、外来工人数、生产成本、保鲜加工生产线数目等呈显著正相关。

(4) 人均销售额：与流动资产、成本费用、生产成本、销售成本等呈显著正相关，但与生产基地面积、是否出口等显著负相关。

(5) 人均创利润：与职工总人数、外来工人数、是否出口3个指标呈显著负相关。

(6) 出口销售额比例：与保鲜加工生产线、贵重设备数、出口销售额等呈显著正相关。

(7) 近三年税后利润增长率：与技术工作人数、技术人员总数、资产总额、流动资产、成本费用、销售成本、管理费用等呈显著正相关，但与管理费用比例、是否出口等呈显著负相关。

（二）方差分析及对不同行业的多重比较

在龙头企业中，不同行业间同一指标存在差异，见下表（表8-1，表8-2，表8-3，表8-4，表8-5，表8-6，表8-7）。同列中有相同字母表示在0.05水平差异不显著，现将有显著差异的指标表述如下。

表8-1 职工总人数（$F=4.64$, $p=0.0204$）

行业	均值±标准误	Duncan Grouping
蔬菜行业	542.5 ± 74.875	a
畜牧行业	357.5 ± 158.571	ab
花卉行业	157.3 ± 29.159	b
水产行业	125.2 ± 58.530	b

表8-2 流动资产比例（$F=4.45$, $p=0.0223$）

行业	均值±标准误	Duncan Grouping
花卉行业	0.5519 ± 0.07212	a
畜牧行业	0.5519 ± 0.07212	a
水产行业	0.2862 ± 0.12112	ab
蔬菜行业	0.1372 ± 0.03889	b

表8-3 管理费用比例（$F=3.20$, $p=0.0591$）

行业	均值±标准误	Duncan Grouping
花卉行业	0.12553 ± 0.041620	a
蔬菜行业	0.06792 ± 0.024944	ab
水产行业	0.04572 ± 0.006462	b
畜牧行业	0.02612 ± 0.011305	b

第八章 广州市都市型现代农业的发展

表8-4 出口销售额（F=6.68，p=0.0052）

行业	均值±标准误	Duncan Grouping
畜牧行业	4816±1377.75	a
蔬菜行业	3290±512.6	ab
水产行业	781.2±781.20	bc
花卉行业	64±41.83	c

表8-5 生产基地面积（F=4.05，p=0.0309）

行业	均值±标准误	Duncan Grouping
蔬菜行业	3325.0±567.707	a
水产行业	3002.6±928.535	a
花卉行业	1354.8±565.567	ab
畜牧行业	432.5±91.595	b

表8-6 人均销售额（F=3.14，p=0.0617）

行业	均值±标准误	Duncan Grouping
畜牧行业	45.18±10.3413	a
水产行业	37.60±10.0840	ab
花卉行业	20.35±6.7060	ab
蔬菜行业	11.86±3.2493	b

表8-7 近三年税后利润增长率（F=2.16，p=0.0951）

行业	均值±标准误	Duncan Grouping
畜牧行业	25.000±8.13429	a
水产行业	8.860±5.52717	ab
蔬菜行业	6.750±4.71478	ab
花卉行业	1.250±5.77891	b

方差分析结果表明：

（1）蔬菜行业：其职工人数、流动资产、管理费用、出口额、生产基地面积、人均销售额及三年后利润增长率均与其他行业有差别，它是一种劳动密集型行业，出口额是影响蔬菜行业的重要市场经济指标，而生产基地的规模大小制约其生产能力。

（2）花卉行业：管理费用比例指标与水产行业、畜牧行业有很大的差异性，即管理效率水平较低；流动资产比例指标与蔬菜行业有显著差异性，即对花卉企业发展要加大流动资金的投入和加强企业内部管理。

（3）畜牧行业：出口销售额指标比水产花卉行业更有显著比较性；人均销售额、流动资产比例等指标相对蔬菜行业而言具有优越性；利润增长率指标比花卉行业成长性更好。

（4）水产行业：生产基地面积指标与畜牧行业有很大的显著差异性，即在养殖业方面，水产行业相对畜牧行业而言，其生产基地的规模影响较重要。

（三）因子分析及对企业的综合评价

对原 31 个指标中选取 10 个具有突出影响的又相互联系，能较全面反映企业的生产加工能力、市场能力、管理效率、技术与创新等方面的指标进行因子分析，得出各企业的综合得分（见表 8-8）。

表 8-8　各企业综合得分排序表

企业代码	F1	F2	F3	F4	综合得分
13	3.28828	-0.35447	0.53282	0.08887	1.26279
14	0.19228	3.37668	0.03248	-0.05935	1.11965
12	-0.12627	0.37122	2.93447	0.06327	0.55381
11	-0.24078	0.27209	-0.20187	3.32076	0.42002
1	0.80649	-0.39009	-0.39009	0.03393	0.02880
15	0.53305	-0.01726	0.04656	-1.46313	0.00524
10	-0.24599	-0.31122	0.69520	0.40626	-0.02198
3	0.56049	-0.44797	-0.60501	-0.09714	-0.03417
16	-0.67619	0.80460	-0.77253	-0.71776	-0.23796
7	-0.41889	-0.28510	-0.10980	0.05158	-0.26147
17	-0.14627	-0.07735	-0.58281	-0.83385	-0.29168
4	-0.32993	-0.05274	-0.70040	-0.31642	-0.30240
2	0.13563	-0.92911	-0.54730	-0.13855	-0.34441
8	-0.45835	-0.64077	-0.92996	0.87161	-0.40692
9	-1.02064	-0.03724	0.32610	-0.58390	-0.43485
6	-0.83330	0.05828	-0.55653	-0.38910	-0.44954
5	-1.01959	-1.33958	1.46347	-0.23702	-0.60493

注：前六名企业名称，13 代表广州陆仕水产企业有限公司，14 代表广州市江丰实业股份有限公司，12 代表广州市先步农业发展有限公司，11 代表番禺区石楼镇农业发展总公司，1 代表广州从玉菜业发展有限公司，15 代表广州市大鹏家禽养殖有限公司。

综合得分前六名企业的评价，得出以下的结论：

（1）广州陆仕水产企业有限公司：位于广州市花都区炭布镇社岗村，从事水产品深加工，主要产品为烤鳗、罗非鱼、叉尾鱼等鱼片加工；综合评分居首位，综合绩效因子远远高于其他企业，具有较好生产加工能力、市场能力和技术与创新能力。首先，其保鲜加工生产能力、出口销售额比例占主要作用，其次是在技术人员比例、产品市场占有率等发挥作用；但在资产总额、人均销售额和利润增长率等方面的资产规模经营效率、市场效率等环节较弱。

（2）广州市江丰实业股份有限公司：位于广州市白云区江高镇松岗街，从事家禽繁育、饲养、饲料加工与家禽屠宰深加工生产，主要产品为黄鸡及加工、饲料及预混料；综合评分排第二位，其综合绩效因子分数也高于第三名2倍以上，具有较好的管理效率、生产加工能力和市场能力。其中，在资产总额、利润增长率、人均销售额等反映投资规模、市场及经营能力的方面起到主要作用，但成本费用减弱了企业总效益。

（3）广州先步农业发展有限公司：中心基地位于广州从化市鳌头镇汾水村与石联村交界处，从事特种水产养殖与经营为主，主要产品为鲟鱼、鳄龟；综合评分排第三位，具有较好的综合绩效。其中，在技术人员比例、产品市场占有率等反映企业技术与创新能力、市场能力的方面起到主要作用，但在加工生产和设备、生产基地面积、出口销售额比例等反映加工能力、生产规模、经营能力的方面受制约。

（4）番禺石楼镇农业发展总公司：位于广州市番禺区石楼镇，以水产养殖、经营为主，主要产品为鱼、虾；综合评分排第四位，具有良好的竞争力。突出表现在成本费用最低，即成本控制水平较高（该公司的职工人数较少也是费用低的原因），但在保鲜加工、生产面积、出口销售额比例等反映加工生产能力、生产规模及市场经营能力的方面较差。

（5）广州从玉菜业发展有限公司：位于广州从化市；综合评分排第五位，在蔬菜行业中具有较强的竞争力。首先，在保鲜加工及设备、生产基地面积、出口销售额比例等反映保鲜加工生产能力、生产规模、市场经营能力等方面起重要作用；其次，在成本控制水平的管理效率方面也较好，但在资产总额、利润增长率、人均销售额、产品市场占有率以及技术人员比例等反映投资规模、市场及经营能力、技术与创新能力等方面较弱。

（6）广州市大鹏家禽养殖有限公司：位于广州市白云区江高镇大石岗村，从事家禽、水产养殖及其加工生产，主要产品为鹅、鸭、鸡及冰鲜品；综合评分排第六位，在家禽行业中具有较好综合绩效和生产能力。其中，在保鲜加工能力、出口额、产品市场占有率等方面表现较好，但在成本费用、资产总额、利润增长率、人均销售额等反映管理能力、投资规模与经营效率方面较弱。

（四）广州优势农业企业的影响因素

从上述分析可知，相关分析只能反映行业或企业内部各因素之间的相互关系情况，因子分析及综合评价更能反映企业的竞争力。从分析结果看，生产加工能力、资产规模及效益水平、研发与市场能力、成本控制水平等是构成优势农业的主要方面，影响优势农业企业的主要有三大因素。

1. 内部因素

内部因素主要包括资产总额、生产基地面积、保鲜加工生产线及贵重仪器设备数目、人均销售额、成本费用、技术人员比例。其中，生产基地面积、保鲜加工生产线及贵重仪器设备数目、成本费用等首先对蔬菜企业作用较大，其次是养殖业企业；资产总额、人均销售额首先对养殖业特别是畜牧企业作用较大，其次是水产企业，再次是花卉企业；技术人员比例首先对水产企业作用较大，其次是畜牧企业。说明对种植业来说，产出量及加工能力是重要的影响因素；而对养殖业来说，高投入、销售能力及生产水平的高低是突出的影响因素。

2. 外部因素

外部因素主要包括出口销售比例、利润增长率、产品市场占有率等。其中，出口销售额比例首先对蔬菜行业企业影响较大，其次是养殖业企业；产品市场占有率首先对水产企业影响较大，其次是畜牧企业，再次是花卉企业。说明蔬菜生产企业要保持较好的竞争力，出口带动是很重要的；对养殖业而言，占领市场、注重出口都是重要的。

3. 行业因素

在占有优势的6个农业企业中，首先是水产行业3家（50%），其次为畜牧行业2家（33.3%），再次是种植业的蔬菜行业，仅1家入选，说明水产业和畜牧业在广州优势农业企业中目前具有较显著的优势，表现出产业化程度较高、生产规模较大、加工能力较强、产品市场占有率较好等优点，说明在广州农业企业的发展中，养殖业相对而言更有竞争力。

四、广州发展优势农业企业的对策

从广州优势农业企业的综合评价与分析，发展广州优势农业企业，必须要优先考虑产业化生产的能力、管理的难易、加工的升值、技术的含量、出口的带动，种植业生产由于影响因素较多，特别是产业化管理的影响因素，关系到生产及企业经营的效益，所以在占有优势的6个企业中，种植业行业仅占1家，充分说明种植业在弱质农业中发展优势农业企业的困难较大。因此，为了发展壮大广州市优势农业企业，建议政府在指导农业企业的发展时，采取以下的对策。

（一）制订发展规划，分类指导和扶持发展

结合世界现代化农业企业的发展经验和我国对农业企业扶持的政策，制订广州市引导和扶持农业企业发展的中长期规划，配套制定相应的扶持政策，打造广州市农业企业健康发展平台。规划和政策应充分考虑目前广州农业企业中畜牧和水产行业的相对优势和种植行业发展中面临的困难，一方面扶持养殖企业特别是水产业做大做强，尽快形成国内外知名品牌；另一方面扶持和解决种植业企业发展中面临的困难，引导企业挖掘具有相对竞争力的因素，如增加出口，提升产业化水平，种养结合，发展观光农业、生态农业等。在资金扶持上，建议政府在养殖业方面可贴息贷款，鼓励企业扩大规模、发展生产，除种粮补贴外，可考虑对果树、油料、农民协作组织的产业化生产实施直接补贴，重点支持提高产业化水平和出口能力，发展生态型的都市型现代农业，全面提高种植业的生产能力。

（二）突出重点，做大做强养殖企业

由于养殖业在农业行业中具有相对竞争优势，在广州市农业企业中，养殖业的产业化、集约化程度较高，管理上也相对专业化和生产标准化，拥有一批较知名的企业和产品。政府可优先和重点扶持这些企业做大做强，同时重点扶持出口型的养殖企业。在引导外资或其他资金投资养殖业时，应特别注意向建立出口型、加工型企业的方向发展，以避免在市场占有上的恶性竞争，使养殖企业健康发展。目前，在广州养殖业中，水产约有60万亩养殖水面；而畜牧所占耕地更少，与种植业相比，养殖业所占面积仅是种植业（包括果树坡地）的1/6左右，在现今城市化进程中耕地逐渐减少的形势下，发展养殖业更加大有可为。但是，要特别注意环境保护，政府要注意引导企业向生态型、环保型的方向发展，以确保养殖企业的可持续发展。

1. 环保优先原则

发展水产业、畜牧业，首先确立环保优先原则，选址要符合生态广州的建设规划，原则上要在广州农业的第二圈层、第三圈层中发展。特别是畜牧业要远离流溪河、增江河、西江河等重要江河5公里以外，并且要有完善的环保措施和相关环保技术的配套；水产业的发展也要有配套的生态养殖技术，尽可能减少对环境的影响。广州市的水产养殖面积较大，政府要关注水产业的发展对水环境、水源的影响，特别是江河富营养化的问题。

2. 水产业发展优先原则

由于养殖业特别是水产业有较显著的竞争优势，政府应确立优先发展水产业的扶持政策，一方面鼓励现有企业做强做大；另一方面扶持规模经营的养殖户向集约化、规模化、产业化的现代企业发展，率先在广州农业中实现农业的机械化和现代化。

3. 贴息扶持与创新扶持相结合原则

由于养殖业生产相对效益较好，在扩大生产规模时，政府可采取贴息贷款的扶持政策，扶持企业发展生产力。重点扶持企业与科研院校的技术创新合作，开展产业发展的创新技术研究和应用，提升广州市养殖业的科技含量和竞争力，重点扶持具有提高自主创新能力的项目。

4. 基础设施改造与产业化发展相结合原则

基础设施改造如鱼塘的低改、禽畜污水池升级等。

（三）因地制宜，扩展种植企业的竞争优势

就生产而言，由于种植业的产业化生产水平、生产能力等要比养殖业受到更多因素的影响，生产能力等相对较低，而规模化生产的企业其竞争优势在于有出口的带动，因此，一是政府要加强种植业品种结构调整、优化的力度，大力支持出口型的种植业及企业发展。例如，要研究广州荔枝、龙眼、黄皮、木瓜、柑橙等产业化生产技术，提高产品的市场竞争力和产品的价格，从而提高经济效益。二是加强产业化生产技术和提高生产能力的相关技术研究，提高企业产业化生产水平和生产能力。三是利用广州农业天时

和地利的优势，引导和加快发展都市型农业、种养结合的生态农业，打造广州特色的生态型观光农业。四是增强种植业企业的加工能力和管理能力，提高企业的抗风险能力。五是加大政府对种植业的直接补贴，除粮食实行直接补贴外，要研究对发展蔬菜、水果等种植业企业补贴政策。六是继续加强对农田基本建设的投入，特别是边远地区的投入，全面提高种植业抵御自然灾害的水平。

（四）创造环境，造就优秀农业企业家

政府应积极部署实施农业企业家队伍培育与培训战略，打造一批有文化、懂技术、会现代企业经营管理的新型农业企业家队伍。通过建立长期的培训和学习机制，提高农业企业经营管理者的业务素质，强化其市场竞争意识，增强其进行战略管理、企业文化再造、品牌打造以及引导企业向专业化、纵深方向发展的能力。尤其要培育农业企业家整合企业内外资源、信息、知识、经验，以形成企业核心竞争力的技能。

（五）实施品牌战略，搭建农业企业发展平台

政府通过项目引导，根据当前企业存在的技术难题，协调产、学、研关系，搭建促进农业企业发展平台。从农业生产环境保护、特别是畜牧业发展的环境保护技术、产业发展配套的机械化技术、产品附加值提升的加工出口技术等方面，开展技术攻关，进一步提升企业的生产能力、产业化水平、产品品质和产品的形象，从而提升企业的品牌形象和知名度，进而获得更大的市场空间，最终获得更好的可持续发展的竞争力，实现企业经营目的。

（六）强化公共服务，推进农业企业化建设

按照《中华人民共和国农业法》和《中华人民共和国农业技术推广法》的精神和要求，政府要进一步完善广州农业技术推广平台，强化建设农业技术推广平台和农业技术推广有效的运作机制，加强农业科技的应用，加大对农民素质教育的力度，提高农民的科技、商品和产业化生产意识，特别是注意培养一批45岁以下有文化、懂技术、会经营的现代农民，培养他们的企业管理意识，最终成为新一代的农业企业家和培养一大批的农业企业，全面提升广州农业的企业化水平，从而健康、有效地推进广州农业产业化建设。

第三节　广州市都市型现代农业技术创新体系的建设

20世纪40年代以来，世界范围内的工业化和城市化热潮催生了都市型现代农业。都市型现代农业是指在高度城市化的大都市和市郊农业区，依托都市辐射和按照都市需求，建设融生产性、生活性和生态性于一体的现代化大农业系统，从理论上来说，它产生有其必然性。产业结构演进理论、比较优势理论、农业布局的区位理论和城乡一体化理论等，从理论深度揭示了都市型现代农业发展的必然规律，它是以高科技、集约化、产业化和多功能化为主要标志的农业，其发展离不开农业技术创新。

农业技术创新是将农业技术发明应用到农业经济活动中所引起的农业生产要素的重组，包括为获得农业新品种、新技术、新方法而进行的构思与设想、研究与开发、推广、应用和扩散等一系列相关联的技术发展过程。由于农业是自然再生产和经济再生产的有机结合，因此，农业技术创新具有不同于其他产业部门技术创新的特殊性。农业技术创新过程不确定性大、周期长，科研成果具有公共产品特性以及创新主体多样化等特征。发展都市型现代农业必须加快技术创新，这是因为都市型现代农业主要分布于大中城市城区内部和附近的周边地区，其布局具有圈层性和放射状相互交织的网络特征，以及促进经济发展、满足市民需求、提高城市质量、改善城市环境等功能，是城市总体规划中的重要组成部分。由于极差地租的作用，大城市又有科技和人才的资源优势，都市型现代农业必然是高度集约化农业，现代科技特别是生物工程技术和电子信息技术的推广应用，将从基础设施、生产、加工、流通、管理等各方面，形成高科技、高品质、高附加值的精准农业体系，传统农业的粗、脏、累形象被一种全新的细、净、雅的都市型现代农业形象代替，以充分发挥其生态、服务、观光、休闲、科技示范、教育等社会文化功能。都市型现代农业高度集约化的特征，要求广泛采用先进的科学技术，主要以科技进步促进其发展，使大中城市农业地区成为应用农业高科技的先导区和示范区。

广州市都市型现代农业兴起于20世纪80年代末90年代初，目前，已初步成型且呈现良好的发展态势。这表现在农业产业结构不断调整与优化，主导产业和产品初步形成；都市型现代农业的圈层、梯级和网络布局基本形成，农业生产布局逐步优化；都市型现代农业产业化发展迅速，延长农业产业链；农业科技处于国内先进行列，目前，广州农业科技进步贡献率达62%；新兴都市型现代农业产业蓬勃兴起，都市型现代农业形态正朝多样化发展；城乡一体化方兴未艾，生态城市发展战略逐步推进。

从资源、科技、区位、资金和市场等方面而言，广州建设都市型现代农业技术创新体系，加快农业技术创新步伐具有现实与潜在的优势。但也存在一系列障碍性因素，一是农业科研机构转制后职能不清，技术创新目标单一；二是农业科研人员结构不合理，农业科技储备不足，科研成果转化率不高；三是农业技术推广组织受到冲击，推广效率低；四是科研管理还不能适应农业技术创新的需要；五是缺乏稳定增长的多元化投入机制，农业技术创新资金不足；六是耕地面积锐减，农业经营规模小，农业技术应用需求不旺；七是农业技术体系内部发展不平衡。

促进广州市都市型现代农业功能的全面发挥和可持续发展的关键，在于构建广州市都市型现代农业技术创新体系，从广州建设现代化大都市的战略要求和农业技术创新的一般规律出发，广州市都市型现代农业技术创新体系要遵循"转型期（政府主导）—形成期（均衡发展）—完善期（市场主导）"的发展脉络。都市型现代农业技术创新体系是由农业技术创新主体、农业技术创新客体和农业技术创新运行机制三个子系统所组成的，各个因素相互依赖、相互作用和协调有序的运行系统（见图8-1）。

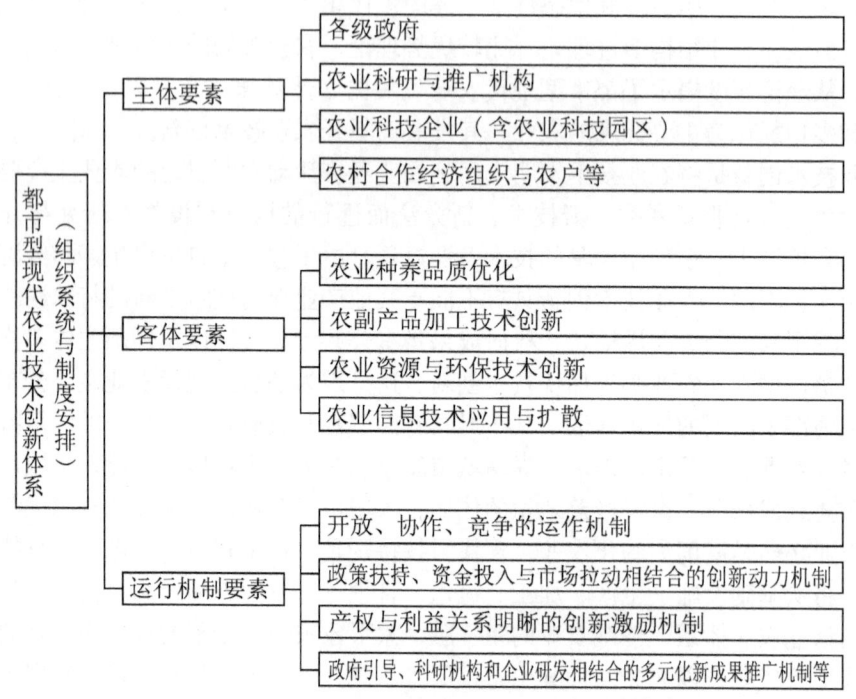

图8-1 广州市都市型现代农业技术创新体系的基本框架

从创新主体看，广州需要建立一个一方主导、多方参与、分工合作和运行有序的多元化农业技术创新主体体系。其中，政府是体系的协调者和推动者，农业科研机构是农业技术创新的主要供给者，农业技术企业是农业技术创新的新生力量，农业技术推广机构和农业科技中介机构是农业技术创新体系的纽带，农户是农业技术创新的末端。

从创新客体来看，广州市都市型现代农业技术创新需要转变思路，重点应向提高农产品质量，增加农民收入，提高资源利用和转换效率，保护城市生态环境和拓宽农业功能等方向转变。同时，为了保证农业技术创新主体和客体因素有序运转、充分发挥其功能和整体协调，广州应重点建立"开放、流动、竞争、协作"的运行机制及相关的配套机制。

根据广州市农业科技现状、资源条件和都市型现代农业发展对农业重大科技的需求，广州未来农业科技创新的重点是：①农业生物技术和动植物种质资源保护与创新；②农产品清洁生产与安全监控技术；③生态农业和观光农业新技术；④农业设备和设施

第八章　广州市都市型现代农业的发展

农业新技术；⑤农产品保鲜加工增值技术；⑥农业信息技术；等等。同时，都市型现代农业各项技术之间也应是相互联系、相互依赖和相互补充的。单项技术的应用效果非常有限，只有将各项技术配套和综合应用才能发挥整体效应。

都市型现代农业技术创新模式是都市型现代农业技术创新体系的具体表现形式。由于当前广州农业正处于传统农业向都市型现代农业转型阶段，广州市各地区之间、农户之间农业生产力发展不平衡，农业发展形态多种多样，农业生产中具有各自利益的主体在市场中相互竞争与联合，因此，决定了广州市都市型现代农业技术创新模式的多样性和多层次性，典型的模式有：①"产学研"相结合，即农业科研、教育、生产等不同部门在功能与资源优势上的协同与集成化，是科技成果转化和产业化有效实现的形式和途径。②农业科技园高新技术创新与孵化模式，如广州国家农业科技园区所进行的农业高新技术创新与孵化。③"公司＋基地＋农户"的农业产业化技术开发与推广模式，如增城市泰稷发展有限公司通过技术创新与推广带动丝苗米基地建设，生产"泰稷"牌丝苗米。④"技术示范＋技术培训＋技术推广"的农业技术创新与推广模式，如广州市农业技术推广中心的新型技术推广机制。⑤农业企业科研、生产、开发、加工和销售一体化模式，如集科研、牧场、加工、销售一条龙的广东燕塘乳业有限公司等。

国外在建立农业技术创新体系中积累了丰富的经验，许多方面反映了农业技术创新规律。在主体培育方面，国外农业技术创新的主体是企业，企业成为技术创新投资、研究开发和利益分配的主体；农业科研与推广紧密结合，形成公共、私人和学术界三方互动的良好局面；无论发达国家还是发展中国家，政府对农业技术创新主体均给予大力的扶持。在客体方面，当今世界农业发展总趋势是重视尖端农业创新技术的重大突破和普及应用，推进农业技术创新，作为发展现代农业的主要途径。在运行机制方面，国外大力推动农业科技产业化。根据农业科技成果性质，分别采取直接转化、间接转化和中间转化形式，并通过建立多元化和市场化推广组织形式，发展风险投资和营造良好的发育成长环境等措施，加速农业科技成果转化为现实生产力。

广州市在建设和发展都市型现代农业技术创新过程中，应针对其面临的机遇与制约因素，借鉴国外农业技术创新体系的经验，加快建立健全以下政策措施。一是进一步深化改革农业科技管理体制，转变政府职能，强化对都市型现代农业技术创新体系的支持与指导；二是整合农业科技创新资源，组建各种都市型现代农业技术创新合作研究中心，推动建立新型都市型现代农业技术合作创新体系；三是继续增加政府投入，建立多元化、市场化的投入体系；四是建立高效的多元化、市场化和产业化的都市型现代农业科研推广机制；五是实施人才战略，建立都市型现代农业教育和人才培训体系；六是打造广州"绿色硅谷"，培养新的都市型现代农业科技孵化园区；七是优化农业技术创新环境，加快都市型现代农业技术创新步伐。

都市型现代农业的理论与实践

第四节 农业信息化与广州市都市型现代农业建设

世界已经进入了信息化的时代,信息技术的广泛应用将对农业现代化发挥重要的支撑作用。都市型现代农业除了具备传统农业的农产品生产功能以外,还有适应城市发展和居民生活要求的生态功能和生活功能。广州的发展定位是建设国际大都市,在广州市及其周边的农村,传统的农业将逐渐被都市型现代农业取代,农业生产以及组织管理形式将更加现代化,农业信息化是重要的条件。

一、农业信息化概念的重要内涵

(一) 农业资源环境信息化

农业与资源环境的关系密切,自然资源环境是农业种植对象、养殖对象生存和生长的基本条件,社会资源环境是农业产业存在和发展的基本条件,因此资源环境的信息化是农业信息化的重要组成部分。农业资源环境信息,包括自然资源环境信息和社会资源环境信息。

(二) 农业生产过程信息化

我们把种植业生产、养殖业生产和农产品加工生产概括为农业生产,把信息技术应用到这些过程中,实现农业生产过程的信息化,使农业的资源环境得到更加优化的配置和保护,农业生产成本减少,生产效率提高。农业生产过程信息化,包括种植信息化、养殖信息化、农产品加工信息化。

(三) 农产品质量安全监控和流通信息化

农产品从"田间"到"餐桌"要跨越时间和空间的距离,其中有诸多环节可能影响到产品的质量和安全性,如生产环境、投入品、生产方法、加工处理、贮存保险、包装运输等,用信息化的手段使每个环节都按照标准和规程进行,并进行自动的质量安全信息采集,对生产销售的全过程建立起完善的信息跟踪和反馈。农产品流通领域信息化的条件也逐渐趋于完善。农产品质量安全监控和流通信息化,包括标准化生产、生产过程监控、农产品电子商务。

(四) 农业科技信息化

农业科技包括研究、技术推广和农民的科技普及教育环节。目的是要追踪国内外科技的发展,探索研究适合广州自然条件和社会市场需求的新品种、新技术、新方法,通过示范、培训等推广手段,使农民接受和应用,从而进一步提高广州市都市型现代农业的科技水平。信息化对农业科技有重要的支持作用。农业科技信息化，包括科研信息化、技术推广示范信息化、科普教育信息化。

二、都市型现代农业建设对信息化的需求

（一）现代化农业生产对信息化的需求

都市型现代农业的生产一般都是较高水平的现代化农业生产，要体现充分利用土地资源，密切跟踪市场需求，探索应用高新农业技术，实行现代化的管理手段，因此，信息技术有很大的应用空间。现代化农业生产对信息化的需求，主要需要建立网络信息系统，农业专家系统，精准农业技术、农业管理信息系统。

（二）市民科普体验，休闲旅游和产地尝鲜对信息化的需求

农业旅游是都市型现代农业的一个重要功能，旅游服务的推广、宣传信息的发布，对农业旅游产业有重要的作用。

（三）生态监控对信息化的需求

生态环境关系到产业的可持续发展，近来学术界已经提出了农业立体污染检测和防控问题，是都市型现代农业需要密切关注的重要问题。生态监控对信息化的需求主要有生态环境动态指标检测信息系统、不良生态预警系统、生态灾害的防控信息系统。

三、实现广州农业信息化要解决的主要问题

（一）信息的采集

信息内容是信息化的核心。信息内容的采集渠道、采集方法、采集时效等因素，都对信息化有直接的影响。建立起完善的信息采集网络，对广州市都市型现代农业信息化意义重大。

（1）内部信息采集。
（2）外部信息采集。

（二）信息的管理和传播

世界每时每刻都在产生新的信息，如何能够从浩瀚的信息中最快捷、最准确地获得所需要的信息，如何面向对象把最准确的信息，以最快捷的方法传递出去，这就要靠信息管理和传播科学。信息的标准和格式在不断地丰富和完善，要建立标准化的广州农业信息内容格式，才能实现与世界的共享和互通。选用符合当时、当地条件要求的传播方式，才能最大限度地实现农业信息化。

都市型现代农业的理论与实践

(1) 信息的标准和格式。
(2) 信息传播渠道和传播方式。
(3) 最后一公里的问题。

(三) 信息的加工增值

信息除了具有应用功能，还有加工增值功能。所谓信息加工增值，就是把采集到的原始信息，通过分类、比较、分析等方法进行处理，使信息发挥出更大的价值。广州是国际化大城市，信息渠道多、来源广，其中有许多是对都市型现代农业有直接指导作用的，同时也有许多加工增值的信息，我们有必要依靠专业的咨询团队，通过对这些信息进行处理，得出一些估算、预测和发展趋势的信息，对广州市都市型现代农业发展战略的制定有更大的价值。

(1) 管理增值。
(2) 生产增值。
(3) 科学增值。

(四) 信息服务体系建设

农业信息化涉及两个方面的服务，即面向农业的信息技术服务和信息化的农业服务。在目前农民的信息技术水平不高、农村信息传播渠道落后的情况下，有必要建立一个覆盖全市，连接市、区、镇、村的信息服务体系，这个体系也可以附着在现有的行政体系上，但必须具备信息技术服务和信息化农业服务的功能。

(1) 面向农业的信息服务。
(2) 信息化的农业服务。

第五节 加快发展都市型现代农业的主要做法

近年来，广州市高度重视"三农"工作，出台了一系列支农惠农政策，努力提高农业综合生产能力，加速农业产业化、现代化进程，加快推进都市型现代农业建设，不断巩固和加强农业基础地位，有力地促进农业增效、农民增收和农村稳定。根据《广东省2010年珠江三角洲基本实现农业现代化的评价指标体系》对广州市农业现代化水平进行评估，综合得分为76.11分，达标率为84.6%。广州市加快发展都市型现代农业的主要做法有以下几个方面。

一、优化农业布局结构，加快现代化农业基地建设

广州市结合行政区划调整和各地资源禀赋，着力加强农业主导产业的区域布局规

划，通过大力推进第一圈层畜牧、水产业转移和第二、第三圈层优势产业基地建设，以专业化、规模化基地引导优势产品向优势产区集中，逐步向多功能、组团式的方向发展，形成各具特色的优势产业带。例如，水产业形成东部万亩淡水鱼、南部10万亩咸淡水鱼、西北部10万亩加工原料鱼等三大鱼塘板块，建立了荔湾观赏鱼和花都、从化北部山区娃娃鱼、鲟鱼两大特色水产养殖基地；花卉业基本形成了北部鲜切花、高山花卉、中部优质盆花、盆景，西部流通集散市场，东部球根、宿根鲜切花，南部观叶植物、绿化苗木的区域优势产业带。

广州市蔬菜、花卉、水果、水产、农林牧渔服务业等优势产业快速发展，以20个都市型现代农业示范区为核心，着力加快推进10个蔬菜基地和20个专业村、8个水果基地和15个专业村、5个花卉示范区和10个区域性产业基地、10个渔业基地，以及一批畜牧小区或畜牧场建设。通过引导扶持基地优化品种结构、改善设施条件、应用科技、扩大规模等，提升基地的档次，增强基地的示范、辐射带动作用，办成农业现代化的示范区。

二、推进农田、鱼塘标准化改造，提高农业综合生产能力

广州市从1995年起对农业基地、示范区和农业龙头企业的连片农田、鱼塘进行标准化改造。到2010年，完成146万亩基本农田和15万亩鱼塘的标准化改造任务，使标准化农田、鱼塘分别占基本农田、鱼塘总面积的比例达70%。经过改造后，农业生产条件明显改善，农田土地利用率和抗御自然风险的能力普遍提高，鱼塘的产量、产值、利润大幅提高。"十五"期间，广州市单位面积耕地农业产值年均递增11%，农业劳动生产率年均递增6%。

广州市从2006年起实施"沃土工程"，对16个镇60余万亩耕地取土化验，提出水稻、蔬菜、水果等主要农作物的测土施肥配方，提供给生产企业和农户做参考；同时，推广冬种紫云英面积近5000亩，有效提高土壤地力。

三、扶持龙头企业和农民专业合作经济组织发展，推进农业产业化经营

广州市坚持以"扶优、扶强、汰劣"的原则扶持和培育农业龙头企业，不分所有制性质，只要有实力，能带动农民致富，经考评合格的企业，在资金、技术、信息等方面一视同仁地给予扶持。对龙头企业实施基础设施建设，购置大型机械装备，进行新品种、新技术、新工艺研发等，予以财政补助；对符合农业产业结构调整政策及对农民致富作用较大的农业龙头企业提供贷款贴息和贷款担保，扶持其发展壮大。目前，全市市级以上龙头企业及培育对象72家。其中农产品生产加工型的有61家，产值55.76亿元；农产品市场流通型的有6家，交易额230.96亿元；农业生产资料型的有5家，产值27.98亿元；共带动农户27.3万户（占全市从事农、林、牧、渔业生产户总数的55%）。目前，全市有农业企业和规模以上农场2488家，生产总值达85.4亿元，占农

业总产值35%；规模化经营面积达到65万亩，占全部农田面积的1/3。

广州市注重积极扶持、引导农民专业合作经济组织建设，努力提高农民的组织化程度。全市现有较规范的农民专业合作经济组织54个，成员6987人，带动农户6万多户，覆盖了蔬菜、畜禽、岭南果业、花卉、渔业等特色优势产业。

四、建设现代农产品市场体系，加强农业经贸合作

广州市积极实施"大市场，大流通"的战略，坚持高标准规划、高起点建设，先后建成了黄沙水产、江南蔬菜、嘉禾生猪、广州花博园4个规模大、档次高的现代化农产品批发市场，并通过不断升级改造，使四大农产品中心批发市场的规划更趋合理，功能逐步完善，交易规模不断扩大，辐射、带动能力不断增强，成为华南地区农产品的集散中心和价格形成中心；全市共有交易面积5000平方米以上的批发市场70多个，形成了中心批发市场、产地批发市场、农贸市场和超市协调发展的农产品流通体系，广州市的蔬菜、水产品、观赏植物、生猪的交易价格已经成为全国性的指示价格。

广州市不断加大农业经贸合作力度，积极组织开展多层次、宽领域的农业经贸展销活动，扩大农业的影响力。继2002年成功举办首届广州名优农产品博览会，又连续举办了10届广州名优农产品专展和8次穗台农业经贸合作交流会，宣传推介广州农业，提高本地名优农产品的知名度，促进农业经贸合作；2004年起成功举办了8届中国盆栽花卉交易会，评选出全国盆栽花卉最高奖"金花奖"；2000年6月承办了高水平、影响大的第四届亚洲杯插花花艺大赛，对促进亚太地区花艺界的交流，引导花卉消费，推动花卉业发展起到积极作用；11月成功举办了首届中国（广州）国际果蔬交易会，促进了国内外果蔬业同行的交流与合作。此外，广州市还通过组织有关单位参加各种国际性、全国性农业经贸交流活动，努力做到"引进来"和"走出去"相结合，提升广州农业整体形象，促进交流与合作，实现了经济效益和社会效益的"双赢"。

五、推进农产品质量监测体系建设，保障农产品质量安全

广州市建立了较为完整的农产品质量标准体系，建成市级以上标准化示范区26个，制定了200多项农业地方标准，涵盖了种子、饲料、蔬菜、花卉、水果、畜禽、水产等种养业，农业龙头企业和重点产业基地普及了标准化生产。全市共有709个生产基地获得无公害农产品产地认定，188个产品获得无公害农产品认证，124个和97个农产品分别获得绿色食品和有机食品认证，47个产品获省名牌产品（农业类）称号，均居全省前列。市、区（县级市）监测中心和批发市场、农业企业（生产基地）四级农业标准与质量检验检测网络基本建成，农产品例行监测通报制度不断完善，产地农产品市场抽检合格率达90%以上。

广州市切实抓好高致病性禽流感等重大动物疫病的防控。在周边地区禽流感疫情严重，广州市发生人感染禽流感死亡，出现个别养禽场家禽季节性异常死亡的严峻形势下，通过建立健全防控重大动物疫病长效机制，确保落实重大动物疫病全面免疫、检疫

第八章 广州市都市型现代农业的发展

监督、疫情报告、突发疫情应急等防控关键措施。同时，广州市持续开展打击生猪违法使用"瘦肉精"执法行动，建立生猪产品市场准入制度，确保肉食品质量安全和市民身体健康。

六、着力推进科技兴农，提高农业科技水平

（一）积极开展科技攻关

广州市通过扶持关键领域技术创新、加强公益性技术推广、不断完善农业科技项目招投标制度等手段，有效促进农业科技快速发展。引进和培育了600多个农业新品种，推广先进适用技术100多项。目前，全市农业科技成果转化率、科技贡献率、良种覆盖率分别达到72%、63%和90%，重点推广的良种和技术普及率达九成以上，科技兴农成效显著。园艺作物工厂化育苗、种鸡人工授精等一批先进适用技术得到广泛应用，畜牧、水产种苗产业快速发展，特种水产、瘦肉型猪、肉鸽种苗市场份额大幅度提高。

（二）推进农业机械化

广州市深入落实国家农机补贴政策，市财政每年投入近千万元专项资金扶持农业机械化事业发展，按照市、区（县级市）和购机单位各出资1/3的比例，鼓励农民和农业经营企业购买各类适用先进农机具，大力推广农业机械化新技术，全面提高农机装备和应用水平。目前，广州市劳均拥有农业机械总动力达到3.2千瓦。

（三）推进农村信息服务网络延伸

广州市累计投入6000多万元，建成了集农村信息发布、电子政务、电子商务和地理信息处理于一体的综合平台，并加快推进"网络到镇、信息进村"工程，初步建立起市、区（县级市）、镇、村四级农业信息服务网络，及时为农业生产、农产品加工流通、农业科技、农业政策法规、农产品出口等提供有效服务。

（四）做好农民培训和农业科普工作

广州市大力实施"青年农民科学技术知识技能培训工程"，从2004年起市财政每年投入2000万元资金，资助农村劳动力参加各种职业技能培训，不断加大农民转移就业服务力度，完成培训和转移15万名农村富余劳动力的目标。工资性收入占农民收入的60%，成为拉动农民增收的主要动力。同时，大力举办农业科技知识培训讲座，开展农业科技进村入户活动，提高农民科技文化素质，加快农业新技术、新成果的推广应用。

第六节　广州市都市型现代农业科技示范带的建设

一、广州市都市型现代农业科技示范带建设思路

（一）建设的目的和意义

都市型现代农业是城郊型农业的高级阶段，是融农产品安全生产、平衡生态、丰富市民生活、农工业高新技术示范等功能于一体的新型农业，也是集约化、产业化的现代农业。发展都市型现代农业，是统筹城乡建设，把广州市建设成为国际化大都市的重要战略。

在沿广从公路（南起白云山脚，北至从化吕田镇）覆盖耕地面积3万多公顷的区域范围内，集中了广州市1/3的农业龙头企业和都市型现代农业示范区。该区域与流溪河生态走廊相呼应，既是广州市农业主要区域，也是广州市城市"北优"战略区，在发展都市型现代农业和建设城市生态屏障方面，具有优越的环境条件。该区域汇集了广州地区一批主要的农业科研机构和一批外资或民营农业企业，呈现出农业产品化经营资金密集、技术密集的特征。在该区域实施都市型现代农业科技示范工程，将进一步强化农业科技创新的引导、带动和示范作用，探索都市型现代农业发展的创新之路，加快推进广州市农业现代化，并面向广东省乃至华南地区产生强大的辐射效应。

广州市都市型现代农业科技示范带工程的实施，作为实施广州农业与农村科技发展"十一五"规划的重要措施，主要目的是适应广州市加快城乡统筹发展的趋势，加强对农业高新技术和先进实用技术的研发、转化、示范和推广，发展都市型现代农业龙头企业集群，发展优质、高产、安全、高效、标准化的现代农业生产示范群落，推动以中心镇为依托的农业特色产业集群的发展，探索以农村专业经济合作为主要内容的新型农业科技服务体系的建立和发展。并通过科技示范，吸引和聚集一批都市型现代农业企业集群。这将十分有利于推进广州市农业和农村经济结构战略性调整，拓展都市型现代农业产业链，保护生态环境，实现经济、社会的可持续发展。

（二）建设的指导思想和基本原则

1. 指导思想

以科学发展观为指导，根据广州市建设国际化大都市的战略要求和城市化发展部署，大力推广农业科技自主创新，充分发挥科技创新的引领和支撑作用，按照"科技为主导，企业为主体，发展特色产业集群，形成科技综合示范"的总体思路，加快提高广州市农业科技创新能力，充分发挥都市型现代农业的生产、生活和生态功能，为广州市都市型现代农业发展和"三农"问题的解决作出贡献。

2. 基本原则

（1）抓住关键要素，突出示范作用。抓住农业龙头企业这一主题和农业科技创新这一重要支撑，有效促进科技服务于"三农"能力提高的有限目标，突出重点，起到示范效应，带动区域经济和产业发展。

（2）实施多方联动，资源有效整合。实行市、区（县级市）、镇、企业多方联动，以重大项目和重点企业为纽带，使广州地区农业科技人才和成果有效导入示范带，优化配置、充分利用。同时，积极争取国家、省的相关支持与投入。科技示范带工程的实施与该区域相关规划相衔接。

（3）适应发展需求，发挥优势特色。根据广州市都市型现代农业发展的技术需求，尤其是提升企业科技创新能力，农业新品种的自主创新，涉及生态保护、农产品安全生产等重大问题，组织联合攻关或产、学、研合作；同时，立足广州市既有的创新优势，重大项目的选择充分考虑广州市产业特色。

（4）政府投入渠道，多方投入结合。充分发挥政府投入的引导、示范和带动作用，集中有限资金，培育龙头企业；同时，以良好的环境条件鼓励、吸引外资和民间资金投入广州市都市型现代农业，发挥企业为科技投入主体的作用。

（5）发挥多功能，形成综合示范。注重培育和拓展都市型现代农业的社会功能，强化都市型现代农业在经济、生态、文化、科普、休闲旅游等方面的多元功能和示范、辐射作用，为促进广州市都市型现代农业的发展提供综合示范。

（三）建设的目标和重点内容

1. 目标

2006—2010年，分5年实施广州市都市型现代农业科技示范带，通过引导和适当集中农业科技创新资源的投入，形成一批高品质、高安全性、高效益、标准化的都市型现代农业生产示范基地；发展壮大一批具有较强创新能力、带动性强的龙头企业；形成一批环境优美、配套合理的集休闲、观光、科普为一体的生态文化旅游区域；发展一批农业特色产业集群。逐步形成富有岭南农业特色的广州新农业经济带、生态带、风景带，成为广州市现代化建设的标识性成果之一。

（1）按照标准化、规范化的要求，发展一批农业化科技示范基地。建成绿色食品蔬菜生产示范基地2万亩、南亚热带水果生产示范基地7000亩、名优花卉示范基地3000亩、优质淡水养殖示范基地7000亩、畜禽健康养殖示范基地5个、优质米生产基地2万亩。优良品种覆盖率达到95%。

（2）在农产品保鲜与加工、标准化种植养殖、带动特色产业发展等方面，重点支持25家具有较大带动作用的农业龙头企业，建立企业技术创新机构或机制，提升科技创新能力。

（3）依托科研机构和高校，在优势领域建设若干个产、学、研结合的行业工程技术中心。

（4）依托中心镇和龙头企业，在特色种养业、农产品深加工业、农产品流通业等方面发展一批农业特色产业。

(5) 在水果、蔬菜、花卉等方面，培育一批具有自主知识产权的创新品种，并转化和示范。

(6) 建设好 2 家星火学校，每年为广州市培训各类农技人员 2000 人次以上。

(7) 培育 5 个农业科技示范、科普教育、生态文化旅游基地。

2．重点内容

广州市都市型现代农业科技示范带工程的实施，采取"围绕四大技术群，依托三大载体，依靠一大支撑"的思路。四大技术群是特色种养技术群、农产品加工技术群、农产品安全生产和监控技术群、农业高新技术群；三大载体是农业龙头企业、中心镇和农村社会化技术服务组织；一大支撑是由广州地区高校和科研院所技术力量构成的农业科技创新支撑服务体系。重点实施内容如下：

（1）从提升企业创新能力入手，发展都市型现代农业企业集群。以提高农业龙头企业核心竞争力为重点，以科技项目为纽带和产、学、研联合方式，开发新技术、新产品，解决农业龙头企业在标准化种养、农副产品深加工、农产品安全检查与监控等方面的关键技术，充分发挥龙头企业在发展都市型现代农业上的主体作用。扶持 10 家种养业为主的具有较强带动作用的农业龙头企业，与大专院校和科研院所合作，成立研发联盟，研发企业发展中的共性关键技术。推动 10 家以农产品深加工为主的农业龙头企业，建立技术创新中心，开发新技术、新产品，增强持续发展能力。围绕示范带主导产业，重点培育 5 家农业龙头企业，建立各具特色的农业科技成果转化基地，依托大专院校、科研院所的技术力量和科技成果开展科技成果转化、应用与服务。支持以科技人员领头、科研机构为技术依托的技术密集型农业龙头企业的发展，支持技术密集型农业龙头企业转制发展。通过示范效应，鼓励外资、民间资金投资都市型现代农业，建立龙头企业。建设 5 个以龙头企业为支撑的，集科技示范、科普教育、休闲观光、生态旅游和文化展示于一体的都市农业科技示范基地。

（2）以中心镇为依托，发展农业特色产业集群。结合示范带上的中心镇建设，通过科技创新资源的导入与整合，发展农业特色产业，并推动形成农副产品市场、大流通格局。以中心镇现有的农业产业为基础，引导产业有机聚集，强化技术集成、企业孵化、特色资源开发与利用，发展优质蔬菜、水果、畜禽、水产、农产品保鲜加工等特色优质产品。大力培育中心镇技术创新能力，支持鼓励大专院校和科研院所与中心镇合作建立技术研发与服务机构，支撑中心镇农业特色产业的发展。整合现有科技网、农业信息网等网络资源，支持 2 个中心镇建设都市型现代农业信息化示范镇，加快农业科技信息进村入户的步伐。支持有条件的中心镇采用现代信息技术和手段，建立具有强聚集、辐射能力的现代化农产品物流中心。

（3）立足于组织创新，发展农村社会化科技服务新体系。按照多元化、产业化、专业化、网络化的发展方向，政府引导与市场机制相结合，体系建设和服务能力建设相结合的原则，培育发展符合都市型现代农业特点和要求的农村社会科技服务体系。实施"科技专家大院"示范工程。以农业示范基地为依托，支持大专院校和科研机构的专家、技术人员到示范带创办以专家为服务主体的各类科技服务组织，并围绕示范带主导产业，广泛开展技术指导、技术示范、技术推广、人才培训、技术咨询等服务。支持一批以农业龙头企业为载体的创新服务中心建设,形成"龙头企业+创新服务中心+示范基地+专业户"的新型农业科技服务形式,发展以龙头企业、以科研机构为核心的各类专业技术协会、农业科技服务中介组织,发挥专业合作组织的纽带作用,以统一的技术、标准、品牌,变分散生产为集中经营,探索农业科技服务新模式。以提高农民科技文化素质和科技致富能力为重点,鼓励农业龙头企业、农业科研机构、农业职业学校、成人职业学校等多种形式的科技培训,加强星火培训基地和星火学校建设,大力开展科技下乡、科技帮扶、科技志愿者等各类科普活动。

(4)着眼于自主创新,发展广州市都市型现代农业科技支撑体系。示范带上的农业科研机构高度集中,要通过科技项目,联合广州地区大专院校、科研院所的技术力量,推动广州市农业科技自主创新,开展农业高新技术研究、成果转化和应用,为广州市都市型现代农业科技示范带工程的实施提供有力的技术支撑。围绕"四大技术群",紧密结合示范带区域的发展需求,选择重点技术项目组织联合攻关,攻克一批关键技术并在示范带转化应用。以科研机构、高校为技术依托,鼓励采取与企业共建和产、学、研合作方式,围绕示范带主导产业,在农产品保鲜与深加工、果树、蔬菜、农作物引种试种等方面,建设若干个农业行业工程技术中心或研发中心,以关键技术研究和成果转化、新品种培育与标准化生产技术示范、国内外名优农作物品种试种、示范和推广等为主要任务,提升广州市农业科技创新能力和核心竞争力。

(四)都市型现代农业科技示范带建设的措施

1. 加强示范带工程实施的协调工作

由广州市科技局、白云区政府、从化市政府有关负责人组成工作协调小组,指导、监督示范带工程的实施;协调区域有关部门,共同推进示范带实施工作的开展;协调解决示范带实施过程中的重大问题。同时,设立示范带实施工作小组,由广州市科技与信息化局农社处、白云区科技局、从化市科技局参加,具体组织落实示范带实施的各项工作。组织成立广州市都市型现代农业科技示范带专家组,定期对示范带的实施情况进行评估。

2. 设立广州市都市型现代农业科技示范带工程重大专项

在实施期限内每年拨款1200万元,前3年主要支持示范带项目,后2年向其他区域辐射推广示范成果。专项的实施,按照本实施方案制定年度项目指南,根据项目去年概况分别采取招标(农业龙头企业技术难题)、组织关键、重点技术联合攻关或征集申报方式。

3. 以市、区(县级市)联动方式,加大科技投入

对于市立项支持的项目,白云区、从化市应按一定比例配套投入。

4. 加强宣传,扩大影响力

广州都市型现代农业已初步向国内外呈现出"绿色、环保、高效、文化"的魅力。结合广州"十一五"农业科技发展规划的要求,以及广州举办2010年亚运会的契机,在示范带设立"广州都市型现代农业论坛",定期举办高水平的都市型现代农业发展研

讨会，及时对广州市都市型现代农业科技示范带工程的实施进行总结宣传，扩大社会影响，促进招商引资和示范带建设，并折射广州现代化大都市绿色、环保、生态的形象。

二、广州市建设都市型现代农业科技示范带的基础和优势

广州市的都市农业科技示范带位于新广从公路（105 国道）沿线，含白云区的太和、钟落潭、江高、人和等镇和从化市的太平、神岗、棋杆、江埔、良口、吕田等镇，交通十分便利，该区域与流溪河生态走廊相呼应，是广州城市"北优"的战略区域，发展都市型现代农业具有较好的基础和优势。

（一）农业产业基础和优势

该区域耕地面积约 3 万公顷，是广州市农业的主要区域，是广州市重要的鲜活农产品供应基地之一。在蔬菜方面，有位于从化神岗镇的广州从玉菜场，无公害蔬菜种植面积 4500 多亩。白云区人和镇草菇产量占广州市草菇总产量的 70% 以上，是广州市重要的食用菌生产基地。在水果种植方面，沿流溪河两岸种有荔枝、龙眼、黄皮等水果 9 万亩，以广州市果树所为中心的热带、亚热带水果新品种推广种植近万亩。在养殖业方面，广州力智畜牧有限公司年产种猪 3 万头，肉猪 10 万头，位于江高镇的江丰禽业有限公司，年产种鸡 3000 万羽，年出栏肉鸡 600 万只。位于白云区良田镇的广州良田鸽业有限公司，年产肉鸽 3000 万只，已建成以良种繁殖、生产销售、育肥出口、屠宰加工、技术服务于一体的鸽业产业化示范基地。

（二）农产品加工与流通的基础和优势

示范带集中了广州最有实力和规模的众多农产品加工企业，有从事果蔬保鲜的从化华隆果蔬保鲜公司，从事马蹄粉加工的广州市洲星食品有限公司，从事蔬菜冷冻出口的广州顺民风龙农产有限公司，从事果汁果酒加工的广州市清香农产公司，从事蔬菜特产加工的广州市从化龙凤园果子食品厂，从事甘薯等特产加工的广州珍奇味食品有限公司。加工企业门类齐全，各具特色，有一定的规模，是农产品加工企业高度密集的区域。

在农产品流通方面，由于有交通和区位的优势，该区域拥有江南蔬菜批发市场、太和农贸综合市场、钟落潭农贸综合市场、从化西街消费品综合市场等大型农产品市场，成为广州市北部主要的农产品交易集散地。

（三）农业产业化经营的基础和优势

示范带农业产业化经营有较好的基础和优势，该区域内拥有国家级农业龙头企业 4 家、省级龙头企业 7 家、市级农业龙头企业 28 家。农业龙头企业的高度集中，形成了资金密集的特点。例如，广东省农业科学园（广东农科集团）投资了近 3 亿元，在钟落潭建设了国家农业科技园；广州市从玉菜业发展有限公司的从玉菜场投资已超过 3000 万元；良田鸽业有限公司投资也达 3000 万元；江丰实业有限公司的总投资产已达

2亿多元。

（四）农业休闲和科普教育基地基础和优势

示范带不但有白云山、帽峰山、从化森林公园和从化温泉等旅游休闲的自然资源，还有一大批各具特色的农业观光科普教育基地，如广东省农科院白云实验基地的"金颖园"和广州果树研究所的"水果世界"，融农业科研、生产示范、现代农业展示、市民参与、青少年科普教育于一体，成为广州市首批农业旅游定点单位。亲亲农庄、粤旺农场、明兴农场等已建成以生态农业为基础，设施农业为示范，为游客展示和提供绿色农产品的农业休闲旅游基地。白云区钟落潭镇为了配合都市农业科技示范带的建设，还制定了都市型现代农业休闲区的总体规划。

（五）都市型现代农业科技和示范能力强

示范带聚集了一批农业科研单位，如广东省农科院白云实验基地、仲恺农业工程学院白云校区，建设了国家农业科技园，承担农业科技综合示范、农业科技成果转化、农业技术培训的任务，尤其是在农产品加工方面，由广东省农产品加工公共实验室和广州市农产品加工技术工程中心，与产业带上的加工企业结成产、学、研联盟。广州市果树研究所，开展南亚热带水果试验示范、果树新品种选育和良种苗木生产推广。广州市农科所（蔬菜所）从事蔬菜生产技术试验示范、蔬菜新品种选育推广。广州市农业技术推广中心承担广州市农作物引种示范、绿色食品认证管理和农产品质量监控。广州市花卉所花都基地开展名优花卉品种选育和技术推广。广州市饲料研究所开展畜禽、水产饲料研究开发。上述科研院所构成了强有力的都市农业科技研发体系，为广州市都市型现代农业发展提供强有力的科技支撑。

该区域在都市型现代农业示范方面也有一定的基础，广州市的20个都市农业示范区中，属该区域的有7个，占35%。

三、广州市都市型现代农业科技示范带重点建设项目

（一）特色种养技术群

1. 优势特色蔬菜新品种的选育、中试及示范

对适应广州市场消费需要的特色蔬菜（包括叶菜类、瓜茄类、野菜类、鲜食玉米）进行新品种选育、中试及示范。

2. 南亚热带地区优质水果的引进、推广

广州地处南亚热带，从东南亚等国外相同气候带区域引进优质水果品种，进行适应性筛选，结合广州市场需要和本地气候特点开展新品种选育，建立良种繁育推广体系。

3. 特色花卉新品种的引进、选育及产业化生产技术

对本土优势花卉品种（含已引进的外来优良花卉品种）和国内外优良花卉新品种

都市型现代农业的理论与实践

（包括优势鲜切花品种、优势色彩植物、优势高档盆花品种）进行栽培、筛选、中试示范及产业化生产技术研究。对适应本地生长的优良切花新品种、高档盆花优良新品种进行选育、中试示范及产业化生产技术研究。利用高山气候优势，开展花卉苗木产业化生产、高档盆花产业化生产、切花产业化生产技术研究。

4．优质瘦肉型猪、肉鸡和肉鸽新品种

利用引进和培育品种资源，选育性能优良的专门化品系，优化杂交配套系。

5．奶牛高温高热环境下高效益生产的综合技术

建立该地区的 DHI 系统，研究制定适合高湿高热环境下高效益生产奶牛选育标准和选种指标，科学引入耐热性的奶牛基因，培育和推广耐热品种，科学利用品种的杂交优势。配套的管理措施，包括挤奶次数、饲喂次数、管理制度、饲料配合、特种添加成份的使用特点、防暑降温系统的开发，以及夏季奶牛繁殖率提高的措施。

6．优质水产、鱼类新品种选育及人工繁殖技术

针对适合广州地区养殖的优质鱼类，以引进和选育相结合，培育新品种，研究人工繁殖技术。

7．适应观赏的动植物新品种引进、选育及配套技术

针对观光农业的新、奇、特、观赏性强的要求，引进、选育观赏和生产相结合的水果、蔬菜、花卉、特色作物和珍奇动物新品种，并配套研究种养技术。

8．广州特色农产品标准化种养技术

开展广州特色作物水稻、蔬菜、果树、花卉及特色养殖业标准化研究，建立标准化示范基地。

（二）农产品加工技术群

1．热带水果深加工技术及设备开发

主要针对广州大宗热带水果——荔枝、龙眼、青梅、三华李、番木瓜、杨桃等进行深加工和利用研究，包括水果原汁加工工艺、新型果汁饮料开发、果汁发酵工艺熟化应用，梅李等传统蜜饯加工工艺技术提升、改造，不同类型水果加工处理（分级、取汁等）设备开发。

2．岭南果蔬、特色农作物和食用菌的功能成分提取利用技术

对广州特色农作物野菜、粉葛、苦瓜、南瓜及食用菌草菇等进行营养保健成分分析，药理功能测试，研究有效成分提取方法，研制系列营养保健食品和医药原材料。

3．水果、蔬菜的保鲜、护色技术研究

广东荔枝等水果营养丰富，上市时间集中，不耐储存；草菇等食用菌风味鲜美，但是隔日后即变质；马铃薯、西兰花等鲜菜切片后褐变。特色切花、切叶，高档盆花、观叶植物贮运、保鲜难。因此，加强水果、蔬菜的冷冻保鲜技术研究，以及保鲜膜研制、保鲜剂开发等十分必要。

4．农产品加工废弃物综合利用技术

在水果、蔬菜等农产品加工过程中产生大量废弃物，造成环境污染。研究荔枝、龙

眼等水果果核、瓜类内囊、分割残渣、姜皮等废弃物的有效利用途径，以及废弃树枝叶、污泥综合处理利用的新技术与设备。研制开发有机复合肥、保健功能食品、植物天然色素等新产品，变废为宝。

5. 活禽屠宰副产物综合利用技术

对活禽（肉鸡、肉鸽等）集中屠宰后的内脏、禽毛、禽血等副产物开展综合利用研究，研究功能性食品、调味品、有机复合肥等新产品，提高经济效益。

（三）农产品安全生产技术群

1. 蔬菜、水果高效、安全生产技术

根据安全农产品的市场需求，研究、集成一批高效安全生产技术，包括生物有机肥、生物农药，病虫害生态控制技术、物理防虫技术等应用到蔬菜、水果、食用菌的生产中，建立标准化示范基地，产品符合绿色食品标准。

2. 集约化、规模化畜禽、水产健康养殖新技术

重点是生猪、优质鸡、水禽、肉鸽、奶牛、淡水水产等主要病害安全防治和饲料配方新技术研究，研制开发适合健康养殖的生物饲料、生物兽药、生物疫苗。

3. 生态种养新技术

主要是以不污染环境和物质循环利用为核心的生态种养技术，如鸭稻共作、鱼稻共作、果鸡共作等技术体系，开展以改善土地地力为目标的新型耕作方式研究，如适合水田和旱地的轮作方式，高效率的植物新品种引进、选育等，并在不同生态环境、不同产业开展示范基地建设，启动广州市生态家园建设工程。

4. 农产品质量监控制技术

主要是农产品的新污染因素的检测和质量检测新技术的开发应用，重点是研究开发生产现场快速检测新技术。

（四）农业生物技术和农业信息技术群

1. 农业基因工程

利用组织基因工程技术进行动植物新品种选育，在特色生物种质资源中通过分子标记、基因克隆、功能分析等获取超高产、品质特优、多抗性等关键功能基因，在分子水平上创造新物种。利用植物、昆虫及微生物反应器生产人和动物用的生理活性物质。

2. 植物组织培养技术

利用组织培养和脱毒技术进行果树、花卉、薯类等的种苗快繁，实现植物种苗工厂化生产。

3. 动物胚胎移植技术

通过引进国内外高产奶牛胚胎，以胚胎移植、体外受精、性别鉴定等生物技术，繁育出适应广州市气候的高产奶牛，通过细胞工程、性别控制等开展珍贵鱼类的人工繁殖和单性生殖技术开发。

4. 微生物技术在农业和食品上的应用

利用微生物进行农业废弃物（秸秆、果皮等）资源化和养殖场污水处理、农用微生物制剂开发、珍稀药用微生物人工栽培技术、新型果酒微生物发酵技术、酶工程技术在食品加工中的应用等。

5. 数字农业技术

针对广州主要种养业如蔬菜、果树、林业、水产等，在种养技术规范的基础上，建立产前、产中、产后的技术专家系统，利用3S技术开展精准农业技术研究及示范。

第七节 广州市发展都市型现代农业体制、机制建设

一、都市型现代农业体制、机制建设概况

（一）都市型现代农业定位及发展情况

明确都市型现代农业的发展定位及建设重点，广州大胆改革与创新都市型现代农业宏观管理体制，通过现代农业制度建设有效地推动了现代农业的发展。近年来，广州市把发展都市型现代农业作为实现农民持续增收的基本途径，建设新农村的产业基础，以及提高城乡居民生活质量和水平的重要保障。积极推进农业产业化经营，使农业综合生产能力不断提高，农业增加值在耕地面积逐年减少的情况下，实现年均增长。农业区域布局在三个圈层的基础上，逐步向多功能、网络化、组团式的方向发展，农业功能从侧重于生产功能逐步向生产、生活、生态功能并重转变。大力发展观光休闲农业，全市农业乡村旅游景点达到22个。

（二）财政支农资金管理体制改革

在支农资金管理体制改革中，建立起有效的整合机制，强化了资金使用的监管机制，提高了财政支农资金的使用效率。广州市督促有关部门严格执行支农资金使用的管理规定，按照透明、规范的程序安排支农资金，通过招、投标方式落实支农项目，通过制度建设和机制创新，巩固和完善现有管理办法，加强对财政支农资金使用管理中薄弱环节的监管力度，逐步建立管理规范、运转有序的财政支农资金管理运行机制，防止出现违规、违纪使用财政支农资金的现象。

（三）都市型现代农业经营体制改革

高度重视农民专业合作经济组织的发展，出台专项扶持政策，鼓励开展多种形式的联合，降低注册门槛，针对农民专业合作经济组织普遍缺乏经济实力、急需财政项目支持的特点，加大财政扶持力度。广州市贯彻落实《加快农民专业合作经济组织具体意

见》，进一步明确了对农民专业合作经济组织的各项扶持政策，注重典型示范带动作用，带动能力强的农民专业合作经济组织，重点帮扶、引导农民专业合作经济组织健全民主管理制度，增强其服务功能和自我发展能力。

二、都市型现代农业体制、机制创新的举措

（一）做强农民专业合作经济组织，加强农业园区建设

将农民专业合作组织依法确定下来，赋予农民专业协会一定的职能，使协会参与到农业项目立项、名牌农产品评定、农产品发展规划、农业标准制定等工作中去，支持协会发展壮大的同时，根据广州市《发展都市型现代农业的实施意见》和广州市人民政府《关于广州市优势特色农业产业带建设的实施意见》精神，按照广州市《都市型现代农业示范园区（基地）建设实施办法》的工作要求，从广州市情出发，注重发挥本地区比较优势，进行农业产业结构的调整。围绕主导产业的发展，全市兴建有一定规模的农业商品基地，初步形成了区域化布局、专业化生产、具有区域特色的农业格局。根据《关于加强广州市国家级试点和基地建设的若干意见》，推动广州市战略产业和新兴产业由点到面发展，示范园区（基地）建设采取市县联动，分批推进。

（二）创新政策性农业保险模式，探索财政支农新途径

广州市在加大财政支农投入的同时，将发展政策性农业保险，作为财政支农的一个重要途径。加快推进，因地制宜，形成各自的发展模式。已建立起相对完善的政策性农业保险模式，推出政府推动、共保经营试点模式，为探索全国农业保险发展提供了一条新路子。这一模式的亮点是政府与保险公司联动，把农业保险作为准公共产品，政府给予政策性支持，保险公司负责市场化运作，农民自愿参与，其中政策性支持主要包括财政补贴、以险养险、政策指导推动等。政策性农业保险的实施，充分体现了财政支农的导向性作用，有利于支农财政的增加，引导提高农民的专业化程度，进而实现农业的规模化经营。

（三）制定政策，创新宣传，大力发展休闲旅游观光农业

广州市政府出台《关于加快广州市旅游业发展，建设旅游强市的意见》，明确提出大力推进广州市乡村旅游规划建设，推进乡村旅游示范点建设，打造乡村旅游精品，促进乡村旅游提档升级；用5年到10年时间，建立起与乡村旅游发展相适应的旅游基础设施体系和乡村旅游产品体系，形成种类多样、特色突出、功能齐全、规范发展的乡村旅游发展新格局。始终以休闲旅游市场的发展需求为导向，以农业旅游资源的合理开发利用为基础，以生态环境建设和农民增收致富为根本出发点，做大做强休闲观光农业旅游产业的同时，加强观光休闲农业的宣传创新。

都市型现代农业的理论与实践

三、对其他城市都市型现代农业发展的启示

（一）推进土地流转，创造都市型现代农业

加强土地承包经营权流转管理和服务，建立健全土地承包经营权流转市场，规范促进集体建设用地流转，对依法取得的农村集体经营性建设用地，必须通过统一有形的市场，以公开规范的方式转让土地使用权，在符合规划的前提下与国有土地享有平等权益，允许采取作价入股、土地租赁、合资合作等多种方式，依法流转集体建设用地使用权。加快制定土地流转税费、土地增值收益收缴和使用方面的规范性文件，将农村集体经济组织取得的土地流转收益，纳入农村集体资产，统一管理。依法征收农村集体土地，按照同地同价原则，及时、足额给农村集体组织和农民合理补偿，解决好被征地农民就业、住房、社会保障等问题，新征地项目要同步安排农村集体经济发展留用地，支持农村发展集体经济。按照集中留地、统筹利用的原则，探索建立健全实物留地、物业补偿、货币补偿、参股经营等价值换指标、抵扣等多种模式的农村集体经济发展留用地制度，多渠道保障被征地农民的长久生计。

（二）完善培育机制，加快发展农民合作经济组织

一是扩大农民专业合作社成员范围，允许自然人农民和从事与合作社业务直接有关的生产经营活动的公司、非公司企业法人、个人独资企业、合伙企业、事业法人、社会团体法人等共同投资，设立农民专业合作社。二是取消农民专业合作社注册资金限制。三是允许农民专业合作社依法自主选择业务范围。四是全面取消农民专业合作社登记费及其他一些手续费用，开通农民专业合作社绿色通道，为投资者提供法律、政策咨询以及申请、受理、审核一站式准入服务，实现农民专业合作社做大做强。

重点培育有组织制度、有合作手段、有较大规模、有明显效益的"四有"农民专业合作组织。一是加大政策扶持力度，对于已形成一定规模的行业协会，赋予必要的职能和手段，支持合作社组织做强。二是加大财政投入力度，对提高农业产业化水平、增加农民收入有较强带动能力和示范作用的农民专业合作组织，进行扶持补助。三是加大培训力度，对农民专业合作经济组织负责人进行培训，引导建立健全民主管理制度，完善盈余分配机制，提高经营管理水平，进而推动都市型现代农业的发展。

（三）加强政策性农业保险试点，继续扩大试点区域和品种

从各地实际情况出发，确定试点及品种。针对农业比重大、地方财力相对薄弱的城市的特点，加大政策的支持力度，将农业保险与各类农业补贴政策、农村信贷相结合，对参保农户和农民组织优先考虑，规范试点程序，完善保险文本，提高查勘能力和理赔速度，力争边远城区都开展农业保险，同时积极探索农业保险发展模式，稳步推进都市型现代农业保险发展，健全都市型现代农业支持保护体系。

（四）加快发展龙头企业，推进农业产业化经营

一是继续推进优势农产品基地建设，加快农业园区建设，注重示范园区的品牌建设，提高产品的质量和知名度，着力推进都市型现代农业区域化布局、标准化生产、产业化经营；二是发展壮大农业产业化龙头企业，运用贷款贴息、基础设施配套等政策，重点扶持一批国家、省、市重点农业产业化龙头企业，引导龙头企业带动基地建设，提高农业产业化经营水平，促进农民增收；三是加快发展循环农业，以畜牧养殖小区污染治理为着力点，积极谋划、全面开展畜牧养殖小区污染的治理工作，推进沼气发电与资源综合利用等相关项目工作；四是加强农业服务体系建设，重点支持农业高等院校的基础设施建设等。

参 考 文 献

[1] 丁汝俊,柳泽平. 中国现代农业发展[J]. 甘肃理论学刊,2008,(6):96-99.

[2] 丁萃华. 都市现代农业发展策略[J]. 山东省经济管理干部学院学报,2009,(3):66-68.

[3] 于爱芝,程晓曦,刘莹,等. 北京都市农业的战略定位与路径选择[J]. 城市发展研究,2010,17(9):68-72.

[4] 马兰,张曦. 农业区位论及其现实意义[J]. 云南农业科技,2003,(3):3-5.

[5] 马黎明. 国内外都市农业发展的经验与启示[J]. 山东财政学院学报,2010,(6):49-52.

[6] 尤俊,李群生,付文华,等. 立足现代都市农业,依法促进武汉农机化大发展[J]. 中国农机化,2010,(6):7-9.

[7] 方中友,储健,郭艳鸽. 南京创意农业发展探讨[J]. 农产品加工,2010,(1):33-35.

[8] 方志权,吴方卫. 论都市农业的基本特征与功能作用[J]. 上海农村经济,2007,(9):15-18.

[9] 方志权,吴方卫. 城市化进展与都市农业发展[M]. 上海:上海财经大学出版社,2008.

[10] 方志权,吴方卫,王威. 中国都市农业理论研究若干争议问题综述[J]. 中国农学通报,2008,(8):521-525.

[11] 方志权. 都市农业六大特征[J]. 农村工作通讯,2008,(17):37-38.

[12] 方时姣. 21世纪中国农业发展的新趋势[J]. 河北学刊,2001,(6):48-52.

[13] 毛传清. 浅谈发展我国都市农业的重要意义[J]. 当代经济,2001,(12):44.

[14] 牛永东. 促进农业产业化发展的政策支撑体系逐步完善[J]. 农村实用技术,2006,(8):23.

[15] 牛利民. 欧盟扩大农产品需求的政策及其启示[J]. 邯郸农业高等专科学校学报,2005,(3):47-49.

[16] 王波. 日本发展都市农业对我国的启示[J]. 农村经济,2005,(5):128-129.

[17] 王敏. 农业循环经济发展的评价体系及实证研究[J]. 东北农业大学学报(社会科学版),2010,(6):21-23.

[18] 王辉,刘茂松. 两型社会都市农业发展综合评价指标体系的构建[J]. 求索,2011,(4):79-88.

[19] 王凤华,李光远. 都市农业及其人才培养的探讨[J]. 高教论坛,2011,(1):50-52.

[20] 王少华. 昆山市张浦镇现代都市农业的发展与思考[J]. 上海农业科技,2010,(5):10-12.

[21] 王文涛,湛泳. 美国扩大农产品需求的政策及对我国的启示[J]. 湘潭大学社会科学学报,2003,(5):77-79.

[22] 王世军. 比较优势理论的学术渊源和评述[J]. 杭州电子科技大学学报(社会科学版),2006,(3):100-106.

[23] 王以标. 走好都市农业发展三着棋[J]. 江苏农村经济,2011,(1):35-36.

[24] 王有年, 何忠伟. 都市型现代农业概要 [M]. 北京: 金盾出版社, 2010.

[25] 王远路, 栾淑丽, 姜仁珍, 等. 几种新型农业发展模式简析 [J]. 现代化农业, 2003, (12): 33-35.

[26] 王国平, 赵敏. 农业多功能性理论解读农民素质 [J]. 求索, 2005, (8): 59-61.

[27] 王钰. 浅议现代都市农业生态园的持续发展 [J]. 上海农业科技, 2009, (4): 5-7.

[28] 王辉. "两型社会"建设背景下长株潭城市群都市农业发展研究 [J]. 安徽农业科学, 2011, 37, (9) 4346-4347.

[29] 王辉. 基于SWOT分析的长株潭城市群都市农业发展对策 [J]. 贵州农业科学, 2011, 39 (3): 214-216.

[30] 王道明. 发挥区位优势壮大现代都市农业 [J]. 农场经济管理, 2009, (10): 45-47.

[31] 王瑞杰, 孙鹤. 农业产业化支撑体系建设 [J]. 农村经济, 2001, (7): 24-27.

[32] 邓蓉, 王伟, 韩宝平. 北京都市农业发展的理论研究 [J]. 北京农学院学报, 2001, (2): 60-65.

[33] 邓楚雄, 谢炳庚, 吴永兴, 等. 上海都市农业可持续发展的定量综合评价 [J]. 自然资源学报, 2010, (9): 1579-1586.

[34] 冯庆水. 现代农业和新农村建设的金融支撑体系构想 [J]. 宏观经济管理, 2008, (5): 44-46.

[35] 冯均科, 谢正荣, 翟超群. 昆山市建设现代都市农业的实践与思考 [J]. 安徽农学通报, 2008, 14 (20): 8-9, 45.

[36] 冯雷, 张锋, 马汉平. 我国都市农业的理论及发展实践 [J]. 济南市社会主义学院学报, 2001, (1): 84-88.

[37] 卢启程. 都市农业与生态城市的协同发展: 以昆明市发展都市农业为例 [J]. 改革与战略, 2010, (10): 96-99.

[38] 史亚军, 邓蓉, 黄映晖. 都市型现代农业发展研究 [M]. 北京: 中国农业出版社, 2008.

[39] 叶长卫, 李雪松. 浅谈杜能农业区位论对我国农业发展的作用与启示 [J]. 华中农业大学学报（社会科学版）, 2002, (4): 1-4.

[40] 叶军. 都市型农业可持续发展的理论与实践 [J]. 井冈山学院学报（哲学社会科学版）, 2002, (6): 39-46.

[41] 叶荣剑, 王伯元, 黄勇. 调整优化农机结构, 促进都市农业发展 [J]. 中国农机化, 2002, (4): 16-18.

[42] 宁森, 邹秀萍, 叶文虎. 中国农业可持续发展的科技支撑体系及其关键技术 [J]. 中国科技论坛, 2008, (10): 102-106.

[43] 宁超乔, 徐培玮, 邢记明. 都市农业的城市规划思考 [J]. 城市发展研究, 2006, (2): 69-72.

[44] 布仁吉日嘎拉, 唐邦勤. 农业产业化政府支撑体系的组成与构建 [J]. 河南农业科学, 2010, (11): 146-148.

[45] 甘庆华. 新加坡的都市农业 [J]. 异域观察, 2007, (9): 62-63.

[46] 田洁, 刘晓虹, 贾进, 崔毅. 都市农业与城市绿色空间的有机契合 [J]. 城市规划, 2006, (10): 32-35.

[47] 田维明. 世界农产品需求演变趋势及其对农业发展的含义 [J]. 农业展望, 2010, (2): 44-49.

[48] 田曙曦, 付玲. 农业产业化发展水平评价体系研究与应用 [J]. 湖北农业科学, 2004,

(3): 8-10.

[49] 白蕴芳, 陈安存. 中国农业可持续发展的现实路径 [J]. 中国人口资源与环境, 2010, (4): 117-122.

[50] 关海玲, 陈建成. 都市农业发展理论与实证研究 [M]. 北京: 知识产权出版社, 2010.

[51] 刘长运. 国外都市农业发展经验对我国的启示 [J]. 世界地理研究, 2006, (2): 74-79.

[52] 刘伟明. 城市农业的发展及启示 [J]. 农业科技管理, 2007, (4): 8-11.

[53] 刘华周, 郑建初. 从上海郊区经济结构的转变思考南京都市农业的发展对策 [J]. 江苏农业科学, 2002, (5): 26-28.

[54] 刘俊威, 汪建丰. 都市型现代农业发展理论再探: 基于农户视角 [J]. 湖北社会科学, 2011, (3): 75-78.

[55] 刘润萍, 李红霞. 国外都市农业发展的经验及对兰州市的启示 [J]. 中国乡镇企业, 2010, (3): 83-86.

[56] 刘喜波, 张雯, 侯立白. 现代农业发展的理论体系综述 [J]. 生态经济, 2011, (8): 98-102.

[57] 刘新. 农业多功能性演化与"三农"问题探究 [J]. 江苏农业科学, 2011, 39 (3): 599-601.

[58] 刘颖, 许为. 都市农业可持续发展与农民增收互动机制的探讨 [J]. 中国人口, 2008, 18 (4): 90-93.

[59] 刘颖, 许为. 都市农业理论研究进展 [J]. 江汉论坛, 2008, (6): 69-71.

[60] 吉安然. 农村农业、城郊农业与都市农业的比较分析 [J]. 商业经济, 2010, (9): 14-15, 36.

[61] 吕火明. 将农业多功能化经营纳入成都建设现代田园城市的建议 [J]. 决策咨询通讯, 2010, (2): 63-65.

[62] 孙宏滨, 孙世芳, 乔敬图, 等. 城郊农业与都市农业的理论研究综述 [J]. 中国农村经济, 2001, (4): 37-41.

[63] 安晓宁, 魏虹, 程广燕, 等. 现代生态农业建设的方向目标与评价体系 [J]. 调研世界, 2003, (4): 29-30.

[64] 庄楠. 信息技术在都市农业中的应用与展望 [J]. 安徽农业科学, 2011, 39 (11): 6889-6891.

[65] 曲福玲. 天津都市农业发展现状、问题及对策研究 [J]. 农业经济, 2010, (9): 37-39.

[66] 朱兴农. 昆山现代都市农业的科技创新之路 [J]. 江苏农业经济, 2008, (11): 40-42.

[67] 朱米娟. 论我国都市农业发展模式的选择 [J]. 经济纵横, 2006, (2): 27-28.

[68] 朱鸿伟. 当代比较优势理论的发展及其启示 [J]. 暨南大学学报 (哲学社会科学), 2001, (2): 38-42.

[69] 衣爱东. 黑龙江垦区农业现代化评价体系研究 [J]. 理论探讨, 2007, (10): 32-34.

[70] 许开录. 农业组织创新的路径选择与对策研究: 基于现代农业视角 [J]. 理论前沿, 2011, (8): 249-250.

[71] 许尔君. 以科学发展观理念构建现代都市农业 [J]. 中国农村科技, 2009, (11): 52-55.

[72] 许芳霞. 农业多功能开发探讨 [J]. 社科纵横, 2009, (11): 34-36.

[73] 许经勇. 马克思论农产品供求与价格运行规律的理论与实践 [J]. 湖北经济学院学报, 2008, (2): 22-27.

[74] 负晓兰. 关于创新都市农业融资方式的探讨 [J]. 中国农业会计, 2011, (3): 30-32.

[75] 负晓兰. 关于增加都市农业有效投入的路径思考 [J]. 中国乡镇企业会计, 2011, (3): 6-9.

[76] 阮一心. 九龙湖镇: 积极发展现代都市农业 [J]. 政策瞭望, 2011, (2): 54-55.

[77] 何忠伟, 刘芳. 都市型现代农业之实践探索 [M]. 北京: 中国农业科学技术出版社, 2011.

[78] 何玲, 刘秀娟, 王军, 等. 循环农业运行状态评价体系研究 [J]. 安徽农业科学, 2007, (9): 2802-2803.

[79] 何钢, 蔡健. 苏州市都市农业发展的 SWOT 分析 [J]. 湖北农业科学, 2011, (2): 424-425.

[80] 吴群. 新时期农业产业化支撑体系的内涵及对策 [J]. 现代经济探讨, 2004, (10): 16-18.

[81] 吴卫华, 沈群. 庭园园艺: 城市市区发展都市农业的最佳模式 [J]. 农产品加工 (创新版), 2010, (7): 78-80.

[82] 吴卫芳. 简论未来我国都市农业的发展 [J]. 北京农业职业学院学报, 2008, (1): 19-25.

[83] 吴方卫, 陈凯, 赖涪林. 都市农业经济分析 [M]. 上海: 上海财经大学出版社, 2007.

[84] 吴忠培. 农业产业化组织创新: 一个中间组织理论的研究 [J]. 云南财贸学院学报, 2003, 19 (1): 94-99.

[85] 吴群. 构建农业产业化支撑体系 [J]. 山东经济, 2004, (6): 158-160.

[86] 宋玉军. 农业多功能化: 以工促农、以城带乡的又一着力点 [J]. 经济问题探索, 2010, (3): 35-39.

[87] 宋志军, 刘黎明. 北京市城郊农业区多功能演变的空间特征 [J]. 地理科学, 2011, (4): 428-433.

[88] 宋志廉. 珠三角都市农业创新能力评价分析 [J]. 新疆农垦经济, 2010, (8): 6-12.

[89] 宋金平. 北京都市农业发展探讨 [J]. 农业现代化研究, 2002, (3): 200-203.

[90] 宋俊华. 现代农业科技支撑体系框架设计 [J]. 科技信息, 2009, (24): 326.

[91] 张士云. 比较优势理论在农业中的应用及其局限性 [J]. 乡镇经济, 2003, (3): 10-12.

[92] 张凤荣, 赵华甫. 都市型现代农业产业布局 [M]. 东营: 石油大学出版社, 2007.

[93] 张天懿, 金彦平. 天津都市型现代农业发展研究 [J]. 农业发展, 2011, (2): 9-10.

[94] 张文胜. 日本都市农业的特征、功能及案例分析 [J]. 农村经济, 2009, (12): 33-34.

[95] 张永翊, 任连娣, 孙大鹏, 等. 廊坊城郊: 都市型农业发展相关问题研究 [J]. 改革与开放, 2010, (12): 6-8.

[96] 张永翊, 任连娣. 农业产业化支撑体系研究 [J]. 经济产业, 2009, (8): 4-5.

[97] 张永辉, 赵玉新, 王德伟. 用创新思维和工业理念推进近海现代都市农业发展 [J]. 辽宁经济, 2010, (6): 10-13.

[98] 张汀汀. 都市农业商业化的可行性研究 [J]. 商业时代, 2011, (5): 125-126.

[99] 张玉坤, 孙艺冰. 国外的"都市农业"与中国城市生态节地策略 [J]. 建筑学报, 2010, (4): 95-98.

[100] 张玉霞. 实现农业多功能拓展是农业县今后发展的必然趋势 [J]. 甘肃农业, 2011, (4): 42-43.

[101] 张红宇. 新农村建设要注重农业多功能的拓展 [J]. 浙江经济, 2006, (5): 30-33.

[102] 张红梅, 俞菊生. 都市型农业人力资源管理的几点思考 [J]. 中国经济, 2002, (6): 45-46.

[103] 张显娟. 基于农业多功能性的农业可持续发展路径分析 [J]. 河北工程大学学报 (社会科学版), 2009, (3): 24-25.

[104] 张崇顺, 席玉坤, 张心建, 等. 济南市发展现代都市农业的主要模式与对策建议 [J]. 山东农业科学, 2010, (10): 114-120.

[105] 张菲菲, 蔡建明. 对几个都市农业实例的比较研究 [J]. 北京农业职业学院学报, 2006, (6): 36-40.

[106] 张强. 都市型农业及其发展模式 [J]. 城市问题, 2006, (3): 20-23.

[107] 张蓓. 低碳经济视野的都市农业旅游: 政府行为与市场边界 [J]. 2011, (2): 62-68.

[108] 张蓓. 都市农业旅游可持续发展: 一个基于系统论的理论框架 [J]. 湖北社会科学, 2011, (4): 107-110.

[109] 张锦华. 中国都市农业发展报告 [M]. 上海: 上海财经大学出版社, 2010.

[110] 李然. 国外都市农业发展的经验借鉴与启示 [J]. 北京农业职业学院学报, 2007, (2): 24-27.

[111] 李静, 杜奇勇. 浅谈休闲农业 [J]. 山西高等学校社会科学学报, 2004, (11): 44-46.

[112] 李义华. 从阶段性成果谈都市农业效益的对策 [J]. 科技园区, 2000, (3): 6-7.

[113] 李卫华. 现代比较优势理论剖析 [J]. 中南财经政法大学学报. 2007, (1): 16-20.

[114] 李红. 北京平原区都市农业发展战略规划与分析 [J]. 生态经济, 2006, (2): 322-325.

[115] 李红霞. 国外都市农业发展的经验 [J]. 新农村, 2010, (6): 36-37.

[116] 李宝玉, 王立刚, 高春雨. 环渤海现代农业发展现状、思路与模式研究 [J]. 农业现代化研究 2010, (1): 25-28.

[117] 李建龙. 北京都市农业新趋势 [J]. 农村经济管理, 2011, (2): 42.

[118] 李林杰. 关于建立农业产业结构评价体系的思考 [J]. 农业技术经济, 2001, (4): 7-10.

[119] 李英芳. 都市农业发展的战略选择 [J]. 中国经贸导刊, 2010, (17): 41.

[120] 李保印. 世纪的生态农业模式农业观光园 [J]. 河南职业技术师范学院学报, 2002, (9): 68-70.

[121] 李然, 曾学龙. 国外都市农业发展的经验借鉴及我国的政策建议 [J]. 科技与经济, 2007, (2): 35-38.

[122] 李然. 都市农业发展的国际经验借鉴与启示 [J]. 小城镇建设, 2007, (1): 104-107.

[123] 李霄汉. 立足区域优势推进农业产业结构调整 [J]. 中国农业资源与区划, 2000, (3): 52-54.

[124] 杜华章. 苏南都市农业发展的 SWOT 分析及战略选择 [J]. 北京农业职业学院学报, 2010, (5): 16-21.

[125] 杨雍, 高建新. 西安市都市型现代农业发展模式研究 [J]. 西安文理学院学报 (社会科学版), 2010, (6): 52-54.

[126] 杨卫丽, 李同昇. 西安都市圈都市农业发展及空间格局研究 [J]. 经济地理, 2011, (1): 124-128.

[127] 杨坤, 莫鉴国. 成都"世界现代田园城市"建设中农业信息化的应用与发展对策 [J]. 2010, (12): 103-106.

[128] 杨振山,蔡建明. 都市农业发展的功能定位体系研究 [J]. 中国人口,2006,(5):29-34.

[129] 杨晓杰,姜宁,孔庆晓,等. 农业科技支撑体系建设探讨 [J]. 现代农业科技,2009,(10):255-256.

[130] 杨瑞莹. 关于农业产业化与政策支撑的思考 [J]. 中国高新技术企业,2010,(9):74-75.

[131] 肖丹. 试析政府行为对产业结构演进的影响 [J]. 井冈山学院学报(哲学社会科学),2009,(11):111-114.

[132] 肖永红,肖楠,张万艳. 都市农业发展的经济学分析 [J]. 山西财经大学学报,2008,(4):59-63.

[133] 肖良武,张艳. 城乡一体化理论与实现模式研究 [J]. 贵阳学院学报. 2010,(2):46-51.

[134] 肖秋红. 基于SWOT框架的佛山都市农业信息服务体系建设研究 [J]. 情报探索,2011,(1):54-56.

[135] 肖爱清. 国际组织对"农业多功能性"界定的比较研究 [J]. 淮南师范学院学报,2008,(3):679-681.

[136] 肖莎,何智美. "都市农业"在台湾 [J]. 西部大开发,2003,(5):61-62.

[137] 谷中原,姚琦. 现代都市农业的经营形式与多效能特征 [J]. 消费导刊,2008,(9):32-34.

[138] 谷中原. 农村发展的农业多功能研究 [M]. 北京:中国农业出版社,2008.

[139] 邵秀英. 城乡交错地带都市农业经济发展研究 [J]. 生产力研究,2002,(3):137-139.

[140] 陆彦,孙俊华. 论我国都市农业发展模式的选择 [J]. 农业经济,2006,(3):29-33.

[141] 陈帅,杨岗,张英. 比较优势理论在都市农业中的个案研究 [J]. 中国集体经济,2009,(2):89-90.

[142] 陈华钦. 发展现代农业及其人才支撑体系的建议 [J]. 中小企业管理与科技,2009,(9):235.

[143] 陈志兴,汪美琴. 农业产业化体系的构建与创新研究 [J]. 农业与技术,2005,(4):2-4.

[144] 陈志峰,林国华,刘荣章,等. 都市农业发展的低碳模式特点和类型及政策建议 [J]. 农业现代化研究,2010,(5):579-583.

[145] 陈宝兰. 现代集约可持续农业的构想 [J]. 乡镇经济,2006,(12):34-38.

[146] 陈阜,王强. 农业科技园区规划理论与实践 [M]. 北京:化学工业出版社,2008.

[147] 陈俊红,尹光红. 论北京构建都市型现代农业社会化服务体系 [J] 沈阳农业大学学报(社会科学版),2010,(5):523-526.

[148] 陈树俊. 都市农业发展的思考和建议 [J]. 科技创新与生产力,2010,(10):49-54.

[149] 陈莹,方勇,王予川. 都市农业发展模式研究:以南昌市青云谱区为例 [J]. 华中农业大学学报(社会科学版),2007,69(3):33-35.

[150] 陈敏敏. 都市型农业:上海农业新模式 [J]. 产经研究,2001,(5)24-26.

[151] 陈楠. 都市农业综合发展水平评价及影响因素分析:以吉林省长春市为例 [J]. 特区经济,2010,(10):174-176.

[152] 单吉堃. 发挥都市农业多功能促进城乡和谐发展 [J]. 北京农业职业学院学报,2007,

(1): 17-20.

[153] 周吉红. 国外都市农业的实践及其启示 [J]. 农业实用技术, 2007, (2): 3-5.
[154] 周娅莎, 朱满德, 刘超. 农业可持续发展评价指标体系设计研究 [J]. 安徽农业科学, 2007, (24): 7694-7696.
[155] 周海燕, 周国华. 长株潭地区都市农业发展研究 [J]. 湖南社会科学, 2002, (2): 79-81.
[156] 周维宏. 论日本都市农业的概念变迁和发展状况 [J]. 日本学刊, 2009, (4): 44-56.
[157] 周铭基, 乌东峰. 我国现代多功能农业价值的文献综述 [J]. 衡阳师范学院学报, 2010, (4): 44-46.
[158] 周旗, 李诚固. 我国绿色农业布局问题研究 [J]. 人文地理, 2004, (1): 41-46.
[159] 周震虹, 王晓国, 谌öz平. 西方产业结构理论及其在我国的发展 [J]. 湖南师范大学社会科学学报, 2004, (4): 96-100.
[160] 孟祥林. 产业结构演进与城市成长相互关系的理论探讨 [J]. 中国矿业大学学报 (社会科学版), 2004, (4): 61-65.
[161] 岳光辉. 如何构建现代农业科技支撑体系 [J]. 新农村建设探讨, 2008, (1): 38-40.
[162] 易正兰. 农业产业集群物流支撑体系发展对策探讨 [J]. 商业时代, 2010, (35): 35-36.
[163] 林斌. 比较优势理论 [J]. 对外贸易, 2008, (12): 95-97.
[164] 林源源, 孔善右. 农业生态旅游地可持续发展评价体系研究 [J]. 南京航空航天大学学报 (社会科学版) 2010, (1): 36-40.
[165] 欧玉芳. 比较优势理论发展的文献综述 [J]. 特区经济, 2007, (9): 268-270.
[166] 郁海金. 关于都市农业发展的思考 [J]. 上海农业科技, 2010, (5): 3-4.
[167] 郑百龙. 浅谈沿海都市农业的发展类型与模式 [J]. 台湾农业探索, 2006, (1): 34-36.
[168] 金凤兰. 推进杭州市都市农业发展的探讨 [J]. 当代经济, 2011, (1): 102-103.
[169] 金高峰. 现代农业物流发展中的科技支撑体系构建 [J]. 科技管理研究, 2011, (3): 42-45.
[170] 侯喜林, 张增翠, 李友生. 都市农业 [M]. 北京: 北京科学技术出版社, 2006.
[171] 俞菊生, 吴秩韵. 上海建设"两型都市农业"的障碍及对策 [J]. 上海农业学报, 2011, 27 (1): 1-6.
[172] 信军. 国外都市农业的实践及其启示 [J]. 世界农业, 2005, (12): 37-39.
[173] 姚永康. 促进现代农业资金投入保障机制建设 [J]. 生产力研究, 2011, (1): 41-43.
[174] 施士忠. 坚持优质、高产、产效打造上海现代农业示范基地 [J]. 上海农村经济, 2011, (2): 38-41.
[175] 柏芸. 构建现代农业产业链技术创新支撑体系的基本思路与对策 [J]. 科技进步与对策, 2009, (12): 67-69.
[176] 柳金平, 刘媛媛. 依托合作社平台打造现代都市农业 [J]. 中国农民合作社, 2009, (4): 36-37.
[177] 段小力. 都市农业实践的主要问题及策略研究: 以郑州为例 [J]. 经济研究导刊. 2010, (33): 51-52.
[178] 段小力. 提高都市休闲农业消费效应的路径 [J]. 中国农学通报 2011, 27 (6): 483-486.

[179] 相广芳,陈旻,雷广海,等. 无锡市现代农业评价体系构建[J]. 地域研究与开发,2009,(4):120-124.

[180] 祗新生. 中国农业可持续发展的问题及对策[J]. 边疆经济与文化,2005,(8):28-29.

[181] 胡健,董春诗. 比较优势理论研究的最新进展[J]. 西安财经学院学报,2006,(5):5-9.

[182] 胡加如. 城郊农业向都市农业的转型[J]. 南京农专学报,2002,(2):109.

[183] 胡立和. 面向可持续发展的现代农业新模式[J]. 经济与管理,2004,(1):21-23.

[184] 胡树光,刘志高,樊瑛. 产业结构演替理论进展与评述[J]. 中国地质大学学报(社会科学版),2011,(1):29-34.

[185] 赵永志. 耕地资源短缺城市发展都市型现代农业对策[J]. 北京农业,2010,(增刊):223-226.

[186] 赵永胜,冀宪武,赵春. 都市农业是全面建设小康社会的必然选择[J]. 科技情报开发与经济,2003,(13):76-77.

[187] 赵建成. 农业龙头企业问题与对策[J]. 经济产业,2009,(378):6.

[188] 赵涤非,闫正平. 都市农业的区位分析[J]. 闽江学院学报(社会科学版),2006,(6):47-51.

[189] 赵福宽. 现代生物技术与都市农业[M]. 北京:中国农业科技出版社,2009.

[190] 唐邦勤,余欢,布仁吉日嘎拉. 农业产业化政府支撑体系研究[J]. 安徽农业科学,2010,(8):4270-4271.

[191] 唐邦勤. 我国农业产业化支撑体系研究综述[J]. 产业经济,2009,(8):94-96.

[192] 唐邦勤. 国外农业产业化支撑体系建构及其对中国的启示[J]. 世界农业,2008,(5):3-6.

[193] 唐志良. 我国农业产业组织创新与我国农业的发展[J]. 经济师,2004,(1):200-201.

[194] 夏稚俐,郑玮. 宝山区发展现代都市农业浅析[J]. 上海农业经济,2010,(9):10-12.

[195] 夏蕾,马友华,栾敬东. 论我国农业循环经济发展的科技支撑体系[J]. 安徽农业大学学报(社会科学版),2010,(1):14-17.

[196] 徐峰. 观光农业资源综合评价体系初探[J]. 林业建设,2000,(5):25-29.

[197] 徐向峰. 都市型现代农业科技支撑体系建设研究[J]. 中国农村小康科技,2010,(9):37-39.

[198] 徐承毅. 西方发达国家扩大农产品需求的经验总结[J]. 甘肃农业,2005,(5):69-70.

[199] 徐涵. 重庆市都市型现代农业发展模式与公共政策研究[J]. 现代农业科技,2010(17):11-15.

[200] 秦裕营,杨海峰. 连云港市都市农业现状分析[J]. 现代农业科技,2011(5):385.

[201] 耿东梅,李云伏,杨国航. 北京都市型现代农业科学发展的思考[J]. 作物杂志,2011,(2):4-7.

[202] 贾钢涛,李长真,王利红. 新农村建设视域中的农业科技支撑体系研究[J]. 科技管理研究,2008,(9):82-84.

[203] 郭强,李荣喜. 农业现代化发展水平评价体系研究[J]. 西南交通大学学报,2003,

(1): 97-101.

[204] 郭洁, 钱许东, 屈瑜, 等. 发展现代都市农业助推城乡一体化 [J]. 农村财政与财务, 2010, (9): 6-9.

[205] 郭晓燕, 胡志全. 农业的多功能性评价指标初探 [J]. 中国农业科技导报, 2007, (1): 69-73.

[206] 郭淑敏, 王立刚. 打造都市型农业产业, 推进都市型农业发展 [J]. 中国农业资源与区划, 2006, (6): 43-47.

[207] 顾海英, 周小伟. 现代都市农业可持续发展的意义及内涵 [J]. 农业现代化研究, 2001, (1): 20-23.

[208] 高世吉, 王晓梅, 迟全元. 论都市农业对北京市建设"环境友好型"城市的作用 [J]. 安徽农学通报, 2011, (2): 1-3.

[209] 高保君. 都市农业限制因素分析: 以天津为例 [J]. 瞭望视点, 2010, (9), 22-26.

[210] 高新建, 高发瑞, 高扬, 等. 济宁市农业产业化经营的调查与思考 [J]. 山东农业科学, 2010, (10) 120-122.

[211] 崔元锋, 严立冬, 陆金铸, 等. 我国绿色农业发展水平综合评价体系研究 [J]. 农业经济问题, 2009, (6): 29-33.

[212] 曹林奎, 居益民. 21世纪都市农业的发展对策 [J]. 农业科技通讯, 2001, (6): 4.

[213] 曹林奎, 高峰. 中国现代农业的基本特征 [J]. 中国农学通报, 2005, (7): 115-118, 137.

[214] 曹俊杰, 徐俊霞. 日本和韩国农业多功能性理论与实践及其启示 [J]. 中国水土保持, 2006, (6): 18-21.

[215] 曹鉴燎, 苏启林, 刘一明. 城市绿色规划分析与评述 [J]. 中国人口, 2001, (1): 97-100.

[216] 梁龙, 杜章留, 吴文良, 等. 北京现代都市低碳农业的前景与策略 [J]. 中国人口, 2001, (2): 130-136.

[217] 章浩, 王全辉. 日本都市农业发展研究综述 [J]. 中国农学通报, 2009, 25 (23): 523-527.

[218] 阎晓军. 都市农业信息化发展模式研究 [J]. 安徽农业科学, 2008, 36 (25): 11124-11125.

[219] 黄阳平, 詹志华. 城乡一体化: 理论思考与政策建议 [J]. 改革与战略, 2008, (1): 141-143.

[220] 黄国勤. 农业可持续发展的若干问题 [J]. 中国人口, 2002, (1): 19-23.

[221] 黄映晖, 孙世民, 史亚军. 北京都市型现代农业社会化服务体系创新模式研究 [J]. 中国农学通报, 2010, 26 (20): 444-447.

[222] 彭亮. 都市农业破题走高 [J]. 农业经济, 2011, 242 (3): 42-43.

[223] 曾书琴. 发达国家都市农业的成功经验对我国的借鉴与启示 [J]. 广东农业科学, 2011, (10): 191-193.

[224] 游绍立. 大都市边缘区农业产业化发展研究 [J]. 重庆师范学院学报 (自然科学版), 2003, (3): 61-64.

[225] 程川忠, 谢勇苏, 德林. 创建高效农业示范区, 推进现代都市农业发展 [J]. 上海农业科技, 2010, (5): 5-7.

[226] 葛永红, 王亮. 我国都市农业的发展模式研究 [J]. 经济纵横, 2009, (2): 87-89.

[227] 蒋玉洁. 都市农业的技术特征及其技术创新研究 [J]. 天津农业科学, 2009, 15 (3): 35-38.

[228] 谢扬. 农业的多功能和现代都市农业 [J]. 党政论坛, 2009, (1): 41-43.

[229] 韩成英, 赵正洲. 都市农业发展创新举措及启示: 基于广州、杭州两市的实证研究 [J]. 江苏农村经济, 2011, (6): 37-39.

[230] 解玉婷. 学习借鉴重庆经验, 扎实推进城乡一体化进程 [J]. 比较与借鉴, 2011, (3): 44-46.

[231] 雷兴长. 当今农业经济国际化的几种模式综述 [J]. 新疆财经, 2002, (2): 31-33.

[232] 蔡健, 王薇, 华景清, 等. 苏州都市农业的发展现状及对策研究 [J]. 江苏农业科学, 2010, (6): 629-630.

[233] 蔡建明, 杨振山. 国际都市农业发展的经验及其借鉴 [J]. 地理研究, 2008, (2): 362-374.

[234] 樊长科, 吴雨. 我国都市农业发展现状及问题研究 [J]. 产业观察, 2010, (27): 113-114.

[235] 潘毅, 潘德忠. 比较优势与我国农业产业化发展 [J]. 农业经济, 2001, (5): 20-21.

[236] 薛晴, 霍有光. 城乡一体化的理论渊源及其嬗变轨迹考察 [J]. 经济地理, 2010, (11): 1779-1809.

[237] 戴琳. 发展天津市滨海新区现代农业的对策研究 [M]. 价值工程, 2011, (1): 155.